21世纪高职高专能力本位型系列规划教材·财务会计系列

会计电算化项目教程

主　编　亓文会　亓凤华
副主编　胡玲玲　王　平　徐春玲
参　编　孙式涛　王　玉　朱　萍

内容简介

本书采用项目化教学的思路进行编写，以用友 ERP-U8.72 软件为平台、以企业经济业务活动为主线，系统地讲解了会计电算化软件的基本工作原理、会计电算化操作方法和工作流程。本书项目任务设计科学合理，针对性和可操作性强。

本书可以作为高职高专财经类专业相关课程的教材，也可作为会计人员岗位培训教材，还可以作为相关财务工作人员和经营管理人员的参考用书。

图书在版编目(CIP)数据

会计电算化项目教程/亓文会，亓凤华主编.—北京：北京大学出版社，2013.3
(21 世纪高职高专能力本位型系列规划教材·财务会计系列)
ISBN 978-7-301-22104-4

Ⅰ.①会… Ⅱ.①亓…②亓… Ⅲ.①会计电算化—高等职业教育—教材 Ⅳ.①F232

中国版本图书馆 CIP 数据核字(2013)第 026388 号

书　　　　名：	会计电算化项目教程
著作责任者：	亓文会　亓凤华　主编
责 任 编 辑：	蔡华兵
标 准 书 号：	ISBN 978-7-301-22104-4/F · 3528
出 版 发 行：	北京大学出版社
地　　　　址：	北京市海淀区成府路 205 号　100871
网　　　　址：	http://www.pup.cn　新浪官方微博：@北京大学出版社
电 子 信 箱：	pup_6@163.com
电　　　　话：	邮购部 62752015　发行部 62750672　编辑部 62750667　出版部 62754962
印　 刷　 者：	北京鑫海金澳胶印有限公司
经　 销　 者：	新华书店
	787 毫米×1092 毫米　16 开本　18 印张　419 千字
	2013 年 3 月第 1 版　2016 年 1 月第 3 次印刷
定　　　　价：	34.00 元

未经许可，不得以任何方式复制或抄袭本书之部分或全部内容。
版权所有，侵权必究
举报电话：010-62752024　电子信箱：fd@pup.pku.edu.cn

前　言

"会计电算化"是高职高专会计专业和其他相关专业的一门专业实践性课程，其任务就是培养学生掌握会计电算化基本理论知识和基本实践技能。我们坚持"以工学结合为中心、以任务驱动为基础、以项目导向为线索、以顶岗实习为目标"的教学指导思想，结合多年的教学经验和国内职教改革的成功经验，本着兼收并蓄、博采众长的科学态度，紧密结合会计电算化研究的最新成果，将不同课程模式和教材的优点集中到一起，最终编写成这本融学科知识、项目操作、实训于一体的教材，以期为学习者提供一个先进的、实用的、完整的、可操作的学习体系。

本书针对当前高职教育人才培养目标、教学特点和教学中存在的问题，本着"理论知识够用，强化应用、培养技能"的原则，将会计电算化课程定位于培养会计电算化系统运行的应用型人才，在教学设计上侧重于实务操作，在教学方法上以任务驱动和项目教学为主，先通过项目化教学使学生掌握会计电算化软件的基本操作技能，再通过综合项目实训使学生依托实训案例，在典型业务处理过程中，能够从整体上把握会计电算化软件各模块的内在联系和业务处理流程，在此基础上形成对会计电算化更为直观深刻的认识，并具备一定的动手操作能力。

在内容设计上，本书各项目内容具有相对的独立性，有利于学生结合教材内容掌握会计电算化软件各个模块的功能和操作方法。各项目均配有项目任务和项目要求，学生可通过项目任务操作培养动手能力和应用能力。

在项目任务设计上，本书针对高职会计电算化教学的特点，既强调项目任务的真实性，又兼顾学习和教学阶段简化的需要，可操作性强。项目任务的设计以一个核算主体的业务活动贯穿始终，每个项目反映企业核算的不同方面，尤其是购销存项目，以企业实际业务流程为主线，便于学生对系统的整体把握。

本书由莱芜职业技术学院的亓文会和聊城职业技术学院的亓凤华担任主编，负责全书的总体结构和总纂；由莱芜职业技术学院胡玲玲、王平和山东化工职业学院的徐春玲担任副主编；莱芜职业技术学院的孙式涛、王玉、朱萍参编。具体分工为：王平编写项目一、项目四，徐春玲编写项目二，胡玲玲编写项目三，孙式涛编写项目五，王玉编写项目六，朱萍编写项目七，亓文会编写项目八、项目九、项目十、项目十一，亓凤华编写项目十二、项目十三。

本书的编写参阅了大量的著作、文献，并得到了兄弟院校和用友软件股份有限公司的大力支持，在此致以诚挚的谢意！

由于会计工作一直处于不断的改革变化之中，会计电算化的发展更是日新月异，所以我们还会在今后的工作中注意收集最新会计电算化信息，努力完善本书。在本书的编写过程中我们虽然做了不少努力，但由于水平有限，书中难免有疏漏之处，欢迎各位同行不吝赐教。

编　者

2012 年 11 月

目　录

项目一　系统管理 1
　　任务一　增加操作员 11
　　任务二　建立、修改账套 12
　　任务三　财务分工 16
　　任务四　账套备份与引入 17
　　任务五　系统运行安全管理 18

项目二　公用基础信息设置 20
　　任务一　机构、往来单位设置 28
　　任务二　外币及会计科目设置 32
　　任务三　凭证类别与结算方式设置 35
　　任务四　设置项目目录 36
　　任务五　数据权限控制设置及分配 39

项目三　总账系统初始化及日常业务处理 41
　　任务一　总账系统初始化设置 52
　　任务二　凭证处理 56
　　任务三　审核凭证 64
　　任务四　记账与取消记账 66
　　任务五　出纳管理 69
　　任务六　账簿管理 70

项目四　总账系统期末处理 73
　　任务一　银行对账 79
　　任务二　转账定义 82
　　任务三　转账生成 83
　　任务四　对账 85
　　任务五　结账与取消结账 86

项目五　UFO 报表管理系统 88
　　任务一　自定义货币资金表 95
　　任务二　报表数据处理 98
　　任务三　利用报表模板生成资产负债表 99
　　任务四　利用报表模板生成利润表 ... 100
　　任务五　利用报表模板生成现金流量表主表 101

项目六　薪资管理系统 102
　　任务一　建立工资账套 108
　　任务二　基础信息设置 109
　　任务三　正式人员工资类别初始设置 111
　　任务四　正式人员工资日常业务 114
　　任务五　正式人员工资分摊 115
　　任务六　临时人员工资处理 117
　　任务七　汇总工资类别 118
　　任务八　月末处理 118

项目七　固定资产管理系统 120
　　任务一　建立固定资产账套 125
　　任务二　相关参数设置 127
　　任务三　录入原始卡片 129
　　任务四　日常业务处理 130
　　任务五　总账管理系统处理 133
　　任务六　期末处理 134
　　任务七　下月业务 135

项目八　应收应付款管理系统 138
　　任务一　应收款管理系统初始设置 ... 144
　　任务二　增加应收款 151
　　任务三　收款结算 155
　　任务四　转账处理 156
　　任务五　坏账处理 159
　　任务六　制单 159
　　任务七　查询统计 161
　　任务八　期末处理 161

项目九　供应链管理系统初始化设置 163
　　任务一　基础信息设置 170
　　任务二　存货核算系统基础科目设置 170

任务三　应收应付管理系统相关
　　　　　　设置及期初数据录入 170
　　　任务四　供应链系统期初数据录入 ... 171

项目十　采购管理系统 174
　　　任务一　普通采购业务 180
　　　任务二　现结业务 190
　　　任务三　采购运费业务处理 193
　　　任务四　比价请购业务 195
　　　任务五　暂估入库业务 198
　　　任务六　退货业务 201
　　　任务七　月末处理 203

项目十一　销售管理系统 204
　　　任务一　普通销售业务 211
　　　任务二　普通销售业务的
　　　　　　　特殊处理（一）................. 217
　　　任务三　普通销售业务的
　　　　　　　特殊处理（二）................. 223
　　　任务四　分期收款发出商品业务 227
　　　任务五　委托代销业务 230
　　　任务六　退货业务 232

　　　任务七　直运销售业务 233
　　　任务八　月末处理 236

项目十二　库存管理系统 237
　　　任务一　出入库业务 240
　　　任务二　出库跟踪入库 242
　　　任务三　调拨业务 243
　　　任务四　盘点预警 245
　　　任务五　盘点业务 245
　　　任务六　假退料处理 247
　　　任务七　其他出入库业务 247
　　　任务八　组装业务 249
　　　任务九　月末处理 251

项目十三　存货核算系统 252
　　　任务一　出入库业务 254
　　　任务二　调整业务 255
　　　任务三　月末处理 258

附录　全国大学生会计信息化
　　　　大赛样题 259

参考文献 278

项目一

系统管理

XITONG GUANLI

【职业能力目标】

目标类型		能力要素	要素编号
知识目标	基础知识	了解会计电算化、电算化会计信息系统的定义	1-1-1
		理解电算化会计信息系统的特点	1-1-2
		知道电算化会计信息系统的构成	1-1-3
		知道会计电算化建设的总体规划的原则	1-1-4
		知道会计电算化建设的总体规划的内容	1-1-5
		知道会计电算化的岗位分工	1-1-6
		知道会计电算化工作的实施的内容	1-1-7
		掌握用友ERP-U8管理软件中系统管理的相关内容	1-1-8
		理解系统管理在整个系统中的作用	1-1-9
技能目标	基本技能	会建立单位账套	1-2-1
		会增加操作员并进行财务分工	1-2-2
		会备份账套信息	1-2-3
		会修改账套信息	1-2-4
	拓展技能	能根据企业的实际进行会计电算化建设的总体规划	1-2-5
		能根据企业的实际进行人员的分工	1-2-6

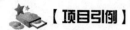【项目引例】

1. 企业基本资料

山东华阳信息技术有限公司（简称"华阳公司"）于 2010 年 8 月实现会计电算化，是一家集生产销售计算机及办公用品的综合性公司，公司建账的资料如下。

（1）账套信息。账套号：008；账套名称：山东华阳信息技术有限公司；采用默认账套路径；启用会计期：2010 年 8 月；会计期间设置：默认。

（2）单位信息。单位名称：山东华阳信息技术有限公司；单位简称：华阳公司；单位地址：山东省莱芜市高新技术开发区；法人代表：李力；邮政编码：271100；联系电话及传真：6265888；税号：110108200711014。

（3）核算类型。企业记账本位币：人民币（RMB）；企业类型：工业企业；行业性质：2007 新会计制度；账套主管：孙伟；选中"按行业性质预置会计科目"复选框。

（4）基础信息。企业有外币核算，进行业务处理时，需要对存货、客户、供应商进行分类。

（5）分类编码方案。存货分类编码级次：2223；客户和供应商分类编码级次：223；收发类别编码级次：11；部门编码级次：122；结算方式编码级次：12；地区分类编码级次：223；科目编码级次：4222。

（6）数据精度。企业对存货数量、单价小数位定为 2。

（7）系统启用。启用总账系统，启用时间为 2010-08-01。

2. 财务分工

001 孙伟（口令：1）

角色：账套主管。

负责财务业务一体化管理系统运行环境的建立，以及各项初始设置工作；负责管理软件的日常运行管理工作；监督并保证系统的有效、安全、正常运行；负责总账管理系统的凭证审核、记账、账簿查询、月末结账工作；负责报表管理及其财务分析工作。

具有系统所有模块的全部权限。

002 李静（口令：2）

角色：出纳。

负责现金、银行账管理工作。

具有"总账—凭证—出纳签字"、"总账—出纳"的操作权限。

003 李丽（口令：3）

角色：总账会计、应收会计、应付会计。

负责总账系统的凭证管理工作及客户往来和供应商往来的管理工作。

具有总账管理、应收款管理、应付款管理的全部操作权限。

004 白雪（口令：4）

角色：采购管理、仓库主管、存货核算员。

主要负责采购业务处理。

具有公共单据、公用目录设置、应收款管理、应付款管理、总账管理、采购管理、销售管理、库存管理、存货核算的全部操作权限。

005 赵静（口令：5）

角色：销售管理、仓库主管、存货核算员。

主要负责销售业务处理。

权限同白雪。

【知识准备】

一、会计电算化基础知识

1. 会计电算化的概念

会计电算化是计算机技术、网络通信技术、信息处理技术与现代会计相结合的产物。

在会计工作中,"会计电算化"是指以电子计算机为载体的当代电子技术和信息技术应用到会计实务中的简称,它是一个利用计算机来替代人工记账、算账、报账,以及替代部分由人脑完成的对会计信息的分析、预测和决策的过程。

随着会计电算化事业的不断发展,会计电算化的含义得到了进一步的延伸,它不仅涉及会计信息系统(会计核算、会计管理、会计决策等)的理论与实务研究,而且还融进了与其相关的所有工作,如会计电算化的组织与规划、会计电算化的实施、会计电算化的管理、会计电算化人员的培训、会计电算化制度的建立、计算机审计等内容。现在普遍认为,会计电算化是现代会计学科的重要组成部分,它是研究计算机会计理论与计算机会计实务的一门会计边缘学科。

2. 电算化会计信息系统

1) 电算化会计信息系统的定义

电算化会计信息系统是一个以计算机为主要工具,运用会计所特有的方法,通过对各种会计数据进行收集或输入,借助特殊的媒介对信息进行存储、加工、传输和输出,并以此对经营活动情况进行反映、监督、控制和管理的会计信息系统。

它是一个人机结合的系统,必须建立在会计工作的计算机化、信息处理的标准化和规范化的基础上,这与传统的手工会计信息系统有着根本的区别。

电算化会计信息系统一般可分为电算化会计核算、电算化会计管理、电算化会计决策支持三个子系统,分别用于会计的事后核算、事中控制、事前决策。

2) 电算化会计信息系统的特征

(1) 以电子计算机为计算工具,数据处理代码化、速度快、精度高。电算化会计信息系统是用电子计算机来记录和处理数据的,它采用对系统原始数据编码的方式,可以缩短数据项的长度,减少数据占用的存储空间,从而提高了会计数据处理的速度和精度。

(2) 数据处理人机结合,系统内部控制程序化、复杂化。电算化会计信息系统虽然是以计算机为主要计算工具,但整个信息处理过程仍表现为计算机与人工的结合。计算机对数据的处理是通过程序来进行的,系统内部控制方式均要求程序化。同时,由于数据处理人机结合对人的控制和系统内部控制方式的程序化,使得系统控制复杂化,其控制点从手工会计对人的控制转到对人和计算机两个方面的控制,控制内容涉及人员分工、职能分离和计算机软、硬件的维护,以及会计信息和会计档案的保存和保管。

(3) 数据处理自动化、账务处理一体化。电算化会计信息系统信息处理过程分为输入、处理、输出三个环节,将分散于各个核算岗位的会计数据统一收集后集中输入计算机,然后计算机对数据自动进行记账、结账和编制会计报表,最后由计算机根据指令将所需要的信息以账表形式打印输出。中间环节在机内自动操作,而需要的任何中间资料则可以通过查询得到,真正实现了"数出一门"、数据共享。整个账务处理过程呈现一体化趋势。

(4) 引入各种管理模型和决策方法,增强了系统预测和决策能力。在电算化会计信息系统中,管理人员借助先进管理软件便可以将已有的管理模型在计算机中得以实现,同时又可以不断研制和建立新的计算机管理模型。管理人员利用计算机管理模型可以迅速地存储、传递以及取出大量会计核算信息和资料,进行各种复杂的数量分析、规划求解。因此,管理者可以相当准确地估计出各种可行的方案的结果,揭示出企业经济活动中深层次矛盾,挖掘企业内在潜力,提高管理、预测和决策的科学性和合理性。

3) 电算化会计信息系统的构成

(1) 硬件设备。会计信息系统中的硬件设备主要是指会计数据输入设备、数据处理设备、数据存储设备和数据输出设备。

（2）软件系统。软件是指控制计算机系统运行的计算机程序和文档资料的统称，也是电算化会计信息系统的核心。电算化会计软件包括系统软件和会计软件两大类。

（3）会计人员。电算化会计信息系统的人员是指从事研制开发、使用和维护以软件为核心的会计系统的人员。分为两类：一类是系统开发人员，另一类是系统的应用人员。

（4）会计数据。电算化系统的数据处理有以下特点：

① 数据采集标准化和规范化。

② 数据处理方式集中化和自动化，人的干预明显减少。

③ 会计档案管理简洁化。档案通常以文件的形式存放在软盘、硬盘等介质中，管理非常简洁，查询十分方便。

（5）规程。规程是指各种法令法规、文件条例和规章制度。主要分两大类：一是政府的法令、条例；二是基层单位在电算化会计工作中的各项具体规定。

3. 单位会计电算化系统的建设与管理

会计电算化工作是一项复杂的系统工程，它不仅要满足财务部门的需要，而且还要涉及供应、生产和销售等部门。这是一项长期的、艰苦的工作，在任何一个环节的失误都会影响到系统建设的成败。因此，企业在建设会计电算化信息系统以前，应先制定会计电算化信息系统的发展战略并进行系统的总体规划。

1）会计电算化建设总体规划的原则

（1）客观可行原则。判断一个新系统是否需要建立，不能从企业领导或有关人员的主观愿望出发，而应从现行的系统对会计信息的加工处理深度，及时性、准确性是否能满足企业管理的实际需求出发，考察新系统建立的必要性和迫切性，并分析企业是否具备建立会计电算化系统的客观条件。

（2）循序渐进原则。会计电算化系统是一个规模庞大、结构复杂的有机整体，它由若干个相互关联的子系统构成。各单位应根据本单位的实际情况，按照循序渐进、逐步提高的原则分阶段组织实施，对每一个阶段的任务、目标都要做出规定，以指导和协调各阶段的工作，使每一阶段工作都成为通向总目标的阶梯。

（3）整体规划原则。整体规划原则是解决会计电算化建设中各个子系统间关系的基本原则。在建设过程中应保证各子系统之间协调一致，要有统一的规范，包括数据的规范、编码的规范、程序设计的规范、文档的规范等。因此，制订会计电算化总体规划时，必须与企业发展总目标和企业整体信息化建设的目标相一致，按照系统论的观点，综合考虑、统筹安排各项工作。

（4）客观需要原则。系统建设的目标要符合企业的客观需要。每个企业的特点不同，对会计信息系统的要求也会有所不同侧重。有些企业是为了提高数据处理效率以获得及时和准确的会计信息，而有些企业则把重点放在数据的深加工上，使会计信息能为企业管理的预测和决策活动服务。因此，会计电算化的建设应从实际出发，进行认真的调查分析，找出企业存在的关键问题，建立适合本单位的会计电算化信息系统。

（5）方便实用原则。建设会计信息系统的根本目的是为了更好地完成会计工作和提高企业管理水平，所以应把是否能最大程度地满足使用者的需要放在第一位，一切从用户的实际出发。

2）会计电算化建设总体规划的内容

会计电算化工作是一项庞大的系统工程，做好实施计划是搞好会计电算化工作的重要的保证。实施计划的主要内容有以下几个方面：

（1）确定会计电算化工作的总体目标。

（2）确定电算化会计信息系统的总体结构。电算化会计信息系统的总体结构是指它由哪些子系统构成，以及这些子系统相互间的关系等。

（3）电算化会计信息系统的硬件配置要求。

（4）会计电算化工作目标实现的阶段和步骤。

（5）会计电算化工作管理体制及组织机构。

（6）专业人员的培训与分工计划。

（7）资金来源及费用预算。

3）会计电算化的岗位分工

《会计基础工作规范》（简称《规范》）中要求 "各单位应当根据会计业务需要设置会计工作岗位。"实现电算化处理后，会计部门的工作岗位可分为基本会计岗位和电算化会计岗位两大类。

（1）基本会计岗位。基本会计岗位是指会计主管、会计核算、出纳、稽核、会计档案管理等工作岗位。

（2）电算化会计岗位。电算化会计岗位是指直接管理、操作、维护计算机及会计软件系统的工作岗位。可设立以下一些专业岗位。

① 电算化系统主管。系统主管人员负责协调计算机及会计软件系统的运行，要求具备会计和计算机基本知识以及相关的电算化会计组织管理经验。系统主管又可称作系统管理员、账套主管或超级用户，可由会计主管兼任。

② 数据录入。录入人员负责输入记账凭证和其他有关数据，要求具备会计软件操作技能，或通过电算化会计初级培训。实施电算化会计的单位应该要求所有会计人员具备担任会计软件操作员的条件。

③ 凭证审核。凭证审核员负责审核输入的会计数据以及对输出的账簿、报表进行确认。要求会计人员具备会计和计算机双方面的基本知识，达到电算化会计初级培训的水平。

④ 电算化系统维护。系统维护员负责保证计算机硬件、软件的正常运行，管理计算机内会计数据。需要注意的是系统维护员不应直接对实际会计数据进行操作。

⑤ 数据分析。数据分析员负责对计算机内的会计数据进行分析，要求具备一般的软件操作知识和比较全面的会计知识，最好通过电算化会计知识中级培训。

⑥ 会计档案保管。档案保管员负责各种会计档案资料的保管工作以及数据资料的安全保密工作。

4. 会计电算化工作的实施

1）建立内部控制制度

为了对电算化会计信息系统进行全面管理，保证会计信息系统安全、正常运行，在企业中应切实做好会计信息系统内部控制，以及操作管理、会计档案管理等工作。

内部控制制度是为了保护财产的安全完整，保证会计及其他数据正确可靠，保证国家有关方针、政策、法令、制度和本单位制度，形成一系列具有控制职能的方法、措施、程序的一种管理制度。内部控制制度的基本作用是保护财产安全完整；提高数据的正确性、可靠性。贯彻执行方针、政策、法令、制度、计划，是审计工作的重要依据。

内部控制制度的基本目标是健全机构、明确分工、落实责任、严格的操作规程、充分发挥内部控制作用。其具体目标是：合法性，保证处理的经济业务及有关数据符合有关规章制度；合理性，保证处理的经济业务及有关数据有利于提高经济效益和工作效率；适应性，适应管理的需要、环境变化和例外业务；安全性，保证财产和数据的安全，具有严格的操作权限、保密功能、恢复功能和防止非法操作功能；正确性，保证输入、加工、输出数据正确无误；及时性，保证数据处理及时，为管理提供信息。

2）建立岗位责任制

《规范》中提出了建立会计电算化岗位责任制原则："实行会计电算化的单位，要建立会计电算化岗位责任制，要明确各个工作岗位的职责范围，切实做到事事有人管，人人有专责，办事有要求，工作有检查。"建立会计电算化岗位责任制，定人员、定岗位，明确分工，各司其职，有利于会计工作程序化、规范化，有利于落实责任和会计人员钻研分管业务，有利于提高工作效率和工作质量。各单位可以根据内部控制制度和本单位的工作需要，对会计岗位的划分进行调整和设立必要的工作岗位，严格划分每个人的操作权限，设置密码，制定相应的内部控制制度，每个人都应按操作规程运行系统，履行自己的职责，从而保证整体流程顺畅。

3）建立完善的管理制度

管理工具的变化必然导致内部控制和管理制度的变革，新的工作规程和管理制度的建立是保证会计信息系统安全运行的必要条件。

（1）会计电算化操作管理制度。

① 明确规定上机操作人员对会计软件的操作工作内容和权限，对操作密码要严格管理，指点专人定期更换密码，杜绝未经授权人员操作会计软件。

② 预防已输入计算机的原始凭证和记账凭证等会计数据未经审核而登记机内账簿。

③ 操作人员离开机房前,应执行相应命令退出会计软件。

④ 根据本单位实际情况,由专人保存必要的上机操作记录,记录操作人、操作时间、操作内容、故障情况等内容。

⑤ 为了确保数据安全,防止非法修改和意外删除,应及时做好数据备份工作,按照企业业务量大小决定备份策略,最好保存双备份。

（2）建立计算机硬件、软件和数据管理制度。

① 保证机房设备安全和计算机正常运行是进行会计电算化的前提条件,要经常对有关设备进行保养,保持机房和设备的整洁,防止意外事故的发生。

② 确保会计数据和会计软件的安全保密,防止对数据和软件的非法修改和删除；对磁性介质存放的数据要保存双备份。

③ 对正在使用的会计核算软件进行修改,对通用会计软件进行升版和计算机硬件设备进行更换等工作,要有一定的审批手续；在软件修改、升级和硬件更换过程中,要保证实际会计数据的连续和安全,并由有关人员进行监督。

④ 健全计算机硬件和软件出现故障时进行排除的管理措施,保证会计数据的完整性。

⑤ 健全必要的防治计算机病毒的措施。

（3）建立电算化会计档案管理制度。

① 电算化会计档案,包括存储在计算机硬盘中的会计数据以及其他磁性介质或光盘存储的会计数据和计算机打印出来的书面等形式的会计数据；会计数据是指记账凭证、会计账簿、会计报表（包括报表格式和计算公式）等数据。

② 电算化会计档案管理是重要的会计基础工作,要严格按照财政部有关规定的要求对会计档案进行管理,由专人负责。

③ 对电算化会计档案管理要做好防磁、防火、防潮和防尘工作,重要会计档案应准备双份并存放在两个不同的地点。

④ 采用磁性介质保存会计档案,要定期进行检查,定期进行复制,防止由于磁性介质损坏而使会计档案丢失。

⑤ 通用会计软件、定点开发会计软件、通用与定点开发相结合会计软件的全套文档资料以及会计软件程序,视同会计档案保管,保管期截至该软件停止使用或有重大更改之后的5年。

二、系统管理基础知识

1. 系统管理的概念

用友ERP-U8软件产品由多个产品组成,各个产品之间相互联系,数据共享,对企业的资金流、物流、信息流的统一管理和实时反映提供了有效的方法、工具。对于多个产品的操作,系统需要用一个平台来对账套的建立、修改、删除和备份,操作员的增加、角色的划分和权限的分配等功能进行集中管理,系统管理模块就是这样一个操作平台。其优点就是使企业的信息化管理人员可以进行方便的管理、及时的监控,随时可以掌握企业的信息系统状态。系统管理的使用对象为企业的信息管理人员（即系统管理员Admin）或账套主管。

1）系统管理模块主要能够实现的功能

（1）对账套的统一管理,包括建立、修改、引入和输出（恢复备份和备份）。

（2）对操作员及其功能权限实行统一管理,设立统一的安全机制,包括用户、角色和权限设置。

（3）允许设置自动备份计划,系统根据这些设置定期进行自动备份处理,实现账套的自动备份。

（4）对年度账的管理,包括建立、引入、输出年度账和结转上年数据,清空年度数据。

2）用友ERP-U8软件应用产品的特点

由于用友ERP-U8软件所含的各个产品是为同一个主体的不同层次面服务的,并且产品与产品之间相互联系、数据共享,所以就要求这些产品具备以下特点：

（1）具备公用的基础信息。
（2）拥有相同的账套和年度账。
（3）操作员和操作权限集中管理并且进行角色的集中权限管理。
（4）业务数据共用一个数据库。

2. 账套管理

1）新建账套

在使用系统之前，首先要新建本单位的账套，以便对企业发生的日常经营活动进行记录。账套是一组相互关联的数据，每个独立核算的企业都拥有一套完整的账簿体系，把这样一套完整的账簿建立在计算机系统中就称为一个账套。当企业购买了一套会计软件并准备用它代替手工核算时，就产生了在计算机系统中建立企业核算账簿这一客观要求，称为建账。

2）修改账套

当系统管理员建完账套和账套主管建完年度账后，在未使用相关信息的基础上，需要对某些信息进行调整，以便使信息更真实准确地反映企业的相关内容时，可以进行适当的调整，只有账套主管可以修改其具有权限的年度账套中的信息，系统管理员无权修改。

3）账套输出

输出账套功能是指将所选定的账套数据进行备份输出。对于企业系统管理员来说，定时地将企业数据备份出来存储到不同的介质上，对数据的安全性是非常重要的。如果企业由于不可预知的原因（如地震、火灾、计算机病毒、人为的误操作等），需要对数据进行恢复，此时备份数据就可以将企业的损失降到最小。当然，对于异地管理的公司，此种方法还可以解决审计和数据汇总的问题。各个企业应根据企业的实际情况加以应用。

以系统管理员身份注册，进入系统管理模块。然后执行"账套"菜单下级的"输出"命令进入，此时系统弹出账套输出界面；在"账套号"处选择要输出的账套，单击【确认】按钮进行输出，此时系统会进行输出的工作，在系统进行输出过程中系统有一个进度条。任务完成后，系统会提示输出的路径，此处系统只允许选择本地的磁盘路径（例如，c:\backup），选择输出路径，单击【确认】完成输出。系统显示输出是否成功的提示。

账套输出只有系统管理员有权进行。如果将"删除当前输出账套"同时选中，在输出完成后系统会确认是否将数据源从当前系统中删除。

4）引入账套

引入账套功能是指将系统外某账套数据引入本系统中。该功能的增加将有利于集团公司的操作，子公司的账套数据可以定期引入母公司系统中，以便进行有关账套数据的分析和合并工作。系统管理员用户在系统管理界面执行"账套"菜单中的"引入"命令，进入引入账套功能。

系统管理员在界面上选择所要引入的账套数据备份文件。账套数据备份文件是系统输出的文件，前缀名称统一为"UfErpAct.lst"。选择完以后，单击【打开】按钮表示确认。系统提示是否修改数据库存放的路径和文件夹，单击【否】按钮不重新指定账套路径，系统开始引入账套并提示引入成功。

3. 年度账管理

在系统中，用户不仅可以建多个账套，而且每一个账套中可以存放不同年度的会计数据。这样一来，系统的结构清晰、含义明确、可操作性强，对于不同核算单位、不同时期数据的操作只需通过设置相应的系统路径即可进行，而且由于系统自动保存了不同会计年度的历史数据，对于利用历史数据的查询和比较分析也显得特别方便。年度账的建立是在已有上年度账套的基础上，通过年度账建立，自动将上个年度账的基本档案信息结转到新的年度中。上年余额等信息需要在年度账结转操作完成后，由上年自动转入下年的新年度账中。年度账管理主要包括：建立年度账、年度账的输出和引入、结转上年数据、清空年度账。对年度账的管理只能由账套主管进行。

1）建立年度账

（1）首先要以账套主管的身份注册，选定需要进行建立新年度的账套和上年的时间，进入系统管理界面。例如，需要建立001账套的2012新年度账，此时就要注册001账套的2011年度账。

（2）在系统管理界面单击"年度账"项，系统自动弹出下级菜单，再将鼠标移到"建立"项上，单击进入建立年度账的功能。

（3）系统弹出建立年度账的界面，其中有"账套"和"会计年度" 两个栏目，都是系统默认，此时不能进行修改操作。如果需要调整，单击【放弃】按钮操作重新注册登录选择。如果确认可以建立年度账，此时单击【确定】按钮；如果放弃年度账的建立可单击【放弃】按钮。

注意：只有具有账套主管权限的用户才能进行有关年度账的操作。

2）年度账的输出

年度账的输出作用和账套输出的作用相同。以账套主管身份注册，进入系统管理模块，然后执行"年度账"菜单下的"输出"命令进入。此时系统弹出输出年度数据界面，在"选择年度"处列出需要输出的当前注册账套年度的年份（为不可修改项），单击【确认】按钮进行输出，此时系统会进行输出的工作，在系统进行输出过程中系统有个进度条，任务完成后，系统会提示输出的路径（只选择本地磁盘）。

注意：

（1）只有具有该账套的年度账主管权限的操作员，可以进行输出对应年度账的数据。

（2）如果将"删除当前输出账套"同时选中，在输出完成后系统会确认是否将数据源从当前系统中删除。

3）年度账的引入

年度账的引入操作与账套的引入操作基本一致，不同之处在于引入的是年度数据备份文件（由系统引出的年度账的备份文件，前缀名称统一为"UfErpYer.lst"）。系统管理员在系统管理界面执行"年度账"菜单下的"引入"命令，则进入引入年度账的功能。系统管理员在界面上选择所要引入的年度账套数据备份文件和引入路径，单击【打开】按钮表示确认；如想放弃，则单击【放弃】按钮。

4）结转上年数据

一般情况下，企业是持续经营的，因此企业的会计工作是一个连续性的工作。每到年末，启用新年度账时，就需要将上年度中的相关账户的余额及其他信息结转到新年度账中。以账套主管的身份选定账套注册登录，执行"年度账"菜单中的"结转上年数据"命令进入结转上年数据的功能。

5）清空年度数据

有时，用户会发现某年度账中错误太多，或不希望将上年度的余额或其他信息全部结转到下一年度，这时候，便可使用清空年度数据的功能。"清空"并不是指将年度账的数据全部清空，而还是要保留一些基础信息、系统预置的科目、报表等。保留这些信息主要是为了方便用户使用清空后的年度账重新建账。执行"年度账"菜单中的"清空年度数据"命令，显示"清空年度数据库"界面，账套主管在会计年度栏目选择要清空的年度账的年度，再次确认后即可清空年度数据。

4. 操作员及权限管理

本功能主要完成角色和用户的增加、删除、修改和功能权限的分配。需要注意的是，只有以系统管理员身份注册进入，才能进行功能权限分配。

1）角色设置

用友ERP-U8版产品继续加强了企业内部控制中权限的管理，增加了按角色分工管理的理念，加大了控制的广度、深度及灵活性。角色是指在企业管理中拥有某一类职能的组织，这个角色组织可以是实际的部门，也可以是由拥有同一类职能的人构成的虚拟组织。例如，实际工作中最常见的会计和出纳两个角色（他们可以是一个部门的人员，也可以不是一个部门但工作职能是一样的角色统称）。在设置角色后，可以定义角色的权限，如果用户归属此角色，则此用户相应具有角色的权限。此功能的好处是方便控制操作员权限，可以依据职能统一进行权限的划分。本功能可以进行账套中角色的增加、删除、修改等维护工作。

用户和角色设置不分先后顺序，用户可以根据自己的需要先后设置。但对于自动传递权限来说，应该首先设定角色，然后分配权限，最后进行用户的设置。这样在设置用户的时候，如果选择其归属哪一个角色，则其自动具有该角色的权限。

一个角色可以拥有多个用户,一个用户也可以分属于多个不同的角色。若角色已经在用户设置中被选择过,系统则会将这些用户名称自动显示在角色设置中的所属用户名称的列表中。只有系统管理员有权限进行本功能的设置。

2)用户设置

本功能主要完成用户的增加、删除、修改等维护工作。设置用户后,系统对登录操作会进行相关的合法性检查。其作用类似于 Windows 的用户账号,只有设置了具体的用户之后,才能进行相关的操作。

3)权限设置

(1)功能级权限管理。该权限将提供划分更为细致的功能级权限管理功能,包括各功能模块相关业务的查看和分配权限。

(2)数据级权限管理。该权限可以通过两个方面进行权限控制,一个是字段级权限控制,另一个是记录级的权限控制。

(3)金额级权限管理。该权限主要用于完善内部金额控制,实现对具体金额数量划分级别,对不同岗位和职位的操作员进行金额级别控制,限制他们制单时可以使用的金额数量,不涉及内部系统控制的不在管理范围内。

只有以系统管理员或账套主管的身份注册登录,才能进行功能权限设置。

在系统管理主界面,选择"权限"菜单,显示"操作员权限"设置界面。

(1)选择要分配权限的账套所在年度,左边显示本账套内所有角色和用户名。

(2)从操作员列表中选择操作员,单击【修改】按钮后,系统打开"增加和调整权限"窗口。系统提供所有子系统的功能权限的分配,此时可以单击展开各个子系统的详细功能,在单选框内单击鼠标使其成为选中状态后,单击【保存】按钮系统将权限分配给当前的用户。此时如果选中根目录的上一级则系统的相应下级全部为选中状态;如果将"账套主管"选中,则该操作员具有该账套的所有子系统的所有权限。

注意:"修改"功能是给操作员进行权限的分配,并且可以进行子功能的删除;"删除"功能是将该操作员的所有权限删除;对于"账套主管"的分配,只需在账套主管前面的复选框内打上钩即可。只有以系统管理员的身份才能进行账套主管的权限分配。如果以账套主管的身份注册,只能分配所属账套子系统的权限。但需要注意的是,系统一次只能对一个账套的某一个年度账进行分配,一个账套可以有多个账套主管。正在使用的用户权限不能进行修改、删除的操作。如果对某角色分配了权限,则在增加新的用户时(该用户属于此角色),该用户自动拥有此角色具有的权限。

系统管理员和账套主管的明细权限见表1-1。

表1-1 系统管理员和账套主管的明细权限

主要功能	详细功能1	详细功能2	系统管理员(Admin)	账套主管
账套操作	账套建立	新账套建立	Y	N
		年度账建立	N	Y
	账套修改		N	Y
	集团决策设置	集团决策设置	N	Y
	数据删除	账套数据删除	Y	N
		年度账数据删除	N	Y
	账套备份	账套数据输出	Y	N
		年度账数据输出	N	Y
	设置备份计划	设置账套输出计划	Y	N
		设置年度账输出计划	Y	Y

续表

主要功能	详细功能1	详细功能2	系统管理员（Admin）	账套主管
账套操作	账套数据恢复	账套数据恢复	Y	N
		年度账数据恢复	N	Y
	清空年度数据		N	Y
	结转上年数据		N	Y
人员权限	角色	角色操作	Y	N
	用户	用户操作	Y	N
	权限	权限操作	Y	Y
其他操作	清除异常任务		Y	N
	清除单据锁定		Y	N
	上机日志		Y	N
	视图	刷新	Y	Y

注：Y表示具有权限，N表示不具备权限。

5. 系统运行安全管理

1）系统运行监控

以系统管理员身份注册进入系统后，可以查看到两个部分，一部分列示的是已经登录的子系统，还有一部分列示的是登录的操作员在子系统中正在执行的功能。这两部分内容都是动态的，它们根据系统的执行情况而自动变化。

2）注销当前操作员

如果需要执行新的功能并且需要以一个新的操作员注册，此时要将当前的操作员的注册从系统管理功能中注销，然后重新注册；或者需要暂时离开，而不希望他人对系统管理进行操作的话，也应该注销当前的操作员。

3）消除系统运行异常

用友ERP-U8产品除了提供手动进行异常任务的清除之外，还提供了增强自动处理异常任务的能力，不用每次必须由系统管理员登录系统管理后手工清除。用户在使用过程中，可在用友ERP-U8服务管理器中设置服务端异常和服务端失效的时间，提高使用中的安全性和高效性。如果用户服务端超过异常限制时间未工作或由于不可预见的原因非法退出某系统，则视此为异常任务，在系统管理主界面显示"运行状态异常"，系统会在到达服务端失效时间时，自动清除异常任务。在等待时间内，用户也可选择"清除异常任务"菜单，自行删除异常任务。以系统管理员身份注册进入系统管理，执行"视图"下级菜单中的"清除异常任务"命令即可执行。

4）清除单据锁定

在使用过程中由于不可预见的原因可能会造成单据锁定，单据的正常操作将不能使用，此时使用"清除单据锁定"功能，将恢复正常功能的使用。以系统管理员身份注册进入系统管理，执行"视图"下级菜单中的"清除单据锁定"命令即可执行。

5）上机日志

为了保证系统的安全运行，系统随时对各个产品或模块的每个操作员的上下机时间、操作的具体功能等情况都进行登记，形成上机日志，以便使所有的操作都有所记录、有迹可寻。以系统管理员身份注册进入系统管理，执行"视图"下级菜单中的"上机日志"命令即可执行。

【操作提示】

设置系统日期格式为"yyyy-mm-dd"。

任务一　增加操作员

1. 登录系统管理

（1）执行"开始"→"程序"→"用友 ERP-U8"→"系统服务"→"系统管理"命令，启动系统管理。

（2）执行"系统"→"注册"命令，弹出"登录"系统管理对话框。

（3）以系统管理员"admin"注册，第一次运行时，系统管理员的密码为空，选择系统默认的账套（default），如图 1.1 所示。单击【确定】按钮，以系统管理员的身份进入系统管理。

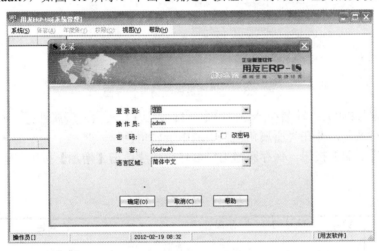

图 1.1　系统管理注册

2. 增加操作员

（1）执行"权限"→"用户"命令，进入"用户管理"窗口，如图 1.2 所示。

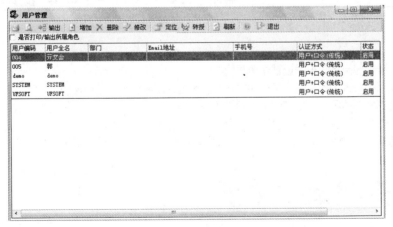

图 1.2　"用户管理"界面

（2）单击工具栏上的【增加】按钮，弹出"操作员详细情况"对话框，如图 1.3 所示。

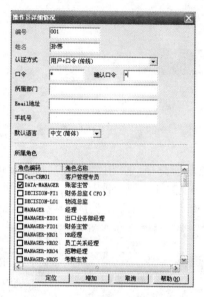

图 1.3 "操作员详细情况"界面

（3）输入编号：001；姓名：孙伟；口令：1；确认口令：1；所属部门：财务部，其他信息按提供的资料录入，并在"所属角色"中选中所属角色。

（4）单击【增加】按钮，保存新增用户信息。继续单击【增加】按钮，输入表 1-2 其他操作员的信息。

表 1-2 操作员信息表

编号	姓名	口令	确认口令	所属部门	角色
001	孙伟	1	1	财务部	账套主管
002	李静	2	2	财务部	出纳
003	李丽	3	3	财务部	总账会计、应收款管理、应付款管理、资产管理、薪酬管理
004	白雪	4	4	采购部	采购主管、仓库主管、存货核算员
005	赵静	5	5	销售部	销售主管、仓库主管、存货核算员

【注意】

（1）只有系统管理员才有权限设置角色和用户。
（2）用户编号在系统中必须唯一，即使是不同的账套，用户编号也不能重复。
（3）所设置的操作员用户一旦被引用，便不能修改和删除。
（4）如果操作员调离企业，可以通过"修改"功能"注销当前用户"。
（5）在"增加用户"对话框中，蓝色字体标注的项目为必输项，其余项目为可选项。这一规则适用于所有界面。

 任务二 建立、修改账套

1．建立账套

1）登录系统界面

首先以 admin 身份注册登录系统管理模块，然后执行"账套"→"建立"命令，进入建立新账套的功能，显示"创建账套"下的"账套信息"界面，如图 1.4 所示。

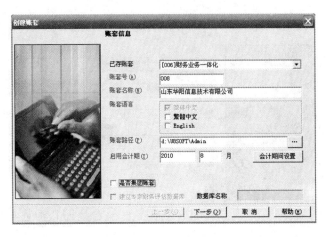

图 1.4 "账套信息"界面

2）输入账套信息

已存账套：系统将现有的账套以下拉框的形式在此栏目中表示出来，用户只能参照，而不能输入或修改。其作用是在建立新账套时可以明晰已经存在的账套，避免在新建账套时重复建立。

账套号：用来输入新建账套的编号，用户必须输入，可输入 3 个字符（只能是 001～999 之间的数字，而且不能是已存账套中的账套号），本例输入"008"。

账套名称：用来输入新建账套的名称，作用是标识新建账套的信息，用户必须输入。可以输入 40 个字符。本例输入"山东华阳信息技术有限公司"。

账套路径：用来输入新建账套所要被保存的路径，用户必须输入，可以参照输入，但不能是网络路径中的磁盘。本例采用系统默认的路径。

启用会计期：输入新建账套被启用的日期，必须输入，如输入"2010 年 8 月"。

会计期间设置：因为企业的实际核算期间可能和正常的自然日期不一致，所以提供此功能进行设置。用户在输入"启用会计期"后，单击界面上【会计期间设置】按钮，弹出会计期间设置窗口。系统根据前面"启用会计期"的设置，自动将启用月份以前的日期标识为不可修改的部分，而将启用月份以后的日期（仅限于各月的截止日期，至于各月的初始日期则随上月截止日期的变动而变动）标识为可以修改的部分，用户可以任意设置。

【注意】

企业由于需要，每月 25 日结账，那么可以在"会计日历—建账"界面双击可以修改日期部分（灰色部分），在显示的会计日历上输入每月结账日期，下月的开始日期为上月截止日期+1（26 日），年末 12 月份以 12 月 31 日为截止日期。设置完成后，企业每月 25 日为结账日，25 日以后的业务记入下个月。每月的结账日期可以不同，但其开始日期为上一个截止日期的下一天。

是否集团账套：只有"集团账套"才允许启用"集团财务"系统，如果是"集团财务"不允许启用"总账"系统。

3）输入单位信息

用于记录本单位的基本信息，包括单位名称、单位简称、单位地址、法人代表、邮政编码、联系电话、传真、电子邮件、税号、备注等。其中单位名称必须输入，单位全称只在打印发票时使用，其余情况全部使用单位简称，其他信息可输可不输。本例单位名称：山东华阳信息技术有限公司；单位简称：华阳公司；其他栏目都属于任选项，参照项目资料输入即可，如图 1.5 所示。输入完成后，单击【下一步】按钮。

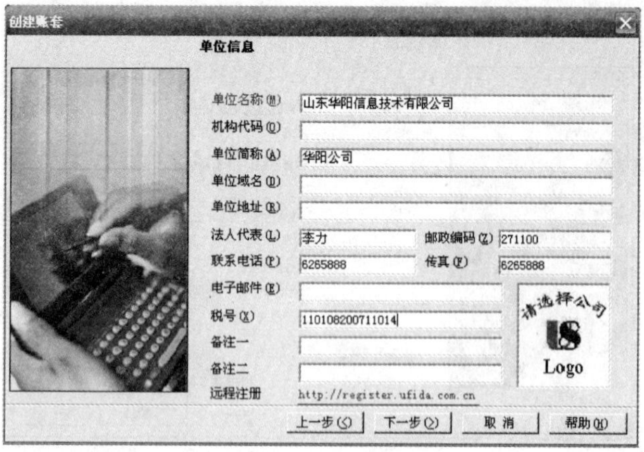

图 1.5 "单位信息"界面

4）输入核算信息

用于记录本单位的基本核算信息，包括本位币代码、本位币名称、企业类型、行业性质、账套主管、按行业预置科目等。

本位币代码：用来输入新建账套所用的本位币代码，本例输入"RMB"。

本位币名称：用来输入新建账套所用的本位币的名称，必须输入，本例输入"人民币"。

企业类型：用户必须从下拉框中选择输入与自己企业类型相同或最相近的类型。系统提供工业和商业两种类型。本例选用"工业"。

行业性质：必须从下拉框中选择输入本单位所处的行业性质，为下一步"按行业性质预置科目"确定行业范围，系统会根据选择预制一些行业特定的报表。本例选用"2007 新会计制度科目"。

账套主管：用来确认新建账套的账套主管，用户只能从下拉框中选择输入，本例选用"001 孙伟"。

按行业性质预置科目：如果用户希望采用系统预置所属行业的标准一级科目，则在该选项前打钩，那么进入产品后，会计科目由系统自动设置；如果不选，则由用户自己设置会计科目。本例选中"按行业性质预置科目"复选框，如图 1.6 所示。输入完成后，单击【下一步】按钮。

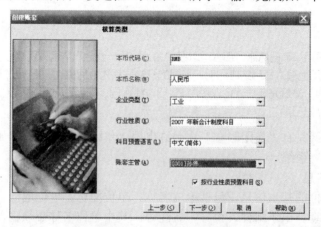

图 1.6 "核算类型"界面

5）确定基础信息选项

如果单位的存货、客户、供应商相对较多，可以对其进行分类核算，如果有外币业务，可以选择外币核算。如果此时不能确定是否进行分类、有无外币核算，也可以在建账完成后，由账套主管在"修改账套"功能中设置分类与外币核算。本例要求全部选中，如图 1.7 所示。单击【完成】按钮，系统提示"可以创建账套了么？"。单击【是】按钮，进入"分类编码方案"窗口。

6）确定分类编码方案

为了便于对经济业务数据进行分类核算、统计和管理，系统要求预先设置某些基础栏的编码规则，即规定各种编码的级次及各级次的长度。按项目资料所给内容修改系统默认值，科目编码级次：4222，如图 1.8 所示。确定后，进行保存设置，单击【退出】按钮进入"数据精度定义"窗口。

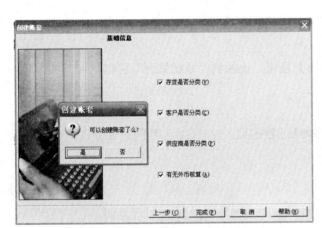

图 1.7 "基础信息"界面

图 1.8 "编码方案"窗口

7）数据精度定义

数据精度是指数据的小数位数，如果需要进行数量核算，必须认真设置此项目，本例全部采用系统默认值，如图 1.9 所示。单击【确定】按钮，系统弹出"创建账套"对话框，如图 1.10 所示，单击【是】按钮进入"系统启用"窗口（如图 1.11 所示）。

图 1.9 "数据精度"定义窗口

图 1.10 "创建账套"对话框

8）启用系统

在"系统启用"窗口中，选中"GL 总账"系统，弹出"日历"对话框，选择系统启用日期，如"2010-08-01"，单击【确定】按钮，系统弹出"确实要启用当前系统吗？"提示信息框，单击【是】按钮启用当前系统。

图 1.11 "系统启用"窗口

9)退出系统启用

单击"系统启用"工具栏上的【退出】按钮,返回到"系统管理"窗口。

【注意】

分类编码方案、数据精度、系统启用可以由账套主管在以后进入"企业应用平台—基础信息—基本信息"进行设置;只有系统管理员才有权创建新账套。

2.修改账套

(1)用户以账套主管的身份注册,选择相应的账套,进入系统管理界面。

(2)选择"账套"菜单中的"修改",则进入修改账套的功能。系统注册进入后,可以修改的信息主要有:账套信息:账套名称;单位信息:所有信息;核算类型:不允许修改;基础信息:不允许修改;对于账套分类信息和数据精度信息:可以修改全部信息。

(3)单击【完成】按钮,表示确认修改内容;如果放弃修改,则单击【放弃】按钮。

【注意】

在账套的使用中,可以对本年度启用的会计期间修改其开始日期和终止日期。只有没有业务数据的会计期间可以修改其开始日期和终止日期。使用该会计期间的模块均需要根据修改后的会计期间来确认业务的正确期间,只有账套管理员才有权修改相应的账套。

任务三 财务分工

(1)执行"权限"→"权限"命令,进入"操作员权限"窗口。

(2)选择 008 账套;2010 年度。

(3)从窗口左侧操作员列表中选择"001 孙伟",选中"账套主管"复选框,确定孙伟具有账套主管权限。

(4)选择"李静",选择"008"账套。单击工具栏上的【修改】按钮,选中"GL 总账"前的"+"图标,展开"总账"、"凭证"项目,选中"出纳签字"权限,再选中"总账"下的"出纳"权限,如图 1.12 所示,操作完后进行保存。

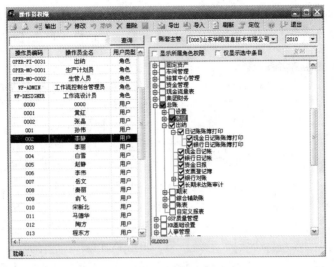

图 1.12 "操作员权限"窗口

 【注意】

①由于在增加用户和建立账套时已设定"孙伟"为账套主管,此处无需再设置。如果在建账时未设定孙伟为账套主管,可以在此处进行指定。②一个账套可以设定多个账套主管。③账套主管自动拥有该账套的所有权限。

(5)同理,设置其他用户的操作权限。单击工具栏上的【退出】按钮,返回系统管理。

任务四 账套备份与引入

1. 账套备份

(1)执行"账套"→"输出"命令,弹出"账套输出"对话框,选择需要输出的账套008,如图1.13所示。单击【确认】按钮,稍候,系统弹出"请选择账套备份路径"对话框,如图1.14所示。

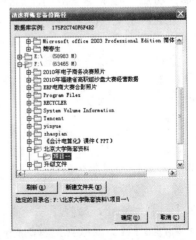

图 1.13 "账套输出"界面　　　　　　图 1.14 "账套路径选择"界面

（2）选择需要将账套数据输出的驱动器及所在目录，单击【确定】按钮。
（3）备份完成后，系统弹出"输出成功"信息提示对话框，单击【确定】按钮返回。

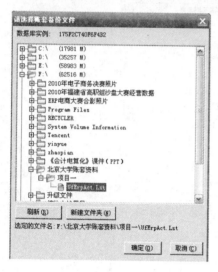

图1.15　"引入账套数据"窗口

2．账套引入

引入账套功能是指将系统外某账套数据引入本系统中。该功能的增加将有利于集团公司的操作，子公司的账套数据可以定期被引入母公司系统中，以便进行有关账套数据的分析和合并工作。系统管理员用户在系统管理界面单击"账套"菜单中的"引入"，进入"引入账套数据"窗口，如图1.15所示。

系统管理员用户在界面上选择所要引入的账套数据备份文件。账套数据备份文件是系统输出的文件，前缀名称统一为"UfErpAct.Lst"。选择完以后，系统弹出"请选择账套引入的目录"对话框。单击【确定】按钮，系统弹出"请选择账套引入目录"对话框，单击【确定】按钮不修改目录，系统提示"此项操作将覆盖[008]账套当前的所有信息，继续吗？"。单击【是】按钮，系统开始引入账套并提示引入成功。

【提示】

如果单击【否】按钮，系统会自动选择一个不重复账套号让用户选择。

任务五　系统运行安全管理

1．清除单据锁定

在使用过程中由于不可预见的原因可能会造成单据锁定，则单据的正常操作将不能使用，此时使用"清除单据锁定"功能，将恢复正常功能的使用。以系统管理员身份注册进入系统管理，执行"视图"下级菜单中的"清除单据锁定"命令，系统弹出"删除工作站所有锁定"对话框，如图1.16所示，选择相应账套，单击【确定】按钮即可，也可以在总账期末处理的对账界面按Ctrl+F6组合键。

图1.16　"删除工作站所有锁定"窗口

2．设置备份计划

用户可以通过系统管理中的"设置备份计划"功能，由用户设置自动备份计划，系统根据这些设置定期进行自动备份处理，以增强系统数据的安全性。其作用是自动定时对设置的账套进行输出（备份）。这种方式的好处是可以对多个账套同时输出，而且可以进行定时设置，实现无人干预自动输出，减轻了系统管理员的工作量，可以更好地对系统进行管理。

（1）以系统管理员或账套主管的身份注册进入系统管理，执行功能菜单"系统"下的"设置备份计划"命令，进入输出"备份计划设置"窗口。

（2）在"备份计划详细情况"窗口中单击【增加】按钮，显示"增加备份计划"窗口，如图 1.17 所示。

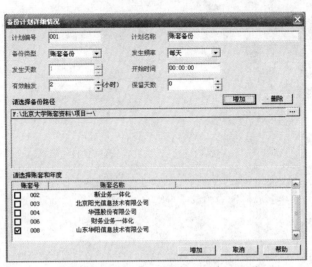

图 1.17 "备份计划详细情况"窗口

（3）输入计划编号、计划名称，选择输入备份类型和发生频率，选择系统数据的备份路径和要备份的账套或年度账。

（4）单击【增加】按钮，保存设置。

项目二

公用基础信息设置

GONGYONG JICHU XINXI SHEZHI

【职业能力目标】

目标类型		能力要素	要素编号
知识目标	基础知识	掌握用友 ERP-U8 管理软件中公用基础信息设置的相关内容	1-1-1
		理解基础档案系统初始化设置的意义	1-1-2
技能目标	基本技能	会设置会计科目	1-2-1
		会输入机构人员与往来单位信息	1-2-2
		会设置外币及汇率、结算方式、辅助核算档案	1-2-3
		会设置项目目录	1-2-4
	拓展技能	能根据企业的实际对会计科目进行辅助核算设置	1-2-5
		能根据企业的实际设置相应的项目目录	1-2-6

【项目引例】

1. 设置基础档案

华阳公司分类档案资料如下:

(1) 部门档案。

部门编码	部门名称	部门属性
1	管理中心	管理部门
101	总经理办公室	综合部门
102	财务部	财务管理
2	供销中心	供销管理
201	销售部	市场营销
202	采购部	采购供应
3	制造中心	生产部门
301	一车间	生产制造
302	二车间	生产制造

(2) 人员类别。

分类编号	分类名称
1001	企业管理人员
1002	经营人员
1003	车间管理人员
1004	生产人员

(3) 人员档案。

人员编号	人员姓名	性别	行政部门	人员类别	是否业务员	是否操作员	对应操作员编码
101	李力	男	总经理办公室	企业管理人员	是	是	
001	孙伟	女	财务部	企业管理人员	是	是	001
002	李静	女	财务部	企业管理人员	是	是	002
003	李丽	女	财务部	企业管理人员	是	是	003
005	赵静	女	销售部	经营人员	是	是	005
202	李明	男	销售部	经营人员	是	是	
004	白雪	女	采购部	经营人员	是	是	004
212	张伟	男	采购部	经营人员	是	是	

(4) 客户分类。

分类编码	分类名称
01	批发
02	零售
03	代销
04	专柜

(5) 供应商分类。

分类编码	分类名称
01	原料供应商
02	成品供应商

（6）地区分类。

地区分类	分类名称
01	东北地区
02	华北地区
03	华东地区
04	华南地区
05	西北地区
06	西南地区

（7）客户档案。

客户编号	客户简称	所属分类	所属地区	税号	开户行	账号	扣率	分管部门	分管业务员
001	宏大公司	01	02	120009884732788	工行上地分行	73853654	5	销售部	赵静
002	华兴公司	01	02	120008456732310	工行华苑分行	69325581		销售部	赵静
003	万达公司	04	03	310106548765432	工行徐汇分行	36542234		销售部	李明
004	鑫泉公司	03	01	108369856003251	中行平房分行	43810548	10	销售部	李明

（8）供应商档案。

编号	供应商名称	所属分类	所属地区	税号	开户行	账号	分管部门	分管业务员
001	信达公司	01	02	110567453698462	中行	48723367	采购部	白雪
002	隆昌公司	01	02	110479865267583	中行	76473293	采购部	白雪
003	昊天公司	02	03	320888465372657	工行	55561278	采购部	张伟
004	宝琳公司	02	03	310103695431012	工行	85115076	采购部	张伟

2．基础数据

（1）外币及汇率。

币符：USA；币名：美元；固定汇率：1∶6.275（只供演示使用）。

（2）2010年8月份会计科目及期初余额表。

科目编码	科目名称	辅助核算	方向	币别计量	累计借方发生额	累计贷方发生额	期初余额
1001	库存现金	日记	借				6 875.70
1002	银行存款	银行日记	借				511 057.16
100201	工行存款	银行日记	借				511 057.16
100202	中行存款	银行日记	借	美元			
1122	应收账款	客户往来	借				157 600
1123	预付账款	供应商往来	借				
1221	其他应收款		借				3 800
122101	应收单位款	客户往来	借				
122102	应收个人款	个人往来	借				3 800
1231	坏账准备		贷				10 000
1401	材料采购		借				−80 000

续表

科目编码	科目名称	辅助核算	方向	币别计量	累计借方发生额	累计贷方发生额	期初余额
1403	原材料		借				1 004 000
140301	生产用原材料	数量核算	借				1 004 000
1411	周转材料		借				
1404	材料成本差异		借				1 642
1405	库存商品		借				2 554 000
1408	委托加工物资		借				
1601	固定资产		借				260 860
1602	累计折旧		贷				47 120.91
1604	在建工程		借				
160401	人工费	项目核算	借				
160402	材料费	项目核算	借				
160403	其他	项目核算	借				
1701	无形资产		借				58 500
2001	短期借款		贷				200 000
2202	应付账款	供应商往来	贷				276 850
2203	预收账款	客户往来	贷				
2211	应付职工薪酬		贷				8 200
2221	应交税费		贷				-16 800
222101	应交增值税		贷				-16 800
22210101	进项税额		贷				-33 800
22210105	销项税额		贷				17 000
2231	应付利息		贷				
223101	借款利息		贷				
2241	其他应付款		贷				2 100
4001	实收资本		贷				2 609 052
4103	本年利润		贷				1 478 000
4104	利润分配		贷				-119 022.31
410405	未分配利润		贷				-119 022.31
5001	生产成本	项目核算	借				17 165.74
500101	直接材料	项目核算	借				10 000
500102	直接人工	项目核算	借				4 000.74
500103	制造费用	项目核算	借				2 000
500104	折旧费	项目核算	借				1 165
500105	其他	项目核算	借				
5101	制造费用		借				
510101	工资		借				
510102	折旧费		借				
6001	主营业务收入		贷				
6051	其他业务收入		贷				
6401	主营业务成本		借				

续表

科目编码	科目名称	辅助核算	方向	币别计量	累计借方发生额	累计贷方发生额	期初余额
6403	营业税金及附加		借				
6402	其他业务成本		借				
6601	销售费用		借				
6602	管理费用		借				
660201	薪资	部门核算	借				
660202	福利费	部门核算	借				
660203	办公费	部门核算	借				
660204	差旅费	部门核算	借				
660205	招待费	部门核算	借				
660206	折旧费	部门核算	借				
660207	其他	部门核算	借				
6603	财务费用		借				
660301	利息支出		借				

说明：

① 将"库存现金（1001）"科目指定为现金总账科目。

② 将"银行存款（1002）"科目指定为银行总账科目。

③ 将"库存现金（1001）、工行存款（100201）、中行存款（100202）"指定为现金流量科目。

（3）凭证类别：记账凭证。

（4）结算方式。

结算方式编号	结算方式名称	票据管理
1	现金结算	否
2	支票结算	否
201	现金支票	是
202	转账支票	是
3	其他	否

（5）项目目录。

项目大类	生产成本
核算科目	生产成本（5001） 直接材料（500101） 直接人工（500102） 制造费用（500103） 折旧费（500104） 其他（500105）
项目分类	1. 自行开发项目 2. 委托开发项目
项目名称	普通打印纸-A4 所属分类码 1 凭证套打纸-8X 所属分类码 1

（6）数据权限分配。操作员白雪只具有应收账款、预付账款、预收账款、其他应收款的四个科目的明细查询权限，具有所有部门的查询和录入权限。

【知识准备】

一、基础档案设置先后顺序

由于企业基础档案数据之间存在前后承接关系（如必须在设置客户分类的基础上才能再设置客户档案），所以基础档案的设置应遵从一定的顺序（如图 2.1 所示），明确了基础数据之间的关联，可以使得基础档案的设置顺利进行。图中未列出的项目，不存在先后顺序问题。

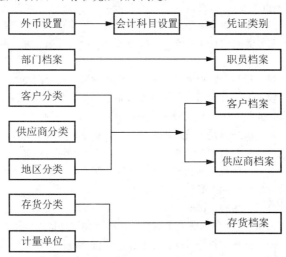

图 2.1 基础档案设置先后顺序

二、会计科目设置

会计科目是填制会计凭证、登记会计账簿、编制会计报表的基础。会计科目是对会计对象具体内容分门别类进行核算所规定的项目。会计科目是一个完整的体系，它是区别于流水账的标志，是复式记账和分类核算的基础。会计科目设置的完整性影响着会计过程的顺利实施，设置的层次深度直接影响会计核算的详细、准确程度。除此之外，对于电算化系统会计科目的设置是用户应用系统的基础，它是实施各个会计手段的前提。因此，科目设置的完整性、详细程度对于整个会计电算化系统尤其重要，应在创建科目、科目属性描述、账户分类上为用户提供尽可能的方便和校验保障。本项目主要完成对会计科目的设立和管理，用户可以根据业务的需要方便地增加、插入、修改、查询、打印会计科目。双击"会计科目"图标出现会计科目界面。

1. 增加会计科目

单击【增加】按钮，进入会计科目编辑界面，根据栏目说明输入科目信息，单击【确定】按钮后保存。

（1）级次：即科目级次，以数字 1、2、3、4、5、6 表示，数字即代表科目级次，如"1"代表一级科目，"2"代表二级科目。级次由系统根据科目编码自动定义。

（2）科目编码：科目编码必须唯一；科目编码必须按其级次的先后次序建立。科目编码只能由数字（0~9）、英文字母（A~Z 及 a~z）及减号（-）、正斜杠（/）表示，其他字符（如 &" ' ；空格等）禁止使用。

（3）科目名称：分为科目中文名称和科目英文名称，可以是汉字、英文字母或数字，可以是减号（-）、正斜杠（/），但不能输入其他字符。科目中文名称最多可输入 20 个汉字，科目英文名称最多可输入 100 个英文字母。

注意：科目中文名称和科目英文名称不能同时为空。若在进入系统时选择的是中文版，则必须录入中文名称，英文名称可输也可不输；若在进入系统时选择的是英文版，则必须录入英文名称，中文名称可输也可不输。

（4）科目类型：行业性质为企业时，科目类型分为：资产、负债、所有者权益、成本、损益，没有成本类的企业可不设成本类；行业性质为行政单位或事业单位时，按新会计制度科目类型设置。

（5）助记码：用于帮助记忆科目，一般可用科目名称中各个汉字拼音的头一个字母组成。例如，管理费用拼音为 guan li fei yong，则管理费用的助记码可写为 glfy，这样在制单或查账中需录管理费用时，可录其助记码 glfy，而不用录汉字管理费用，这样可加快录入速度，也可减少汉字录入的数量。在需要录入科目的地方输入助记码，系统可自动将助记码转换成科目名称。

（6）账页格式：定义该科目在账簿打印时的默认打印格式。系统提供了金额式、外币金额式、数量金额式、外币数量式四种账页格式供选择。一般情况下，有外币核算的科目可设为外币金额式，有数量核算的科目可设为数量金额式，既有外币又有数量核算的科目可设为外币数量式，既无外币又无数量核算的科目可设为金额式。

（7）辅助核算：也叫辅助账类。用于说明本科目是否有其他核算要求，系统除完成一般的总账、明细账核算外，还提供以下几种专项核算功能供用户选用：部门核算、个人往来核算、客户往来核算、供应商往来核算、项目核算。

一个科目可同时设置两种专项核算，如管理费用既想核算各部门的使用情况，又想了解各项目的使用情况，那么可以同时设置部门核算和项目核算。个人往来核算不能与其他专项一同设置，客户与供应商核算不能一同设置。辅助账类必须设在末级科目上，但为了查询或出账方便，有些科目也可以在末级和上级设账类。但若只在上级科目设账类，其末级科目没有设该账类，系统将不承认，也就是说当上级科目设有某账类时，其末级科目中必设有该账类，只在上级设账类系统将不处理。在设置辅助核算时请尽量慎重，因为如果科目已有数据，对科目的辅助核算进行修改，那么很可能会造成总账与辅助账对账不平。

（8）其他核算：用于说明本科目是否有其他要求，如银行账、日记账等。一般情况下，现金科目要设为日记账；银行存款科目要设为银行账和日记账。

（9）科目性质（余额方向）：增加登记在借方的科目，科目性质为借方；增加登记在贷方的科目，科目性质为贷方。一般情况下，资产类科目的科目性质为借方，负债类科目的科目性质为贷方。

注意：只能在一级科目设置科目性质，下级科目的科目性质与其一级科目的相同。已有数据的科目不能再修改科目性质。

（10）外币核算：用于设定该科目核算是否有外币核算，以及核算外币名称。一个科目只能核算一种外币，只有有外币核算要求的科目才允许也必须设定外币币名，如果此科目核算的外币币种还没有定义，可以单击【参照】按钮，进入"外币设置"窗口中进行定义。

（11）数量核算：用于设定该科目是否有数量核算，以及数量计量单位。计量单位可以是任何汉字或字符，如公斤、件、吨等。

注意：银行存款科目要按存款账户设，需进行数量、外币核算的科目要按不同的数量单位、外币单位建立科目。

（12）封存：被封存的科目在制单时不可以使用。此选项只能在科目修改时进行设置。

（13）受控系统：为了加强各系统间的相互联系与控制，在定义会计科目时引入受控系统概念，即设置某科目为受控科目，受控于某一系统，则该受控系统只能使用受控科目制单。例如，"应收账款"是应收系统的受控科目，则应收系统只能使用应收账款科目制单。

（14）汇总打印：在同一张凭证中当某科目或有同一上级科目的末级科目有多笔同方向的分录时，如果用户希望将这些笔分录按科目汇总成一笔打印，则需要将该科目设置汇总打印，汇总到的科目设置成该科目的本身或其上级科目。

注意：只有会计科目修改状态才能设置汇总打印和封存。只有末级科目才能设置汇总打印，且汇总到的科目必须为该科目的上级科目。当将该科目设成汇总打印时，系统登记明细账仍按明细登记，而不是按汇总数登记，此设置仅供凭证打印输出。

2. 修改会计科目

选择要修改的科目，单击【修改】按钮或双击该科目，即可进入会计科目修改界面，用户可以在此对需要修改的会计科目进行调整。

3. 删除会计科目

选中要删除的科目，单击【删除】按钮，在删除记录提示框中，单击【确定】按钮即可完成删除操作，但已使用的科目不能删除。

4. 指定现金、银行总账科目

此处指定的现金、银行存款科目供出纳管理使用，所以在查询现金、银行存款日记账前，必须指定现金、银行存款总账科目。执行"编辑"菜单下的"指定科目"命令，用户在此用">"、"》"选择现金、银行存款的总账科目，选择完毕后，单击【确认】按钮即可。

三、凭证类别设置

许多单位为了便于管理或登账方便，一般对记账凭证进行分类编制，但各单位的分类方法不尽相同，所以本系统提供了"凭证类别"功能，用户完全可以按照本单位的需要对凭证进行分类。

如果是第一次进行凭证类别设置，可以按以下几种常用分类方式进行定义：

（1）记账凭证。
（2）收款、付款、转账凭证。
（3）现金收款、现金付款、银行收款、银行付款、转账凭证。
（4）自定义凭证类别。

某些类别的凭证在制单时对科目有一定限制，这里，系统有七种限制类型供选择。

（1）借方必有：制单时，此类凭证借方至少有一个限制科目发生。
（2）贷方必有：制单时，此类凭证贷方至少有一个限制科目发生。
（3）凭证必有：制单时，此类凭证无论借方还是贷方至少有一个限制科目发生。
（4）凭证必无：制单时，此类凭证无论借方还是贷方不可有一个限制科目发生。
（5）无限制：制单时，此类凭证可使用所有合法的科目限制科目由用户输入，可以是任意级次的科目，科目之间用逗号分隔，数量不限，也可参照输入，但不能重复录入。
（6）借方必无：即金额发生在借方的科目集必须不包含借方必无科目。可在凭证保存时检查。
（7）贷方必无：即金额发生在贷方的科目集必须不包含贷方必无科目。可在凭证保存时检查。

限制科目由用户输入，可以是任意级次的科目，科目之间用逗号分割，数量不限，也可参照输入，但不能重复录入。

注意：①已使用的凭证类别不能删除，也不能修改类别字。②若选有科目限制（即"限制类型"不是"无限制"），则至少要输入一个限制科目。若限制类型选"无限制"，则不能输入限制科目。③若限制科目为非末级科目，则在制单时，其所有下级科目都将受到同样的限制。④表格右侧的上下箭头按钮可以调整凭证类别的前后顺序，它将决定明细账中凭证的排列顺序。例如，凭证类别设置中凭证类别的排列顺序为收、付、转，那么在查询明细账、日记账时，同一日的凭证将按照收、付、转的顺序进行排列。

四、结算方式

结算方式用来建立和管理用户在经营活动中所涉及的结算方式。单击【增加】按钮，输入结算方式编码、结算方式名称和是否票据管理。结算方式编码用以标识某结算方式，票据管理标志选择该结算方式下的票据是否要进行支票登记簿管理。单击【保存】按钮，便可将本次增加的内容保存，并在左边部分的树形结构中添加和显示。

五、外币设置

汇率管理是专为外币核算服务的，在此可以对本账套所使用的外币进行定义。在"填制凭证"中所用的汇率应先在此进行定义，以便制单时调用，减少录入汇率的次数和差错。当汇率变化时，应预先在此进行定义，否则制单时不能正确录入汇率。对于使用固定汇率（即使用月初或年初汇率）作为记账汇率的用户，在填制每月的凭证前，应预先在此录入该月的记账汇率，否则在填制该月外币凭证时，将会出现汇率为零的错误。对于使用变动汇率（即使用当日汇率）作为记账汇率的用户，在填制该天的凭证前，应预先在此录入该天的记账汇率。

六、项目目录

企业在实际业务处理中会对多种类型的项目进行核算和管理，如在建工程、对外投资、技术改造项目、项目成本管理、合同等。因此，系统提供项目核算管理的功能，可以将具有相同特性的一类项目定义成一个项目大类。一个项目大类可以核算多个项目，为了便于管理，还可以对这些项目进行分类管理，可以将存货、成本对象、现金流量、项目成本等作为核算的项目分类。使用项目核算与管理的首要步骤是设置项目档案，项目档案设置包括：增加或修改项目大类，定义项目核算科目、项目分类、项目栏目结构，并进行项目目录的维护。

七、明细权限设置

在需要对操作员的操作权限做进一步细化，希望制单权限控制到科目，凭证审核权控制到操作员，明细账查询控制到科目，首先应在总账"选项"中将上述选项作选中标志，再到"数据权限"功能中进行设置。

【操作提示】

引入"项目一"账套数据。

任务一　机构、往来单位设置

1. 部门档案设置

（1）执行"开始"→"程序"→"用友 ERP-U8"→"企业应用平台"命令，弹出"登录"对话框。输入操作员"001 或孙伟"；输入密码"1"；在"账套"下拉列表框中选择"008 山东华阳信息技术有限公司"；更改"操作日期"为"2010-08-01"，如图 2.2 所示。单击【确定】按钮，进入"UFIDA-ERP-UB-[消息中心]"窗口，如图 2.3 所示。

图 2.2　"登录"窗口

图 2.3　"UFIDA-ERP-UB-[消息中心]"窗口

🔍 【注意】

①如果更改注册密码，登录时，在密码栏目中输入正确的密码，然后在"改密码"栏位中打钩，单击【确定】按钮，输入新的口令并进行确认。②只有账套主管有权进行基础信息的设置。

（2）在"企业应用平台"窗口执行"基础设置"→"基础档案"→"机构人员"→"部门档案"命令进入"部门档案"窗口。单击【增加】按钮，可增加一条部门记录。在屏幕右面输入部门编码、部门名称、负责人、部门属性、电话、地址、备注、信用额度、信用等级等信息即可，如图2.4所示。

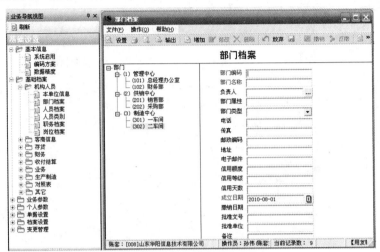

图2.4 "部门档案"窗口

🔍 【注意】

若部门被其他对象引用后就不能被删除。

2．职员档案设置

（1）在"企业应用平台"窗口执行"基础设置"→"基础档案"→"机构人员"→"人员类别"命令进入"人员类别"窗口。

（2）在左侧部门目录中选择系统内置类别：在职人员。单击【增加】按钮，显示"增加档案项"窗口，本例输入档案编码：1001；档案名称：企业管理人员，如图2.5所示。单击【确定】按钮，进行一条记录的输入。依次录入其他人员类别。

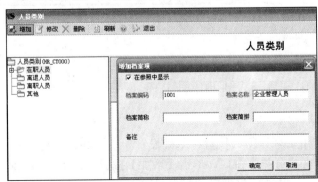

图2.5 "人员类别"窗口

（3）在"企业应用平台"窗口执行"基础设置"→"基础档案"→"机构人员"→"人员档案"命令进入"人员列表"窗口。

（4）在左侧部门目录中选择要增加人员的末级部门：总经理室办公室。单击【增加】按钮，显示"增加人员档案"窗口，本例输入职员编码：101；职员姓名：李力；所属部门：管理中心；人员属性：企业管理人员；"是否业务员"与"是否操作员"前面打钩，如图2.6所示。

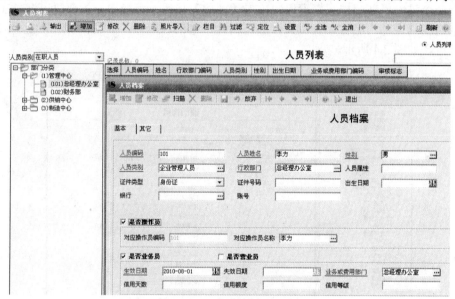

图 2.6 "人员档案"窗口

（5）单击【保存】按钮保存所设置的信息，进行下一条记录的输入。依次输入项目资料提供的职员档案，如图2.7所示。

图 2.7 "人员列表"窗口

🔍【注意】

加下划线项为必输项；只能在末级部门输入职员档案。

3．客户档案设置

（1）在"企业应用平台"窗口执行"基础设置"→"基础档案"→"客商信息"→"客户分类"命令进入"客户分类"窗口，单击【增加】按钮，输入类别编码"04"，分类别名称"批发"，如图2.8所示。其他信息根据项目资料输入。

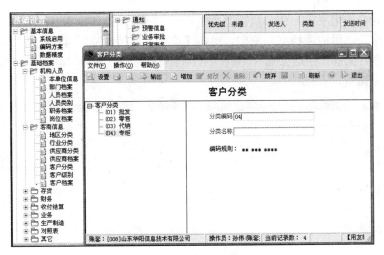

图 2.8 "客户分类"窗口

（2）在"企业应用平台"窗口执行"基础设置"→"基础档案"→"客商信息"→"客户档案"命令进入"客户档案"窗口，单击【增加】按钮，输入客户编码"001"，客户名称"宏大公司"，客户简称"宏大公司"，开户银行"工行上地分行"，银行账号"73853654"，如图 2.9 所示。其他信息根据项目资料输入。

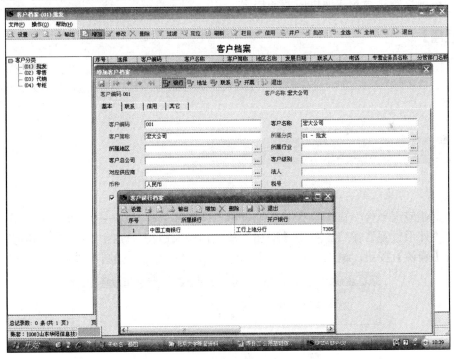

图 2.9 "客户档案"窗口

（3）按项目资料输入其他客户的档案。

4．供应商档案设置

（1）在"企业就用平台"窗口执行"基础设置"→"基础档案"→"客商信息"→"供应商分类"命令进入"供应商分类"窗口，单击【增加】按钮，输入类别编码"01"，类别名称"原料供应商"。其他信息根据项目资料输入。

（2）在"企业应用平台"窗口执行"基础设置"→"基础档案"→"客商信息"→"供应商档案"命令进入"供应商档案"窗口，单击【增加】按钮，输入客户编码"001"，客户名称"信达公司"，客户简称"信达公司"，开户银行"中行"，银行账号"48723367"，如图2.10所示。其他信息根据项目资料输入。

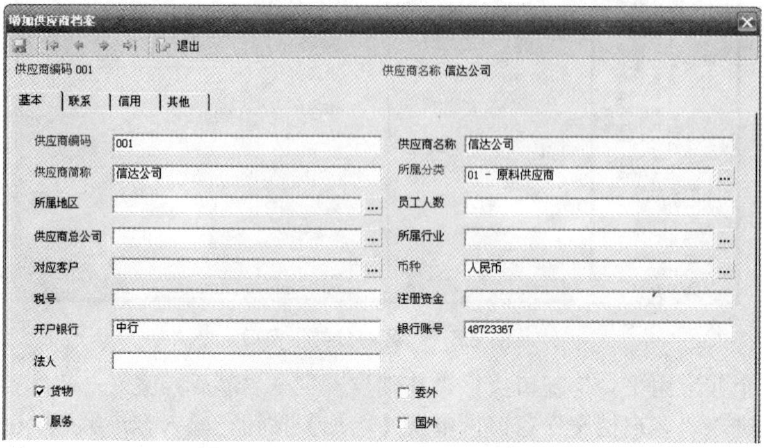

图 2.10 "增加供应商档案"窗口

（3）按项目资料输入其他供应商的档案。

【注意】

①必须先建立客户分类、供应商分类后才能建立客户、供应商档案，且客户、供应商档案必须建立在最末级分类上。②所有档案建立时，应遵循事先设定的分类编码规则。③建立客户档案时，银行信息需要在修改状态下录入。

任务二　外币及会计科目设置

1. 设置外币及汇率

在"企业应用平台"窗口执行"基础设置"→"基础档案"→"财务"→"外币设置"命令进入"外币设置"窗口。单击【增加】按钮，输入币符"USA"，币名"美元"，其他默认，单击【确认】按钮，输入2010-08月份的记账汇率6.275，如图2.11所示。

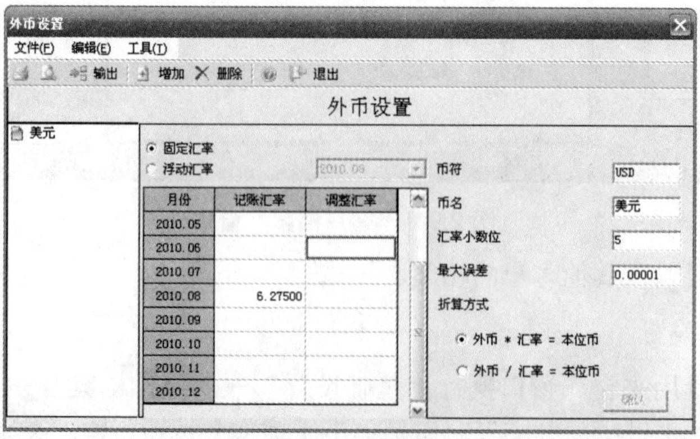

图 2.11 "外币设置"窗口

【注意】

（1）这里只是录入固定汇率与浮动汇率值，并不能决定在制单时使用固定汇率还是浮动汇率。在总账"选项"的"凭证"选项卡的"外币核算"中，设置制单时使用固定汇率还是浮动汇率。

（2）如果使用固定汇率，则应在每月月初录入记账汇率，月末计算汇兑损益时录入调整汇率；如果使用浮动汇率，则应每天在此录入当日汇率。

2．会计科目设置

1）增加会计科目

（1）在"企业应用平台"窗口执行"基础设置"→"基础档案"→"财务"→"会计科目"命令进入"会计科目"窗口。

（2）单击【增加】按钮，进入"新增会计科目"窗口，根据栏目说明输入科目相关内容：科目编码"100201"，科目中文名称"工行存款"，选择"日记账"、"银行账"，如图 2.12 所示。单击【确定】按钮保存所输入的内容。

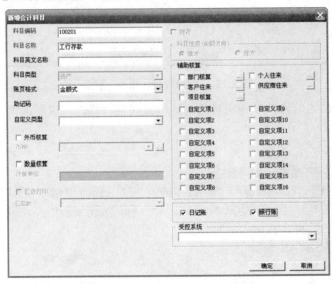

图 2.12　"新增会计科目"窗口

（3）继续单击【增加】按钮，输入项目资料中其他明细科目的相关内容。

（4）全部输入完成后，单击【关闭】按钮。

【注意】

（1）增加的会计科目编码长度及每级位数要符合编码规则。

（2）只能在一级科目设置科目性质，下级科目的科目性质与其一级科目的相同。

（3）一个科目可同时设置两种专项核算。个人往来核算不能与其他专项一同设置，客户与供应商核算不能一同设置。辅助账类必须设在末级科目上，但为了查询或出账方便，有些科目也可以在末级和上级设账类。但若只在上级科目设账类，其末级科目没有设该账类，系统将不承认，也就是说当上级科目设有某账类时，其末级科目中必设有该账类，否则系统将不处理。在设置辅助核算时请尽量慎重，因为如果科目已有数据，对科目的辅助核算进行修改，那么很可能会造成总账与辅助账对账不平。

2）修改会计科目

（1）选择要修改的科目"1001"，单击【修改】按钮或双击该科目，进入"会计科目_修改"窗口。

(2)单击【修改】按钮,选中"日记账"复选框,如图 2.13 所示。单击【确定】按钮保存设置。

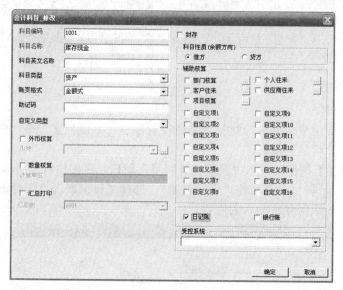

图 2.13 "会计科目_修改"窗口

(3)按项目资料内容修改其他科目的辅助核算属性。修改完成后,单击【返回】按钮。

【注意】

(1)已有数据的科目不能再修改科目性质。
(2)只有会计科目修改状态才能设置汇总打印和封存。只有末级科目才能设置汇总打印,且汇总到的科目必须为该科目的上级科目。当将该科目设成汇总打印时,系统登记明细账仍按明细登记,而不是按汇总数登记,此设置仅供凭证打印输出。
(3)被封存的科目在制单时不可以使用。

3)删除会计科目

在"会计科目"窗口选中要删除的会计科目,单击【删除】按钮,系统弹出"记录删除后不能修复!真的删除此记录吗?"信息提示对话框,单击【确定】按钮即可完成删除操作。

【注意】

(1)已使用的科目不能删除。以下情况有一种成立,该科目即为已使用科目:①已有授控系统;②已录入科目期初余额;③已在多栏定义中使用;④已在支票登记簿中使用;⑤已录入辅助账期初余额;⑥已在凭证类别设置中使用;⑦已在转账凭证定义中使用;⑧已在常用摘要定义中使用;⑨已制单、记账或录入待核银行账期初数据。
(2)非末级科目不能删除。

4)指定科目

(1)在"会计科目"窗口执行"编辑"→"指定科目"命令,进入"指定科目"窗口。
(2)选择【现金总账科目】单选按钮,将"1001 库存现金"由"待选科目"选入"已选科目"列表中。
(3)选择【银行总账科目】单选按钮,将"1002 银行存款"由"待选科目"选入"已选科目"列表中。

（4）选择【现金流量科目】单选按钮，将"1001 库存现金"、"100201 工行存款"、"100202 中行存款"由"待选科目"选入"已选科目"列表中，如图 2.14 所示。

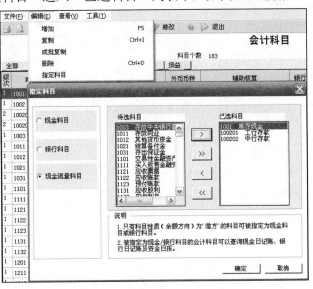

图 2.14 "指定科目"窗口

【注意】

（1）此处指定的现金、银行存款科目供出纳管理使用，所以在查询现金、银行存款日记账前，必须指定现金、银行存款总账科目。

（2）此处指定的现金流量科目供 UFO 出现金流量表时取数函数使用，所以在录入凭证时，对指定的现金流量科目系统自动弹出窗口要求用户指定当前录入分录的现金流量项目。

任务三 凭证类别与结算方式设置

1．凭证类别

（1）在"企业应用平台"窗口执行"基础设置"→"基础档案"→"财务"→"凭证类别"命令进入"凭证类别预置"窗口，如图 2.15 所示。

（2）选择【记账凭证】单选按钮，单击【确定】按钮进入"凭证类别"窗口，在此不用做任何设置，只使用一种通用记账凭证，如图 2.17 所示。单击【退出】按钮完成设置。

2．结算方式设置

（1）在"企业应用平台"窗口执行"基础设置"→"基础档案"→"收付结算"→"结算方式"命令进入"结算方式"窗口，如图 2.17 所示。

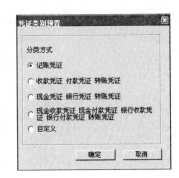

图 2.15 "凭证类别预置"窗口

（2）单击【增加】按钮，输入结算方式编码"2"，结算方式名称"支票"，单击【保存】按钮；输入结算方式编码"201"，结算方式名称"现金支票"，选中"是否票据管理"复选框，单击【保存】按钮；输入结算方式编码"202"，结算方式名称"转账支票"，选中"是否票据管理"复选框。最后，单击【保存】按钮。

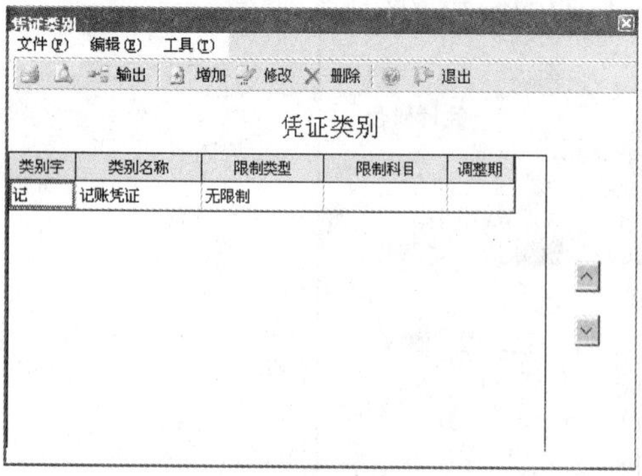

图 2.16 "凭证类别"窗口 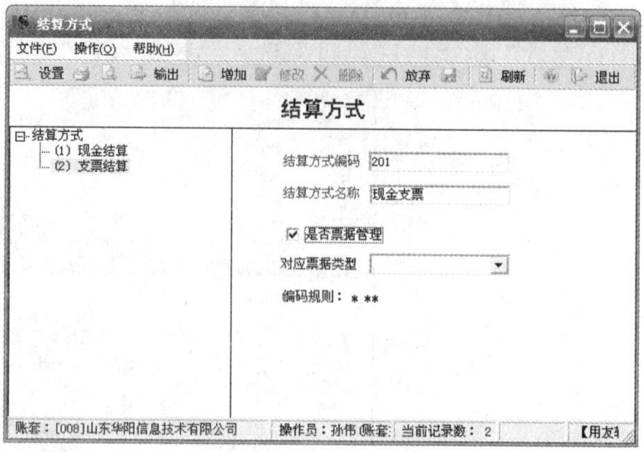　　　　　图 2.17 "结算方式"窗口

（3）依次输入其他结算方式。

【注意】

支票管理是系统为辅助银行出纳对银行结算票据的管理而设置的功能，类似于手工支票登记簿的管理方式。如果要进行票据管理，则应选中"是否票据管理"复选框。这样当在总账"选项"的"凭证"选项卡中选择"支票控制"，在制单时使用银行科目编制凭证时，系统针对票据管理的结算方式进行登记，如果录入的支票号在支票登记簿中已经存在，系统提供登记支票报销的功能；否则，系统提供登记支票登记簿的功能。

任务四　设置项目目录

1. 定义项目大类

（1）在"企业应用平台"窗口执行"基础设置"→"基础档案"→"财务"→"项目目录"命令进入"项目档案"窗口，如图 2.18 所示。

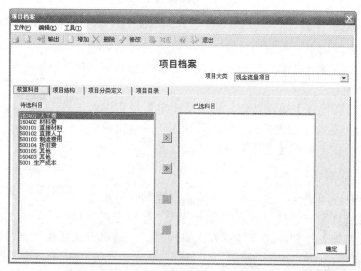

图 2.18　"项目档案"窗口

【注意】

在项目档案窗口的【增加】、【修改】、【删除】按钮是针对项目大类的操作。

（2）单击【增加】按钮进入"项目大类定义_增加（1）"窗口，在新项目大类名称中输入"生产成本"，如图 2.19 所示。

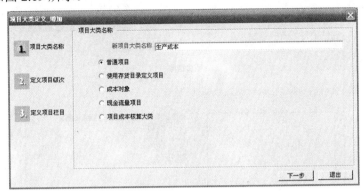

图 2.19 "项目大类定义_增加（1）"窗口

（3）单击【下一步】按钮进入"项目大类定义_增加（2）"窗口，采用系统默认值，如图 2.20 所示。

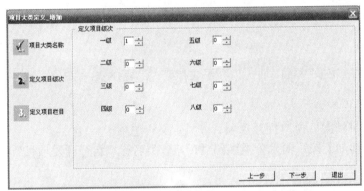

图 2.20 "项目大类定义_增加（2）"窗口

（4）单击【下一步】按钮进入"项目大类定义_增加（3）"窗口，采用系统默认值，如图 2.21 所示。单击【完成】按钮返回"项目档案"窗口。

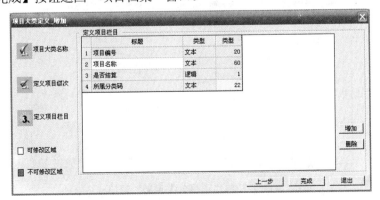

图 2.21 "项目大类定义_增加（3）"窗口

2. 指定核算科目

（1）在"项目档案"窗口打开"核算科目"选项卡。

（2）选择"项目大类"为"生产成本"。

（3）把"待选科目"列表中的会计科目全部选到"已选科目"列表中，单击【确定】按钮，如图 2.22 所示。

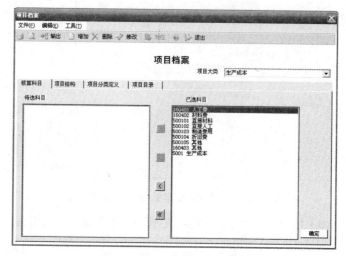

图 2.22 "核算科目"窗口

【注意】

一个项目大类可指定多个科目，而一个科目只能指定一个项目大类。

3. 项目分类定义

（1）在"项目档案"窗口打开"项目分类定义"选项卡。

（2）单击【增加】按钮输入分类编码"1"，分类名称"自行开发项目"，单击【确定】按钮，如图 2.23 所示。

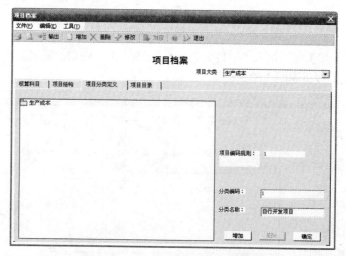

图 2.23 "项目分类定义"窗口

（3）同理，定义"2 委托开发项目"项目分类。

【注意】

若无分类，也必须定义项目分类为"无分类"。

4. 定义项目目录

（1）在"项目档案"窗口打开"项目目录"选项卡，如图 2.24 所示。

（2）单击【维护】按钮进入"项目目录维护"窗口。

（3）单击【增加】按钮，输入项目编号"01"，项目名称"普通打印纸-A4"，所属分类码"1"。

（4）同理，输入"02 凭证套打纸-8X"项目目录。

（5）单击【退出】按钮返回"项目档案"窗口。

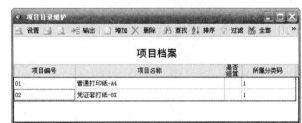

图 2.24 "项目目录维护"窗口

【注意】

标示结算后的项目不能再使用。

 任务五 数据权限控制设置及分配

（1）在"企业应用平台"窗口执行"系统服务"→"权限"→"数据权限控制设置"命令进入"数据权限控制设置"窗口，如图 2.25 所示。

（2）打开"记录级"选项卡，选中"部门"、"工资权限"和"科目"复选框，单击【确定】按钮返回。

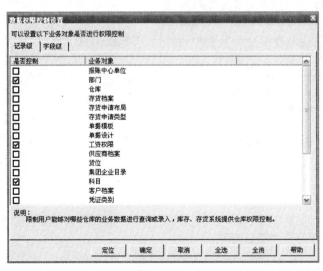

图 2.25 "数据权限控制设置"窗口

（3）在"企业应用平台"窗口执行"系统服务"→"权限"→"数据权限设置"命令进入"权限浏览"窗口，如图 2.26 所示。

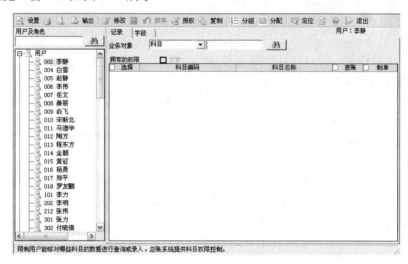

图 2.26　"权限浏览"窗口

（4）从"业务对象"下拉列表框中选择"科目"选项。
（5）从"用户及角色"列表中选择"004 白雪"。

图 2.27　"记录权限设置"窗口

（6）单击工具栏上的【授权】按钮，打开"记录权限设置"窗口，如图 2.27 所示。
（7）分别将"应收账款"、"预付账款"、"应付账款"、"预收账款"、"其他应收款"科目从"禁用"列表中选入到"可用"列表中。
（8）单击【保存】按钮，系统弹出"保存成功，重新登录门户，此配置才能生效！"提示信息对话框，单击【确定】按钮返回"权限浏览"窗口。
（9）从"业务对象"下拉列表框中选择"部门"，将所有部门从"禁用"列表框中选入到"可用"列表框中。
（10）单击【保存】按钮，弹出"保存成功"信息提示对话框，单击【确定】按钮返回。

【注意】

若希望每个操作员都可查询到所有科目的明细账，只需在"选项"对话框中的"权限"选项卡中，取消"明细账查询权限控制到科目"的设置即可。

项目三

总账系统初始化及日常业务处理

ZONGZHANG XITONG CHUSHIHUA JI RICHANG YEWU CHULI

【职业能力目标】

目标类型		能力要素	要素编号
知识目标	基础知识	了解账务处理系统的功能结构	1-1-1
		理解系统控制参数的意义	1-1-2
		知道期初余额录入的内容	1-1-3
		掌握用友 ERP-U8 管理软件中总账管理系统日常业务处理的相关内容	1-1-4
		熟悉总账管理系统日常业务处理的各种操作	1-1-5
		掌握凭证管理、出纳管理和账簿管理的具体内容和操作方法	
技能目标	基本技能	会总账管理系统参数设置	1-2-1
		会期初余额录入	1-2-2
		会凭证管理：填制凭证、审核凭证、凭证记账的操作方法	1-2-3
		会出纳管理：出纳签字、库存现金、银行存款日记账和资金日报表的查询	1-2-4
		会账簿管理：总账、科目余额表、明细账、辅助账的查询方法	1-2-5
	拓展技能	能根据企业的实际设计业务处理流程	1-2-6

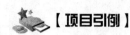【项目引例】

1. 总账控制参数

选项卡	参数设置
凭证	制单序时控制 支票控制 赤字控制：资金及往来科目 赤字控制方式：提示 可以使用应收款、应付款、存货受控科目 取消"现金流量科目必录现金流量项目"选项 凭证编号方式采用系统编号
账簿	账簿打印位数按软件的标准设定 明细账打印按年排页
凭证打印	打印凭证页脚姓名
预算控制	超出预算允许保存
权限	出纳凭证必须经由出纳签字 允许修改、作废他人填制的凭证 可查询他人凭证 明细账查询权限控制到科目
会计日历	会计日历为 1 月 1 日至 12 月 31 日 数量小数位和单价小数位设置为 2 位
其他	外币核算采用固定汇率 部门、个人、项目按编码方式排序

2. 期初余额

（1）总账期初余额表。

见项目二"2010 年 8 月份会计科目及期初余额表"。

（2）辅助账期初余额表。

会计科目：122102 其他应收款——应收个人款　余额：借 3 800 元

日期	凭证号	部门	个人	摘要	方向	期初余额
2010-7-26		总经理办公室	李力	出差借款	借	2 000
2010-7-27		销售部	李明	出差借款	借	1 800

会计科目：1122 应收账款　余额：借 157 600 元

日期	客户	摘要	方向	金额	业务员	票号	票据日期
2010-6-25	宏大公司	销售商品	借	99 600	李明	P111	2010-06-25
2010-7-10	华兴公司	销售商品	借	58 000	李明	Z111	2010-07-10

会计科目：2202 应付账款　余额：贷 276 850 元

日期	供应商	摘要	方向	金额	业务员	票号	票据日期
2010-5-20	信达公司	购买材料	贷	276 850	张伟	C000	2010-05-20

会计科目：5001 生产成本　余额：借 17 165.74 元

科目名称	普通打印纸-A4	凭证套打纸-8X	合计
直接材料（500101）	4 000	6 000	10 000
直接人工（500102）	1 500	2 500.74	4 000.74
制造费用（500103）	800	1 200	2 000
折旧费 （500104）	500	665	1 165
合计	6 800	10 365.74	17 165.74

3. 凭证管理

2010年8月份企业发生的经济业务如下：

（1）8月2日，采购部赵静购买了200元的办公用品，以现金支付，附单据一张。

借：销售费用（6601）　　　　　　　　　200
　　贷：库存现金（1001）　　　　　　　　200

（2）8月3日，财务部李静从工行提现金10 000元，作为备用金，现金支票号为XJ001。

借：库存现金（1001）　　　　　　　　　10 000
　　贷：银行存款/工行存款（100201）　　10 000

（3）8月5日，收到信达公司投资资金10 000美元，汇率1：6.275，转账支票号ZZW001。

借：银行存款/中行存款（100202）　　　62 750
　　贷：实收资本（4001）　　　　　　　　62 750

（4）8月8日，采购部白雪采购原纸10吨，每吨5 000元，材料直接入库，货款以银行存款支付，转账支票号ZZR001。

借：原材料/生产用原材料（140301）　　50 000
　　贷：银行存款/工行存款（100201）　　50 000

（5）8月12日，销售员赵静收到宏大公司转来的一张转账支票，金额99 600，用以偿还以前所欠货款，转账支票号ZZR002。

借：银行存款/工行存款（100201）　　　99 600
　　贷：应收账款（1122）　　　　　　　　99 600

（6）8月14日，采购部白雪从信达公司购入"管理革命"光盘100张，单价80元，货税款暂欠，商品已验收入库，适用税率17%。

借：库存商品（1405）　　　　　　　　　8 000
　　应交税费/应交增值税/进项税额（22210101）　1 360
　　贷：应付账款（2202）　　　　　　　　9 360

（7）8月16日，总经理办公室支付业务招待费1 200元，转账支票号ZZR003。

借：管理费用/招待费（660205）　　　　1 200
　　贷：银行存款/工行存款（100201）　　1 200

（8）8月18日，总经理办公室李力出差归来，报销差旅费2 000元，交回现金200元。

借：管理费用/差旅费（660204）　　　　1 800
　　库存现金（1001）　　　　　　　　　200
　　贷：其他应收款（122102）　　　　　　2 000

（9）8月20日，一车间领用原纸5吨，单价5 000元，用于生产普通打印纸-A4。

借：生产成本/直接材料（500101）　　　25 000
　　贷：原材料/生产用原材料（140301）　25 000

4. 出纳管理

8月25日,采购部张伟借转账支票一张,票号155,预计金额5 000元。

【知识准备】

一、总账系统基础知识

总账系统又称为账务处理系统,是企业会计信息系统的一个重要的核心子系统,其他账务和业务子系统有关资金的数据最终要归集到总账系统中以生成完整的会计账簿。报表系统编制会计报表和进行有关的账务分析时,其数据主要也是取自总账系统。因此,总账系统是会计信息系统的基础和核心,是整个会计信息系统最基本和最重要的内容。

1. 总账系统的基本功能结构

通用账务处理系统的基本功能结构如图3.1所示。

图3.1 总账系统功能结构示意图

1)系统初始化

总账系统初始化工作包括系统工作环境设置、账套设置、会计科目设置、凭证类别设置、项目目录设置、客户/供应商档案设置、录入期初余额、录入初始银行未达账等操作。其中一部分在基础信息设置中已设置,只有系统工作环境(选项设置)和录入期初余额是在总账中最主要的初始设置。

2)凭证处理

凭证处理是指通过严密的制单控制保证填制凭证的正确性。它提供资金赤字控制、支票控制、预算控制、外币折算误差控制以及查看最新余额等功能,加强对发生业务的及时管理和控制,完成凭证的录入、审核、记账、查询、打印以及出纳签字、主管签字等。

3)出纳管理

为出纳人员提供一个集成的办公环境,加强对现金及银行存款的管理,包括查询和打印现金日记账、银行日记账、资金日报表,进行支票登记和管理,进行银行对账并编制银行存款余额调节表。

4)账簿管理

账簿管理包括查询和打印各种已记账凭证、总账、明细账、日记账、辅助账及各种汇总表。

5)辅助核算管理

辅助核算管理包括个人往来、客户往来、供应商往来、部门核算、项目核算等辅助核算管理。

6)期末处理

期末处理主要完成期末结转业务,记账凭证的自动编制和期末对账、结账工作,包括月末的"月结"和年末的"年结"。

2. 总账系统的业务处理流程

总账系统的业务处理流程如图3.2所示。

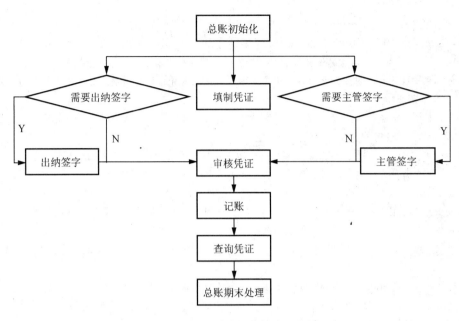

图 3.2 总账系统的业务处理流程

二、总账系统初始设置基础知识

1. 系统控制参数设置（也称为选项设置）

系统在建立新的账套后由于具体情况需要或业务变更，发生一些账套信息与核算内容不符的情况，可以通过此功能进行选项的调整和查看，即可对"凭证"选项、"账簿"选项、"凭证打印"选项、"权限"选项、"会计日历"选项、"其他"选项六部分内容的操作控制选项进行修改。

1）凭证选项

（1）制单控制：主要设置在填制凭证时，系统应对哪些操作进行控制。

① 制单序时控制：此项和"系统编号"选项联用，制单时凭证编号必须按日期顺序排列，例如 10 月 25 日编至 25 号凭证，则 10 月 26 日只能开始编制 26 号凭证，即制单序时。如果有特殊需要可以将其改为不序时制单。

② 支票控制：若选择此项，在制单时使用银行科目编制凭证时，系统针对票据管理的结算方式进行登记，如果录入支票号在支票登记簿中已经存在，系统提供登记支票报销的功能；否则，系统提供登记支票登记簿的功能。

③ 赤字控制：若选择了此项，在制单时，当"资金及往来科目"或"全部科目"的最新余额出现负数时，系统将予以提示。

④ 超出预算允许保存：选择"预算控制"选项后此项才起作用，从财务分析系统取预算数，如果制单输入分录时超过预算也可以保存超预算分录，否则不予保存。

⑤ 可以使用应收受控科目：若科目为应收款系统的受控科目，为了防止重复制单，只允许应收系统使用此科目进行制单，总账系统是不能使用此科目制单的。如果用户希望在总账系统中也能使用这些科目填制凭证，则应选择此项。

⑥ 可以使用应付受控科目：若科目为应付款系统的受控科目，为了防止重复制单，只允许应付系统使用此科目进行制单，总账系统是不能使用此科目制单的。如果用户希望在总账系统中也能使用这些科目填制凭证，则应选择此项。

⑦ 可以使用存货受控科目：若科目为存货核算系统的受控科目，为了防止重复制单，只允许存货核算系统使用此科目进行制单，总账系统是不能使用此科目制单的。如果用户希望在总账系统中也能使用这些科目填制凭证，则应选择此项。

（2）凭证控制。

① 自动填补凭证断号：如果选择凭证编号方式为系统编号，则在新增凭证时，系统按凭证类别自动查询本月的第一个断号默认为本次新增凭证的凭证号。如无断号则为新号，与原编号规则一致。

② 现金流量科目必录现金流量项目：选择此项后，在录入凭证时如果使用现金流量科目则必须输入现金流量项目及金额。

③ 批量审核凭证进行合法性校验：批量审核凭证时针对凭证进行二次审核，提高凭证输入的正确率，合法性校验与保存凭证时的合法性校验相同。

（3）凭证编号方式。系统在"填制凭证"功能中一般按照凭证类别按月自动编制凭证编号，即"系统编号"；但有的企业需要系统允许在制单时手工录入凭证编号，即"手工编号"。

2）账簿选项

（1）明细账（日记账、多栏账）打印方式：打印正式明细账、日记账或多栏账时，按年排页还是按月排页。

① 按月排页：即打印时从所选月范围的起始月份开始将明细账顺序排页，再从第一页开始将其打印输出，打印起始页号为"1页"。这样，若所选月份范围不是第一个月，则打印结果的页号必然从"1页"开始排。

② 按年排页：即打印时从本会计年度的第一个会计月开始将明细账顺序排页，再将打印月份范围所在的页打印输出，打印起始页号为所打月份在全年总排页中的页号。这样，若所选月份范围不是第一个月，则打印结果的页号有可能不是从"1页"开始排。

（2）凭证、账簿套打：打印凭证、账簿是否使用套打纸进行打印。套打纸是指用友公司为账务专门印制的各种凭证、账簿的标准表格线，选择套打打印时，系统只将凭证、账簿的数据内容打印到相应的套打纸上，而不打印各种表格线。用套打纸打印凭，证速度快且美观。

（3）凭证、正式账每页打印行数："凭证打印行数"可对凭证每页的行数进行设置，"正式账每页打印行数"可对明细账、日记账、多栏账的每页打印行数进行设置。双击表格或按空格键对行数直接修改即可。

3）权限

（1）制单权限控制到科目：要在"数据权限"中设置科目权限，再选择此项，权限设置有效。选择此项，则在制单时，操作员只能使用具有相应制单权限的科目制单。

（2）允许修改、作废他人填制的凭证：若选择了此项，在制单时可修改或作废别人填制的凭证，否则不能修改。

（3）制单权限控制到凭证类别：要在"数据权限"中设置凭证类别权限，再选择此项，权限设置有效。选择此项，则在制单时只显示此操作员有权限的凭证类别，同时在凭证类别参照中按人员的权限过滤出有权限的凭证类别。

（4）操作员进行金额权限控制：选择此项，可以对不同级别的人员进行金额大小的控制，例如财务主管可以对10万元以上的经济业务制单，一般财务人员只能对5万元以下的经济业务制单，这样可以减少由于不必要的责任事故带来的经济损失。如为外部凭证或常用凭证调用生成，则处理与预算处理相同，不做金额控制。

（5）明细账查询权限控制到科目：这里是权限控制的开关，在"企业应用平台—设置"中的"数据权限"中设置明细账查询权限，必须在总账系统选项中打开，才能起到控制作用。

（6）制单、辅助账查询控制到辅助核算：设置此项权限，制单时才能使用有辅助核算属性的科目录入分录，辅助账查询时只能查询有权限的辅助项内容。

2. 期初余额录入

为了保证财务数据的连续性和完整性，使电算化条件下的数据与手工方式下的数据衔接，在初次使用账务处理系统时，应将经过整理的手工账务的期初余额录入计算机。根据用户开始使用账务处理系统的时间不同，期初余额录入可分为两种情况：第一种是期初建账，即建账日期为会计年度的第一个月初，如一月份；第二种是期中建账，即建账日期为会计年度第一个月份以外的月份，如四月份。对于期初建账，用户第一次使用总账系统时，或不想反映启用日期以前的发生额，应录入启用日期所有账户的期初余额，即年初数；对于期中建账，企业又希望查询结果全面反映全年的业务情况，则用户除了录入期初余额外，还应录入启用月份之前的各月份的累计发生额,系统将自动计算年初余额。如果某一科目设置了辅助核算项目,还应输入其辅助核算的初始余额。

1) 总账期初余额的录入

选择"设置"中的"期初余额"项,进入"期初余额录入"窗口,将光标移到需要输入数据的"期初余额"栏,直接输入数据即可。输入时,只需输入最末级科目的余额,上级科目的余额由系统自动汇总计算填入。如果需要调整某个科目的余额方向,可选中该科目,单击【方向】按钮调整余额方向。如果某科目为数量、外币核算,应录入期初数量、外币余额,而且必须先录入本币余额,再录入数量、外币余额。出现红字余额时用"-"表示。凭证记账后,期初余额变为只浏览状态,不能再修改。

2) 辅助账期初余额的录入

在录入辅助核算期初余额之前,必须先将需要录入辅助核算余额的科目设置为辅助核算项。在录入期初余额时,对于设置为辅助核算的科目,系统会自动为其开设辅助账。在录入期初余额时,不能直接输入总账期初余额,必须用鼠标双击该栏,调出辅助核算账,输入辅助账期初明细余额。输完后系统自动将辅助账期初明细余额之和记为该科目的总账期初余额。

若使用了应收、应付子系统,并且客户往来或供应商往来由应收、应付子系统核算,那么,应该到应收、应付子系统中录入含客户、供应商账类的科目的明细期初余额。在账务处理系统中,只能录入这些科目的总余额,若这些科目还有其他的辅助核算,如部门核算,则只能录入这些科目下各部门总余额或各项目的总余额。

3) 试算平衡

期初余额及累计发生额输入完成后,为了保证初始数据的正确性,必须依据"资产=负债+所有者权益"的静态平衡公式进行试算平衡,即进行期初余额平衡校验。

在"录入期初余额"窗口单击【试算】按钮,校验工作由计算机自动完成。校验完成后系统自动生成一个核验结果报告,如果试算结果不平衡,则应依次进行检查、更正,再次试算平衡,直到平衡为止。期初余额试算不平衡,可以进行日常业务处理中的填制凭证,但不能记账;已经记过账,则不能再录入、修改期初余额,也不能执行"结转上年余额"的功能。

4) 对账

在录入期初余额时,不经意中会发生总账与辅助账、总账与明细账之间的数据错误,为了及时做到账账核对,尽快修正错误的账务数据,企业应进行期初对账。

在"录入期初余额"的窗口单击【对账】按钮,计算机自动进行对账,对账方法为总账上下级之间、总账与明细账之间、总账与辅助账之间核对。对账完成后,显示对账结果,如果对账不符,可查看错误原因。

三、总账系统日常业务处理基础知识

总账系统日常业务处理主要包括记账凭证的输入、审核和记账等工作。记账凭证是登记账簿的依据,是总账系统的主要数据来源,也是整个总账系统的基础部分。在实现计算机进行账务处理后,整个系统就以录入的记账凭证数据作为系统的基础数据,记账凭证数据的准确和完整决定了整个系统会计数据输出的正确与否,因此必须要确保记账凭证输入的准确完整。在实际工作中,编制和录入记账凭证主要有两种方式,一是在计算机上根据审核无误准予报销的原始凭证填制记账凭证,即进行前台处理;二是先由人工编制记账凭证,经审核无误后集中输入计算机系统,即进行后台处理。用户采用哪种方式应根据本企业的实际情况确定。一般来说,业务量不多或基础较好或使用网络版的用户可以采用前台处理方式,而在第一年首次使用总账系统或正处人机并行阶段,则比较适合采用后台处理方式。

1. 凭证处理

1) 填制凭证

记账凭证是总账系统处理的起点,也是所有查询数据的最主要的一个来源。日常业务处理首先从填制凭证开始。记账凭证的内容一般包括两部分:一是凭证头部分,包括凭证类别、凭证编号、凭证日期和附件张数等;二是凭证正文部分,包括摘要、会计分录和金额等。如果输入会计科目有辅助核算要求,则还应输入辅助核算内容;如果一个科目同时有多个辅助核算,则同时要求输入各种辅助核算的有关内容。

（1）凭证头的填制。

① 凭证类别。凭证类别按初始化时已定义的类别，按 F2 键输入或参照选择一个凭证类别字。

② 凭证编号。如果在"选项"中选择"系统编号"，则由系统按时间顺序自动编号。否则，应手工编号，允许最大凭证号为 32767。系统规定每页凭证可以有五笔分录，当某号凭证不只一页，系统自动在凭证号后标上几分之一。

③ 制单日期。制单日期指会计业务发生时的业务日期，采用序时控制时，凭证日期应大于或等于启用日期，但不能超过业务日期。系统自动取当前业务日期为记账凭证填制的日期，可修改或参照输入。

④ 附单据数。在"附单据数"处输入原始单据张数。

⑤ 自定义项。用户根据需要输入凭证自定义项。凭证自定义项是由用户自定义的凭证补充信息，单击凭证右上角的输入框输入。

（2）凭证正文内容的填制。

① 摘要。摘要是指已发生的经济业务内容的说明，要求简洁明了。不同行的摘要可以不相同，但不能为空。按 F2 键或参照按钮输入常用摘要，但常用摘要的选入不会清除原来输入的内容。

② 科目。会计科目只能输入最末级科目，有四种输入方法：一是直接输入末级科目名称；二是输入科目编码，系统自动转化为科目名称；三是输入科目的助记码，系统自动转化为科目名称；四是按 F2 键或参照录入。

③ 辅助信息。对于要进行辅助核算的科目，系统提示输入相应的辅助核算信息。

若科目为银行科目，且在结算方式设置中确定要进行票据管理，在"选项"中设置"支票控制"，当输入的科目为待核银行账科目时，屏幕弹出待核银行账辅助信息输入窗口，要求输入对应的结算方式、票号和发生日期。这些信息在进行银行对账时使用。

注意：选择支票控制，即该结算方式设为支票管理，银行账辅助信息不能为空，而且该方式的票号应在支票登记簿中有记录。

如果科目设置了辅助核算属性，则在这里还要输入辅助信息，如部门、个人、项目、客户、供应商、数量、自定义项等。

若指定为现金流量科目，那么在用户录完本条分录后，要求指定这条分录的现金流量项目，可将一条分录指定为多个现金流量项目，但总金额必须与分录的金额保持一致。对于未指定为现金流量的科目，如需指定现金流量项目，可在录入一条分录的金额后，单击【流量】按钮，则会弹出现金流量项目指定的窗口，要求用户输入此条分录对应的现金流量项目。

④ 金额。录入该笔分录的借方或贷方本币发生额，金额不能为零，但可以是红字，红字金额以负数形式输入。如果方向不符，可按空格键调整金额方向。若当前分录的金额为其他所有分录的借贷差额时，则在金额处按"="键即可。

若想放弃当前未完成的分录的输入，可单击【删行】按钮或按 Ctrl+D 组合键删除当前分录即可。当凭证全部录入完毕后，单击【保存】按钮或按 F6 键保存这张凭证。

2）修改凭证

输入凭证时，尽管系统提供了多种控制错误的手段，但错误是在所难免的，如果记账凭证录入出现错误，必将影响系统的核算结果。为了更正错误，可以通过系统提供的修改功能对错误的凭证进行修改。但凭证一旦保存，其凭证类别、凭证编号将不能再修改。

（1）对错误凭证进行"无痕迹"修改，即不留下任何曾经修改的线索和痕迹。下列两种状态下的错误可实现无痕迹修改：

① 对已输入但未审核的机内记账凭证进行直接修改或删除。

② 已通过审核但还未记账的凭证不能直接修改，可以先取消审核再修改。

以上情况均可在"填制凭证"中直接修改凭证。

（2）对错误凭证进行"有痕迹"修改，即留下曾经修改的线索和痕迹，通过保留错误凭证和更正凭证的方式留下修改痕迹。如果已记账凭证发现有错，就不能再修改了，对此类错误的修改要求留下审计线索，这时可采用红字凭证冲销法或补充凭证法进行更正。

注意：

（1）若在"选项"中选择了"制单序时"的选项，那么在修改制单日期时，不能在上一编号凭证的制单日期之前，如1月份制的凭证不能将制单日期改为2月份的日期。

（2）若在"选项"中选择了"不允许修改、作废他人填制的凭证"的选项，则不能修改他人填制的凭证。

（3）若在"选项"中选择了"合并凭证显示、打印"的选项，那么在合并状态下不能录入、修改凭证，只有切换到展开状态才可以。按快捷键Ctrl+A自动切换合并/展开。

（4）如果某笔涉及银行科目的分录已录入支票信息，并对该支票作过报销处理，修改该分录，将不影响"支票登记簿"中的内容。

（5）外部系统传过来的凭证不能在总账系统中进行修改，只能在生成该凭证的系统中进行修改。

3）凭证删除

如果发现有的凭证有错误，又不想继续保留，可以将其删除。凭证删除分两步。

（1）作废凭证。

① 进入填制凭证界面后，通过单击【首页】、【上页】、【下页】、【末页】按钮翻页查找或单击【查询】按钮输入条件查找要作废的凭证。

② 单击菜单"制单"下的【作废/恢复】按钮，凭证左上角显示"作废"字样，表示已将该凭证作废。作废凭证仍保留凭证内容及凭证编号，只在凭证左上角显示"作废"字样。作废凭证不能修改，不能审核。在记账时，不对作废凭证作数据处理，相当于一张空凭证。在账簿查询时，也查不到作废凭证的数据。

若当前凭证已作废，用鼠标执行菜单"制单"下的"作废/恢复"命令，可取消作废标志，并将当前凭证恢复为有效凭证。

（2）凭证整理。

有些作废凭证不想保留，可以通过"凭证整理"功能将这些凭证彻底删除，并利用留下的空号对未记账凭证重新编号。进入填制凭证界面，执行菜单"制单"下的"整理凭证"命令。选择要整理的月份，单击【确定】按钮后，显示作废凭证整理列表。选择要删除的作废凭证，单击【确定】按钮，系统将这些凭证从数据库中删除掉，并对剩下凭证重新排号。

注意：

（1）若本月有凭证已记账，那么本月最后一张已记账凭证之前的凭证将不能作凭证整理，只能对其后面的未记账凭证作凭证整理。若想对已记账凭证作凭证整理，应先到"恢复记账前状态"功能中恢复本月月初的记账前状态，再作凭证整理。

（2）若由于手工编制凭证号造成凭证断号，也可通过此功能进行整理，方法是不选作废凭证，直接单击【确定】按钮即可。对于由系统编号时，删除凭证后系统提示用户是否整理空号凭证，若选取"是"，则将作废凭证删除并重新排凭证编号。

4）常用凭证

在单位里，会计业务都有其规范性，因而在日常填制凭证的过程中，经常会有许多凭证完全相同或部分相同，如果将这些常用的凭证存储起来，在填制会计凭证时可随时调用，必将大大提高业务处理的效率。

（1）定义常用凭证。

① 单击"凭证"中的"常用凭证"，即进入常用凭证功能。

② 单击【增加】按钮，可录入常用凭证的主要信息：编号、说明、凭证类别和附单据数。编号是调用常用凭证的依据，所以必须唯一。必须选择凭证类别，方便以后参照、调用常用凭证时，只显示该凭证类别范围内的常用凭证。

③ 在常用凭证界面单击【详细】按钮或按F8键，进入"凭证分录定义"窗口，可对常用凭证的凭证分录内容进行详细定义。录入分录时，必须输入摘要和会计科目；会计科目可以录入非末级科目。若会计科目有辅助核算，则弹出辅助信息录入窗口，供用户录入辅助信息。如果借贷方金额或辅助信息在定义常用凭证时还不能确定，则可不输，可以留到填制凭证时再输入。单击"编号"下拉框选择可切换到其他常用凭证。

注意：编号和凭证类别必须输入；编号不能重复；不能只定义凭证主要信息，却不定义凭证分录内容；只有具有常用凭证控制权限的操作员才能操作权限。

（2）调用常用凭证。

如果在"常用凭证"中已定义了与目前将要填制的凭证类似或完全相同的凭证，调用此常用凭证会加快凭证的录入速度。调用常用凭证后，对金额为0的分录系统不予保存。

调用方法一：在制单时执行"编辑"菜单下的"调用常用凭证"命令，根据提示输入常用凭证的编号，即可调出该常用凭证。若调出的常用凭证与用户当时的业务有出入或缺少部分信息，用户可直接将其修改成所需的凭证。

调用方法二：在制单时执行"编辑"菜单下的"调用常用凭证"命令，在输入常用凭证的编号处单击【参照】按钮或按F2键，屏幕显示常用凭证定义窗，将光标移到要调用的常用凭证，单击【选入】按钮或按F3键，可选入要调用的常用凭证。

（3）保存当前凭证为常用凭证。

制单时，当认为某张凭证可作为常用凭证保存时，可通过"制单"菜单下的"生成常用凭证"命令制作常用凭证。根据屏幕提示给该张凭证确定一个编号和说明，这张凭证就存入常用凭证库中，以后可按所存编号调用这张凭证。

5）查询凭证

凭证查询是指按照给定的条件查找满足条件的凭证，并在屏幕上显示出来，包括对未记账和已记账凭证的查询。查询方法主要有指定条件查询和组合条件查询。指定条件查询是在输入查询条件时指定具体条件进行查询。组合查询是同时指定两个以上的条件查找某张凭证所显示的全部信息。

6）审核凭证

为确保登记到账簿的每一笔经济业务的准确性和可靠性，制单员填制的每一张凭证都必须经过审核员的审核。审核凭证主要包括出纳签字、主管签字、审核凭证三个方面的工作。根据会计制度规定，审核与制单不能为同一人。

（1）出纳签字。出纳凭证由于涉及企业现金的收入与支出，应加强对出纳凭证的管理。出纳人员可通过出纳签字功能对制单员填制的带有现金和银行科目的凭证进行检查核对，主要核对出纳凭证的出纳科目的金额是否正确，审查认为错误或有异议的凭证，应交于填制人员修改后再核对。

（2）主管签字。许多企业为加强对会计人员制单的管理，常采用经主管会计签字后的凭证才有效的管理模式。因此本系统提供"主管签字"的核算方式，即其他会计人员制作的凭证必须经主管签字才能记账。使用前提是先在"选项"中执行"凭证必须经主管签字"命令。为了提高工作效率，系统提供对已审的凭证进行成批签字的功能，执行菜单"主管"中的"成批主管签字"和"成批取消签字"命令，可进行签字的成批操作。

（3）审核凭证。审核凭证是审核员按照财会制度，对制单员填制的记账凭证进行检查核对，主要审核记账凭证是否与原始凭证相符，会计分录是否正确等，审查认为错误或有异议的凭证，应交于填制人员修改后，再审核。只有审核权的人才能使用本功能。

注意：审核人和制单人不能是同一个人；若想对已审核的凭证取消审核，单击【取消】按钮取消审核。取消审核签字只能由审核人自己进行；凭证一经审核，就不能被修改、删除，只有被取消审核签字后才可以进行修改或删除，审核人除了具有审核权外，还需要有对审核凭证制单人所制凭证的审核权，这个权限在"基础设置"的"数据权限"中设置，采用手工制单的用户，在凭单上审核完后还须对录入计算机中的凭证进行审核，作废凭证不能被审核，也不能被标错，已标错的凭证不能被审核，若想审核，需先单击【取消】按钮取消标错后才能审核；已审核的凭证不能标错；若成批审核，执行"审核"菜单下的"成批审核"命令，系统自动对当前范围内的所有未审核凭证执行审核；执行"审核"菜单下的"成批取消审核"命令，系统自动对当前范围内的所有未审核凭证执行取消审核。

7）科目汇总

记账凭证输入完毕后，系统可根据输入的汇总条件有条件地对记账凭证进行汇总并生成一张科目汇总表。进行汇总的凭证可以是已记账凭证，也可以是未记账凭证，因此，财务人员可以在凭证未记账之前，随时查看企业当前的经营状况和其他财务信息。

8）记账

记账凭证经审核签字后，即可用来登记总账、明细账、日记账、部门账、往来账、项目账以及备查账等。系统记账采用向导方式，使记账过程更加明确。

2. 出纳管理

出纳管理功能是总账管理系统为出纳人员提供的一套管理工具，以使出纳人员更为方便地完成出纳工作。它主要包括：查询及打印现金、银行日记账、资金日报；在支票登记簿中登记支票；录入银行对账单，进行银行对账，输出余额调节表。

1）现金日记账与资金日报表

（1）现金日记账。现金日记账功能用于查询现金日记账，现金科目必须在"会计科目"功能下的"指定科目"中预先指定。

（2）银行日记账。银行日记账功能用于查询银行日记账，银行科目必须在"会计科目"功能下的"指定科目"中预先指定。

（3）资金日报。资金日报功能用于查询输出现金、银行存款科目某日的发生额及余额情况。

2）支票登记

在手工记账时，银行出纳员通常建立支票领用登记簿，用来登记支票领用情况，为此系统特为银行出纳员提供了"支票登记簿"功能，以供其详细登记支票领用日期、领用部门、领用人、支票号、预计金额、用途等情况。

注意： 只有在"会计科目"中设置银行账的科目才能使用支票登记簿；当需要使用支票登记簿时，在"结算方式"功能中对需使用支票登记簿的结算方式打上标志；当有人领用支票时，银行出纳员须进入"支票登记"功能登记支票领用日期、领用部门、领用人、支票号、备注等；当支票支出后，经办人持原始单据（发票）到财务部门报销，会计人员据此填制记账凭证，当在系统中录入该凭证时，系统要求录入该支票的结算方式和支票号，在系统填制完成该凭证后，系统自动在支票登记簿中将该号支票写上报销日期，该号支票即为已报销；支票登记簿中的报销日期栏一般是由系统自动填写的，但对于有些已报销而由于人为原因而造成系统未能自动填写报销日期的支票，用户可进行手工填写，即将光标移到报销日期栏，然后写上报销日期。

3. 账簿管理

企业发生的经济业务，经过制单、审核、记账等程序之后，就形成了正式的会计账簿，对发生的经济业务进行查询、统计分析等操作时，都可以通过账簿管理来完成。查询账簿是会计日常工作中另一个重要内容，除了前述现金和银行存款的查询输出外，账簿管理还包括总账、明细账等基本会计核算账簿的查询输出，以及个人往来、单位往来等种种辅助核算账簿的查询输出。

1）总账

总账查询不但可以查询各总账科目的年初余额、各月发生额合计和月末余额，而且还可查询所有二至六级明细科目的年初余额、各月发生额合计和月末余额。

2）余额表

余额表用于查询、统计各级科目的本期发生额、累计发生额和余额等。余额表可输出某月或某几个月的所有总账科目或明细科目的期初余额、本期发生额、累计发生额、期末余额，因此，用户可以利用"发生额及余额表"代替总账。

3）明细账

明细账功能用于平时查询各账户的明细发生情况，及按任意条件组合查询明细账。在查询过程中可以包含未记账凭证。

4）多栏账

多栏账是总账系统中一个很重要的功能，用户可以使用多栏账功能设计自己企业需要的多栏明细账，按明细科目保存为不同的多栏账名称，在以后的查询中只需要选择多栏明细账直接查询即可，方便快捷，自由灵活，可按明细科目自由设置不同样式的多栏账。

5）综合多栏账

综合多栏账是在多栏账的基础上新增的一个账簿查询方式，它除了可以以科目为分析栏目查询明细账，也可以以辅助项及自定义项为分析栏目查询明细账，并可完成多组借贷栏目在同一账表中的查询。其目的主要是为了完成商品销售、库存、成本明细账的横向联合查询，并提供简单的计算功能，以方便用户及时了解商品进销存的状况。

【操作提示】

引入"项目二"账套数据。

任务一　总账系统初始化设置

1. 设置总账控制参数

（1）执行"开始"→"程序"→"用友ERP-U872"→"企业应用平台"命令，打开"登录"窗口。

（2）输入操作员"001（孙伟）"，密码为1，选择账套"[008]山东华阳信息技术有限公司"，输入操作日期"2010-08-01"，单击【确定】按钮进入"企业应用平台"界面。

（3）在"企业应用平台"中，执行"业务工作"→"财务会计"→"总账"→"设置"→"选项"命令，打开"选项"窗口。

（4）单击【编辑】按钮，进入选项编辑状态。

（5）分别打开"凭证"、"账簿"、"凭证打印"、"预算控制"、"权限"、"其他"选项卡，按照项目资料的要求进行相应的设置，如图3.3～图3.8所示。

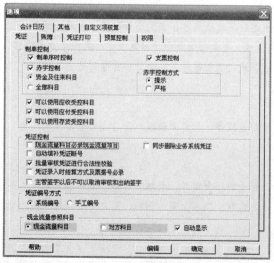

图3.3　"凭证"窗口

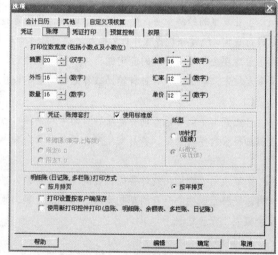

图3.4　"账簿"窗口

图 3.5 "凭证打印"窗口

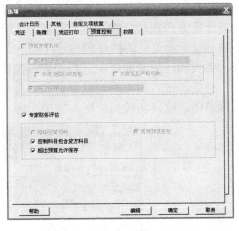

图 3.6 "预算控制"窗口

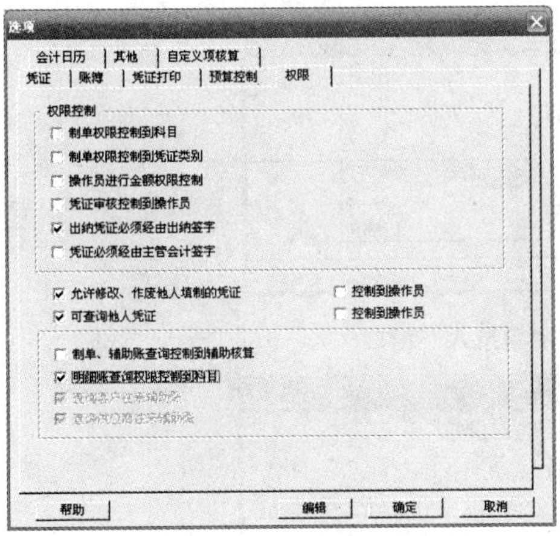

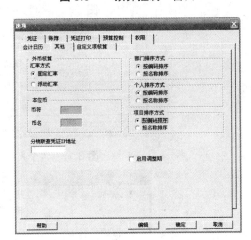

图 3.8 "其他"窗口

图 3.7 "权限"窗口

（6）设置完成后，单击【确定】按钮。

2．录入期初余额

（1）在"企业应用平台"中，执行"业务工作"→"财务会计"→"总账"→"设置"→"期初余额"命令，进入"期初余额录入"窗口，如图 3.9 所示。

图 3.9 "期初余额录入"窗口

（2）对于没有辅助核算的会计科目（底色为白色），输入时，只需输入末级科目的累计借方、累计贷方和期初余额，年初余额、上级科目的余额由系统自动汇总计算填入。

（3）对于设置辅助核算的科目（底色为浅黄色），其累计发生额可直接输入，但期初余额的录入要到相应的辅助账中进行设置。操作方法是：双击设置了辅助核算属性科目的"期初余额"栏处，进入相应的辅助账窗口，按明细输入每笔业务的金额，完成后单击【退出】按钮，辅助账余额自动转到总账，如图3.10～图3.16所示。

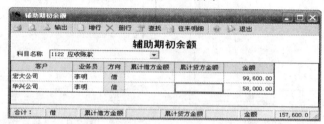

图3.10　"客户往来期初余额录入"窗口

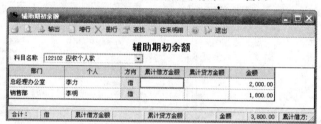

图3.11　"个人往来期初余额录入"窗口

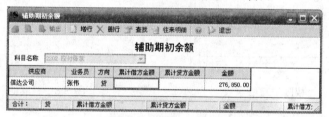

图3.12　"供应商往来期初余额录入"窗口

图3.13　"项目期初余额录入"窗口（1）

图3.14　"项目期初余额录入"窗口（2）

图 3.15 "项目期初余额录入"窗口（3）

图 3.16 "项目期初余额录入"窗口（4）

（4）输完所有科目余额后，单击【试算】按钮，弹出"期初余额试算平衡表"对话框，如图 3.17 所示。

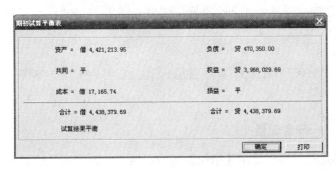

图 3.17 "期初谋算平衡表"窗口

（5）若期初余额不平衡，则修改期初余额；若期初余额试算平衡，单击【退出】按钮。

🔍【注意】

（1）期初余额试算不平衡，将不能记账，但可以填制凭证。
（2）已经记过账，则不能再输入、修改期初余额，也不能执行"结转上年度余额"功能。
（3）若使用了应收、应付子系统，并且客户往来或供应商往来由应收、应付子系统核算，那么，应该到应收、应付子系统中录入含客户、供应商账类的科目的明细期初余额。在账务处理系统中，只能录入这些科目的总余额，若这些科目还有其他的辅助核算，如部门核算，则只录入这些科目下各部门总余额或各项目的总余额。
（4）凭证记账后，期初余额变为只浏览状态，不能再修改。
（5）在录入期初余额时，如果科目没有定义辅助核算项，则只能录入该科目的总账余额。录完总账余额后，在没有删除余额而直接把该科目设置了辅助核算，则总账余额无法删除，在辅助核算窗口录入明细余额后，总账余额将改变为正确余额的两倍，导致科目余额试算不平衡。如果不录入期初明细余额，虽然科目余额试算平衡，但会导致凭证输入和账簿生成的错误。解决的方法步骤是：①删除辅助核算项的期初余额；②在会计科目设置中把该科目的辅助核算属性去掉；③在期初余额录入中将该科目的总账余额删除；④重新设置会计科目属性；⑤正确录入该科目辅助核算明细余额，系统自动生成总账余额。

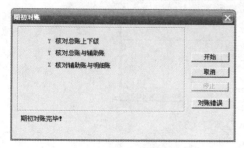

图 3.18 "期初对账"窗口

（6）期初对账。在录入期初余额时，不经意中会发生总账与辅助账、总账与明细账之间的数据错误，为了及时做到账账核对，尽快修正错误的账务数据，企业应进行期初对账。

在"录入期初余额"的窗口中单击【对账】按钮，系统弹出"期初对账"窗口(如图 3.18 所示)，单击上面的【开始】按钮，计算机自动进行对账，对账方法为总账上下级之间、总账与明细账之间、总账与辅助账之间核对。对账完成后，显示对账结果，如果对账不符，可查看错误原因。

【注意】

期初余额录完后，请进行账套输出并单独保存，后面除项目四、五外，其他项目所提到的引入"项目三账套数据"仅指引入此账套数据。

任务二 凭证处理

以"001 孙伟"的身份注册进入企业应用平台。

【注意】

操作日期输入"2010-08-31"，这样可以只注册一次企业应用平台，输入不同日期的凭证。

1. 填制凭证

业务 1 辅助核算——现金流量

（1）在"填制凭证"窗口单击【增加】按钮，增加一张空白凭证。

（2）选择凭证类型"记账凭证"，输入制单日期"2010-08-2"；输入附单据数 1。

（3）输入摘要"购办公用品"，科目名称"6601"，系统自动转化为中文科目名称，借方金额"200"。

（4）按 Enter 键，系统自动把摘要复制到下一行，输入科目名称"1001"，贷方金额"200"如图 3.19 所示。

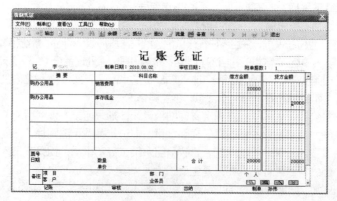

图 3.19 凭证 0001

（5）单击【流量】按钮，弹出"现金流量表"对话框，如图 3.20 所示。在"项目编码"参照中，选择"经营活动—现金流出—支付的与其他经营活动有关的现金"项目，单击【确定】按钮返回。

图 3.20 "现金流量录入修改"窗口

（6）单击【保存】按钮，系统弹出"凭证已成功保存！"提示信息对话框，单击【确定】按钮。

【注意】

（1）不同行的摘要可以不相同，但不能为空。每行摘要将随相应的会计科目在明细账、日记账中出现。

（2）会计科目只能输入最末级科目，有四种输入方法：一是直接输入末级科目名称；二是输入科目编码，系统自动转化为科目名称；三是输入科目的助记码，系统自动转化为科目名称；四是按 F2 键或参照录入。

（3）采用序时控制时，凭证日期应大于等于启用日期，不能超过业务日期。

（4）凭证一旦保存，其凭证类别、凭证编号不能修改。

（5）金额不能为"零"，红字用"－"号表示。

（6）可按"="键，取当前凭证借贷方金额的差额到当前光标所在位置。

业务 2　辅助核算——银行科目

（1）在"填制凭证"窗口单击【增加】按钮，增加一张空白凭证。现金和银行存款科目均为现金流量辅助核算科目，因此，系统会弹出"现金流量表"提示信息框供用户确认选择。但本业务属于现金各项目之间的增减变动，不影响现金流量的净额，因此，在弹出的提示框中直接单击【取消】按钮，不作选择。

（2）在填制凭证过程中，输完科目名称"100201"，按 Enter 键后系统弹出"辅助项"对话框，输入结算方式"201"，票号"XJ001"，发生日期"2010-08-03"，如图 3.21 所示。单击【确认】按钮返回"填制凭证"窗口。

（3）凭证输完后，单击【保存】按钮，如果此张支票未登记，则系统弹出"此支票尚未登记，是否登记？"提示信息对话框。单击【是】按钮，弹出"票号登记"对话框，输入领用日期"2010-08-03"，领用部门"财务部"，姓名"李静"，限额 10 000，用途"提现金备用"，如图 3.22 所示，单击【确定】按钮。

（4）单击【保存】按钮，生成如图 3.23 所示的凭证。

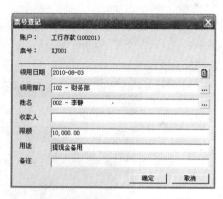

图 3.21 "辅助项"对话框　　　　图 3.22 "票号登记"对话框

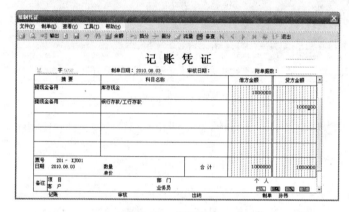

图 3.23 凭证 0002

【注意】

选择支票控制,即该结算方式设为支票管理,银行账辅助信息不能为空,而且该方式的票号应在支票登记簿中有记录。

业务 3　辅助核算——外币科目

(1)在填制凭证的过程中,输完外币科目"100202",输入外币金额"10 000",根据自动显示的外币汇率"6.275",自动计算并显示本币金额"62750"。

(2)全部输入完成后,单击【保存】按钮,保存凭证,如图 3.24 所示。

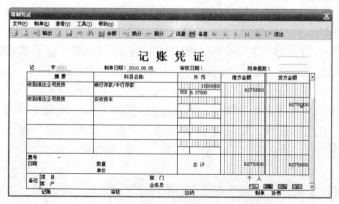

图 3.24 凭证 0003

【注意】

（1）该笔业务的现金流量项目为"筹资活动—现金流入—吸收投资所收到的现金"。

（2）汇率栏中内容是固定的，不能输入或修改。如果使用浮动汇率，汇率栏中显示最近一次汇率，可以直接在汇率栏中修改。

业务 4　辅助核算——数量核算

（1）在填制凭证的过程中，输入完数量科目"140301"，弹出"辅助项"对话框。

（2）输入数量"10"，单价"5 000"。单击【确定】按钮，生成如图 3.25 所示的凭证。

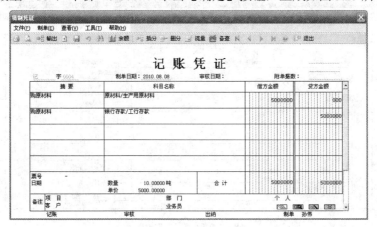

图 3.25　凭证 0004

【注意】

该笔业务的现金流量项目为"经营活动—现金流出—销售商品、提供劳务支付的现金"。

业务 5　辅助核算——客户往来

（1）在填制凭证的过程中，输入完客户往来科目"1122"，弹出"辅助项"对话框。

（2）输入客户"宏大公司"，发生日期"2010-08-12"。单击【确定】按钮，生成如图 3.26 所示的凭证。

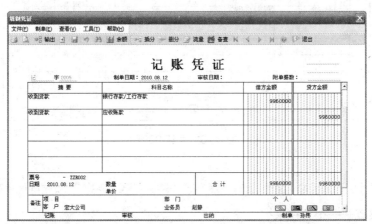

图 3.26　凭证 0005

🔍【注意】

该笔业务的现金流量项目为"经营活动—现金流入—销售商品、提供劳务收到的现金"。

业务6　辅助核算——供应商往来

（1）在填制凭证的过程中，输入完供应商往来科目"2202"，弹出"辅助项"对话框。

（2）输入供应商"信达公司"，发生日期"2010-08-14"。单击【确定】按钮，生成如图3.27所示的凭证。

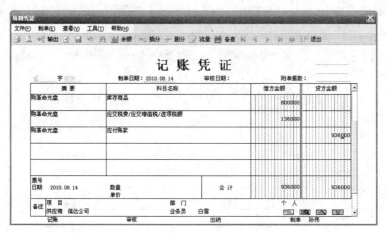

图3.27　凭证0006

业务7　辅助核算——部门核算

（1）在填制凭证的过程中，输入部门核算科目"660205"，弹出"辅助项"对话框。

（2）输入部门"总经理办公室"，单击【确定】按钮，生成如图3.28所示的凭证。

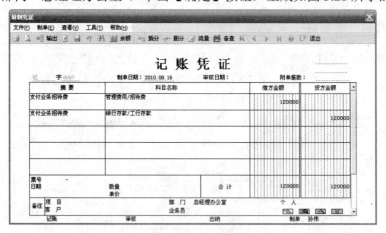

图3.28　凭证0007

🔍【注意】

该笔业务的现金流量项目为"经营活动—现金流出—购买商品、接受劳务支付的现金"。

业务8　辅助核算——个人往来

（1）在填制凭证的过程中，输入个人往来科目"1221"，弹出"辅助项"对话框。

（2）输入部门"总经理办公室"，个人"李力"，发生日期"2010-08-18"单击【确定】按钮，生成如图 3.29 所示的凭证。

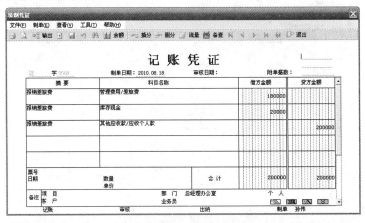

图 3.29　凭证 0008

【注意】

该笔业务的现金流量项目为"经营活动-现金流入-收到的其他与经营活动有关的现金"。

业务 9　辅助核算——项目核算

（1）在填制凭证的过程中，输入项目核算科目"500101"，弹出"辅助项"对话框。
（2）输入项目名称"普通打印纸-A4"。单击【确定】按钮，生成如图 3.30 所示的凭证。

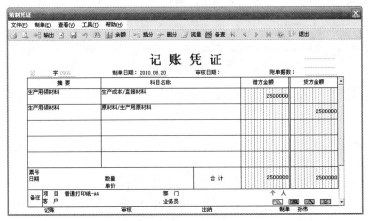

图 3.30　凭证 0009

【注意】

系统根据"数量×单价"自动计算出金额，并将金额先放在借方；如果方向不符，可以将光标移动到贷方后，按空格键即可调整金额方向。

2．查询凭证

（1）在"企业应用平台"中执行"业务工作"→"财务会计"→"总账"→"凭证"→"查询凭证"命令，进入"凭证查询"窗口，如图 3.31 所示。

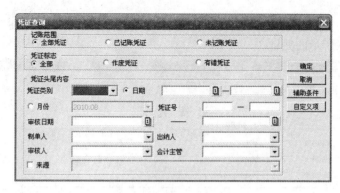

图 3.31 "凭证查询"窗口

(2) 选择"全部凭证",凭证类别"记账凭证",单击【确定】按钮,系统会查找出符合条件的凭证,如图 3.32 所示。

图 3.32 凭证列表

(3) 双击某张凭证可以查看凭证详细信息。

3. 修改凭证

(1) 在"企业应用平台"中执行"业务工作"→"财务会计"→"凭证"→"填制凭证"命令,进入"填制凭证"窗口。

(2) 单击【查询】按钮,按输入的查询条件找到要修改的凭证。

(3) 对于凭证的一般信息,将光标放在要修改的地方,直接修改;如果要修改凭证辅助项信息,首先要选中辅助核算科目,然后将光标置于备注栏辅助项,等鼠标变成笔头样时双击,弹出"辅助项"窗口,在窗口中修改相关信息。

(4) 单击【保存】按钮,保存修改后的信息。

【注意】

(1) 若在"选项"中设置了"制单序时"的选项,那么,在修改制单日期时,不能在上一编号凭证的制单日期之前。例如一月份制的凭证不能将制单日期改为二月份的日期。

(2) 若在"选项"中设置了"不允许修改、作废他人填制的凭证",则不能修改他人填制的凭证。

(3) 若在"选项"中设置了"合并凭证显示、打印"的选项,那么,在合并状态下不能录入、修改凭证,只有切换到展开状态才可以。使用快捷键 Ctrl+A 自动切换合并/展开。

(4)如果某笔涉及银行科目的分录已录入支票信息,并对该支票作过报销处理,修改该分录将不影响"支票登记簿"中的内容。

(5)外部系统传过来的凭证不能在总账系统中进行修改,只能在生成该凭证的系统中进行修改。

4．删除凭证

(1)先查到要作废的凭证,在"填制凭证"窗口上执行"制单"→"作废/恢复"命令,如图3.33所示;凭证的左上角显示"作废"字样,表示该凭证已作废,如图3.34所示。

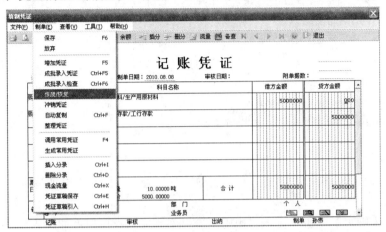

图3.33 "作废"窗口

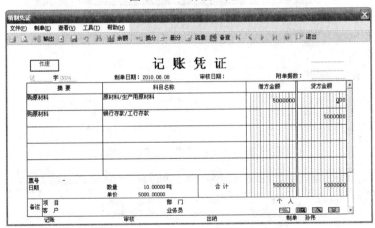

图3.34 作废凭证

(2)在"填制凭证"窗口上执行"制单"→"整理凭证"命令,打开"请选择凭证日期"窗口。选择要整理的月份,单击【确定】按钮,打开"作废凭证表"窗口,如图3.35所示。

(3)选择要删除的作废凭证,单击【确定】按钮,系统提示"是否还需要整理凭证断号"。单击【是】按钮后系统将凭证从数据库中删除并对剩下的凭证重新排号。

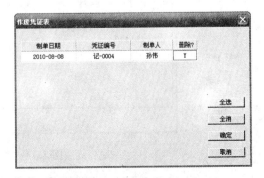

图3.35 "作废凭证表"窗口

【注意】

（1）作废凭证不能修改，不能审核。在记账时，不对作废凭证作数据处理，那么作废凭证相当于一张空凭证。在账簿查询时，也查不到作废凭证的数据。

（2）若当前凭证已作废，选择菜单"制单"下的"作废/恢复"，可取消作废标志，并将当前凭证恢复为有效凭证。

（3）若本月有凭证已记账，那么，本月最后一张已记账凭证之前的凭证将不能作凭证整理，只能对其后面的未记账凭证作凭证整理。若想对已记账凭证作凭证整理，应先到"恢复记账前状态"功能中恢复本月月初的记账前状态，再作凭证整理。

（4）若由于手工编制凭证号造成凭证断号，也可通过此功能进行整理，方法是不选作废凭证，直接单击【确定】按钮即可。

任务三 审核凭证

1. 出纳签字

（1）在总账系统，执行"凭证"→"出纳签字"命令，打开"出纳签字"查询条件窗口，如图 3.36 所示。

（2）单击【确定】按钮，进入"出纳签字"的凭证列表窗口，如图 3.37 所示。

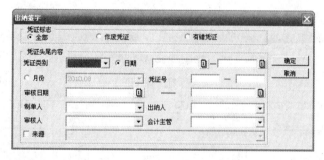

图 3.36 "出纳签字"查询条件窗口

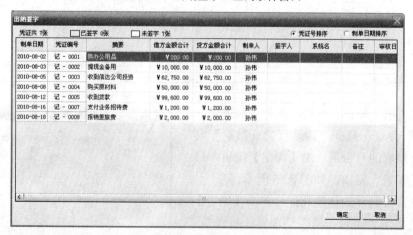

图 3.37 "出纳签字"凭证列表

（3）可以直接双击某一张要签字的凭证或单击【确定】按钮，进入"出纳签字"的签字窗口。

（4）单击【签字】按钮，凭证底部的"出纳"处自动签上出纳人的名字。如果想取消，可以单击【取消】按钮。

（5）单击【下一张】按钮，对其他凭证签字，最后单击【退出】按钮。

【注意】

（1）涉及指定为现金科目和银行科目的凭证才需要出纳签字。

（2）已签字的凭证，不能被修改、删除，只能取消签字才能进行。

（3）取消签字只能由出纳人自己进行。

（4）企业可根据实际需要决定是否要对出纳凭证进行出纳签字管理，若不需要此功能，可在"选项"中取消"出纳凭证必须经由出纳签字"的设置。

（5）可以执行"出纳"→"成批出纳签字"命令对所有凭证进行出纳签字，可以执行成批取消出纳签字功能。

（6）出纳签字与制单人可以为同一人，也可以不为同一人。

2．审核凭证

（1）以"003 李丽"的身份重新登录总账管理系统。

（2）执行"凭证"→"审核凭证"命令，打开"审核凭证"查询条件窗口，如图 3.38 所示。

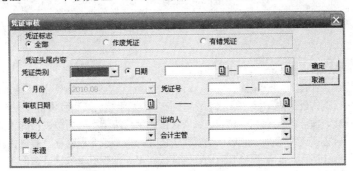

图 3.38　"凭证审核"查询条件窗口

（3）输入查询条件，单击【确定】按钮，进入"凭证审核"凭证列表窗口，如图 3.39 所示。

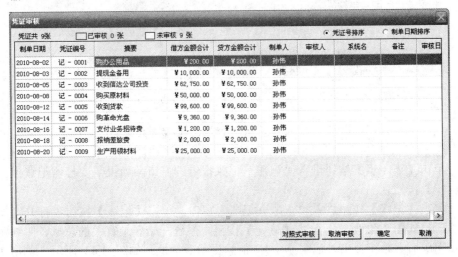

图 3.39　"凭证审核"凭证列表

（4）双击要审核的凭证或单击【确定】按钮，进入"审核凭证"窗口。

（5）检查要审核的凭证，确认无误后，单击【审核】按钮，凭证底部的"审核"处自动签上审核人姓名。如果有错，单击【标错】按钮，系统自动标上"有错"字样，并需写明原因，如图3.40所示。

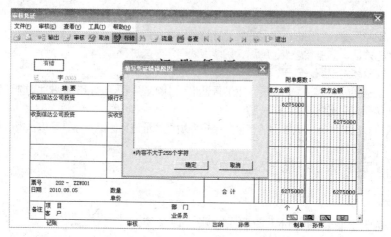

图 3.40　有错凭证

（6）单击【下一张】按钮，对其他凭证签字，最后单击【退出】按钮。

【注意】

（1）审核人和制单人不能是同一个人。

（2）若想对已审核的凭证取消审核，单击【取消】按钮取消审核。取消审核签字只能由审核人自己进行。

（3）凭证一经审核，就不能被修改、删除，只有被取消审核签字后才可以进行修改或删除，审核人除了要具有审核权外，还需要有对审核凭证制单人所制凭证的审核权，这个权限在"基础设置"的"数据权限"项中设置，采用手工制单的用户，在凭单上审核完后还须对录入计算机中的凭证进行审核，作废凭证不能被审核，也不能被标错，已标错的凭证不能被审核；若想审核，需先单击【取消】按钮取消标错后才能审核。

（4）已审核的凭证不能标错；若成批审核，执行"审核"菜单下的"成批审核"命令，系统自动对当前范围内的所有未审核凭证执行审核；执行"审核"菜单下的"成批取消审核"命令，系统自动对当前范围内的所有未审核凭证执行取消审核。

任务四　记账与取消记账

1. 记账

（1）以"001 孙伟"账套主管的身份重新登录总账管理系统。

（2）执行"凭证"→"记账"命令，打开"记账—记账选择"窗口，如图3.41所示。

（3）单击【下一步】按钮进入"记账—记账报告"窗口。如果需要打印记账报告，可以单击【打印】按钮。

（4）单击【记账】按钮进入"记账—记账"窗口，单击【记账】按钮，打开"期初试算平衡"窗口，如图3.42所示。单击【确定】按钮，系统开始登录有关的总账、明细账和辅助账。登记完成后，系统弹出"记账完毕！"信息提示对话框，如图3.43所示。单击【退出】按钮，记账完成。

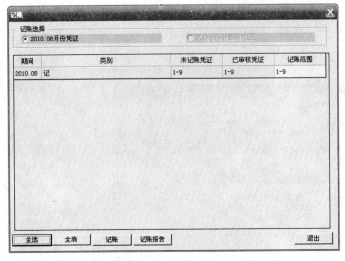

图 3.41 "记账选择"窗口

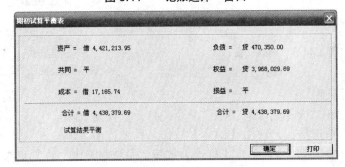

图 3.42 期初试算平衡表

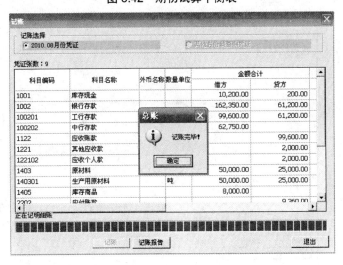

图 3.43 "记账"对话框

🔍 【注意】

(1) 第一次记账时，若期初余额试算不平衡，不能记账。
(2) 上月未记账，本月不能记账。
(3) 未审核的凭证不能记账，记账的范围应少于等于已审核范围。

(4) 作废凭证不需要审核，可以直接记账。

(5) 记账过程中一旦断电或因其他原因造成中断后，系统将自动调用"恢复记账前状态"功能恢复数据，然后再重新记账。

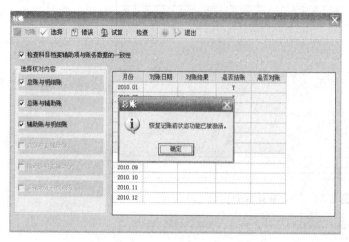

图 3.44　"对账"窗口

2．取消记账

第一步，激活"恢复记账前的状态"菜单项。

执行"总账"→"期末"→"对账"命令，进入"对账"窗口，按Ctrl+H组合键，系统弹出"恢复记账前状态功能已被激活。"对话框，如图 3.44 所示。同时，在"凭证"菜单下显示"恢复记账前状态"命令项。

【注意】

如果退出系统后又重新进入系统，或在"对账"窗口中按Ctrl+H组合键，将重新隐藏"恢复记账前的状态"功能。

第二步，恢复记账。

执行"凭证"→"恢复记账前状态"命令，打开"恢复记账前状态"窗口。选择【最近一次记账前状态】单选按钮，单击【确定】按钮，系统弹出"请输入主管口令"对话框，如图 3.45 所示。输入主管口令，单击【确定】按钮，系统将弹出"恢复记账完毕！"对话框。最后，单击【确定】按钮。

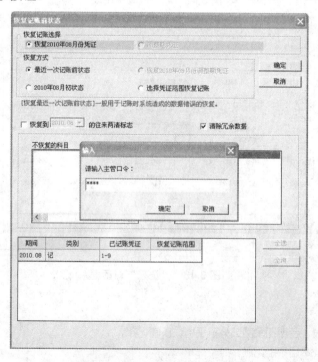

图 3.45　"恢复记账前状态"窗口

【注意】

已结账的月份,不能恢复记账前状态;只有账套主管才能恢复到月初的记账前状态。

任务五 出纳管理

以"孙伟"的身份注册登记企业应用平台,运行总账系统。

1．现金日记账

(1)执行"出纳"→"现金日记账"命令,打开"现金日记账查询条件"窗口,如图 3.46 所示。

图 3.46 "现金日记账查询条件"窗口

(2)选择科目"1001",默认月份"2010-08",单击【确定】按钮进入"现金日记账"窗口,如图 3.47 所示。

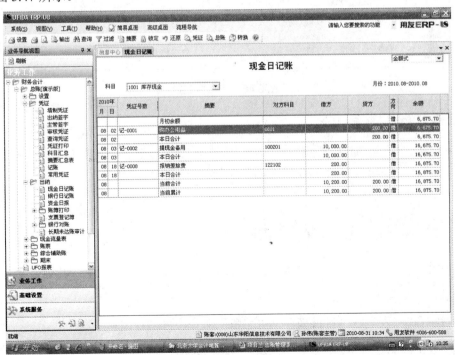

图 3.47 "现金日记账"窗口

(3)双击某行或光标定在某行再单击【凭证】按钮,可查看相应的凭证。
(4)单击【总账】按钮,可查看此科目的三栏式总账。
(5)单击【退出】按钮,退出现金日记账窗口。

2．银行存款日记账

银行存款日记账查询与现金日记账查询的操作基本相同,所不同的只是银行存款日记账设置了结算号栏,主要是对账时用。

3．资金日报表

(1)执行"出纳"→"资金日报"命令,打开"资金日报查询条件"窗口。
(2)输入月份"2010-08-03",选中"有余额无发生也显示"复选框。
(3)单击【确认】按钮,进入"资金日报表"窗口。
(4)单击【退出】按钮退出。

4．支票登记簿

(1)执行"出纳"→"支票登记簿"命令,打开"银行科目选择"窗口。
(2)选择"工行存款(100201)",单击【确定】按钮,进入"支票登记簿"窗口。
(3)单击【增加】按钮,输入领用日期"2010-08-25",领用部门"采购部",领用人"张伟",支票号"155",预计金额"5 000",用途"购材料",如图3.48所示。最后,单击【保存】按钮。

科目：工行存款(100201)						支票张数：3 其中：已报3 未报0	
领用日期	领用部门	领用人	支票号	预计金额	用途	收款人	
2010.08.03	102	002	XJ001	10,000.00	提现金备用		
2010.08.08			ZZR001	50,000.00			
2010.08.16			ZZR003	1,200.00			
2010.08.25	采购部	张伟	155	5,000.00	购材料		

图3.48　支票登记簿

【注意】

只有在结算方式设置中选择"票据管理标志"功能才能在此选择登记;领用日期和支票号必须输入,其他内容可以不输入;报销日期不能在领用日期之前;已报销的支票可成批删除。

任务六　账簿管理

以孙伟的身份注册登录企业应用平台。辅助账的查询只介绍部门账,其他账簿查询同此。

1．查询基本会计核算账簿

(1)执行"账表"→"科目账"→"总账"命令,可以查询总账。
(2)执行"账表"→"科目账"→"余额表"命令,可以查询发生额及余额表。
(3)执行"账表"→"科目账"→"明细账"命令,可以查询月份综合明细账。

2．部门账

1）部门总账

（1）执行"账表"→"部门辅助账"→"部门总账"→"部门三栏总账"命令，打开"部门三栏总账条件"窗口。

（2）输入查询条件：科目"660205 招待费"，部门"总经理办公室"。

（3）单击【确定】按钮，显示查询结果。

（4）将光标置于总账的某笔业务上，单击【明细】按钮，可以联查部门明细账。

2）部门明细账

（1）执行"账表"→"部门辅助账"→"部门明细账"→"部门多栏式明细账"命令，打开"部门多栏明细账条件"窗口。

（2）选择科目"6602"，部门"总经理办公室"，月份"2010.08—2010.08"，分析方式"金额分析"。单击【确认】按钮，显示查询结果，如图 3.49 所示。

（3）将光标置于多栏账的某笔业务上，单击【凭证】按钮，可以联查该笔业务的凭证。

图 3.49　部门多栏账

3）部门收支分析

执行"账表"→"部门辅助账"→"部门收支分析"命令，进入"部门收支分析条件"窗口。

第一步，选择分析科目。选择所有的部门核算科目，如图 3.50 所示。单击【下一步】按钮。

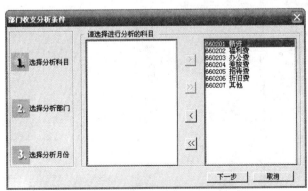

图 3.50　"部门收支分析条件"窗口（1）

第二步，选择分析部门。选择所有的部门，如图 3.51 所示。单击【下一步】按钮。

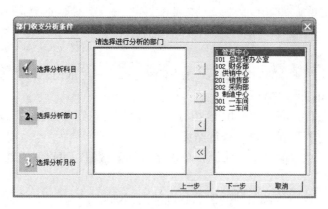

图 3.51 "部门收支分析条件"窗口（2）

第三步，选择分析月份。起止月份"2010.01—2010.08"，如图 3.52 所示。单击【完成】按钮，显示查询结果，如图 3.53 所示。

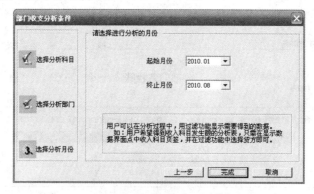

图 3.52 "部门收支分析条件"窗口（3）

图 3.53 部门收支分析表

项目四

总账系统期末处理

ZONGZHANG XITONG QIMO CHULI

【职业能力目标】

目标类型		能力要素	要素编号
知识目标	基础知识	掌握用友 ERP-U8 管理软件中总账系统月末处理的相关内容	1-1-1
		熟悉总账系统月末处理业务的各种操作	1-1-2
		掌握银行对账、自动转账设置与生成、对账和月末结账的操作方法	1-1-3
技能目标	基本技能	会银行对账的操作	1-2-1
		会自动转账设置	1-2-2
		会对账、结账的操作	1-2-3
	拓展技能	能根据企业的实际业务进行自动转账的设置	1-2-4

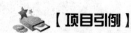 **【项目引例】**

1. 银行对账

（1）银行对账期初。华阳公司银行账的启用日期为2010-08-01，工行的人民币户企业日记账调整前余额为511 057.16元，银行对账单调整前余额为533 829.16元，未达账项一笔，系银行已收企业未收款22 772元。

（2）华阳公司2010年8月份银行对账单。

日期	结算方式	票号	借方金额	贷方金额
2010-08-03	201	XJ001		10 000
2010-08-06				60 000
2010-08-10	202	ZZR001		50 000
2010-08-14	202	ZZR002	99 600	

2. 自动转账定义及生成

（1）自定义结转。

按短期借款期末余额的0.2%计提短期借款利息。

借：财务费用/利息支出（660301）　　QM（2001，月）×0.002

　　贷：应付利息/借款利息（223101）　　JG（　）

（2）期间损益结转。

 【知识准备】

一、总账系统期末处理流程简介

在总账系统中，月末处理是指在将本月所发生的经济业务全部登记入账后所要做的工作，主要包括银行对账、计提、分摊、结转、对账和结账，处理流程如图4.1所示。

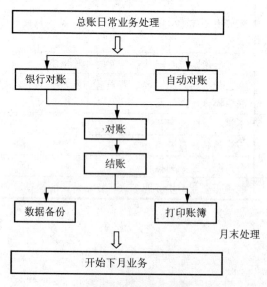

图4.1　月末处理流程

二、银行对账

由于企业与银行的账务处理和入账时间不一样,往往会发生双方账面记录不一致的情况,为了防止记账发生差错,正确掌握银行存款的实际余额,企业必须定期将企业银行存款日记账与银行发出的对账单进行核对并编制银行存款余额调节表,这就是银行对账。

系统提供的银行对账是将系统登记的银行存款日记账与银行对账单进行核对,银行对账单由用户根据开户行送来的对账单录入。

1. 录入银行对账期初数

为了保证银行对账的正确性,在使用"银行对账"功能进行对账之前,必须先将日记账、银行对账单未达项录入系统中。通常许多用户在使用账务处理系统时,先不使用银行对账模块,比如某企业2010年8月开始使用账务处理系统,而银行对账功能则是在9月开始使用,那么银行对账则应该有一个启用日期(启用日期应为使用银行对账功能前最近一次手工对账的截止日期),用户则应在此录入最近一次对账企业方与银行方的调整前余额,以及启用日期之前的单位日记账和银行对账单的未达账项。等所有未达账录入正确后启用此账户,再开始记9月份凭证,在9月份的凭证记完账后,进入"银行对账单"录入9月份的银行对账单,然后开始对账。

2. 录入银行对账单

本功能用于平时录入银行对账单。选择本功能后系统要求用户指定账户(银行科目),然后用户即可录入本账户下的银行对账单。

3. 银行对账

银行对账采用自动对账与手工对账相结合的方式。自动对账是计算机根据对账依据自动进行核对、勾销,对账依据由用户根据需要选择,方向、金额相同是必选条件,其他可选条件为票号相同、结算方式相同、日期在多少天之内。对于已核对上的银行业务,系统将自动在银行存款日记账和银行对账单双方写上两清标志,并视为已达账项,对于在两清栏未写上两清符号的记录,系统则视其为未达账项。由于自动对账是以银行存款日记账和银行对账单双方对账依据完全相同为条件,所以为了保证自动对账的正确和彻底,使用者必须保证对账数据的规范合理,比如:银行存款日记账和银行对账单的票号要统一位长,如果对账双方不能统一规范,各自为政,则系统无法识别。手工对账是对自动对账的补充,用户使用完自动对账后,可能还有一些特殊的已达账没有对出来而被视为未达账项,为了保证对账更彻底正确,用户可用手工对账来进行调整。

三、自动转账

在日常的账务核算中,每个月末会计核算的工作量非常大,这些业务每月重复地出现,主要的数据来源于账簿记录,且有一定的规律可循。这些凭证业务性质固定、凭证内容不变,每月变更的只是金额数字,根据这一特性,比较适合计算机自动进行处理。在电算化方式下,预先把这种有规律性出现的会计业务定义为转账凭证模板,再把各种取数依据及计算公式存入计算机,形成自动转账凭证,由计算机自动生成转账凭证。这种预先定义好分录的结构,再由计算机自动编制凭证的过程称为"自动转账",由此而生成的凭证称为自动转账凭证。常用的账务取数函数见表4-1。

表4-1 常用的财务取数函数

函数名	公式名称	说明
QM( )/WQM( )/SQM( )	期末余额	取某科目的期末余额
QC( )/WQC( )/SQM( )	期初余额	取某科目的期初余额
JE( )/WJE( )/SJE( )	年净发生额	取某科目的年净发生额(净发生额是指借贷相抵后的差额)
JE( )/WJE( )/SJE( )	月净发生额	取某科目的月净发生额
FS( )/WFS( )/SFS( )	借方发生额	取某科目结转月份的借方发生额
FS( )/WFS( )/SFS( )	贷方发生额	取某科目结转月份的贷方发生额
LFS( )/WLFS( )/SLFS( )	累计借方发生额	取某科目截止到结转月份的累计借方发生额

续表

函数名	公式名称	说 明
LFS（ ）/WLFS（ ）/SLFS（ ）	累计贷方发生额	取某科目截止到结转月份的累计贷方发生额
JG（ ）/WJG（ ）/SJG（ ）	取对方科目计算结果	取对方某个科目或所有对方科目的数据之和
CE（ ）/WCE（ ）/SCE（ ）	借贷平衡差额	取凭证的借贷方差额数
TY（ ）	通用转账公式	取 Access 数据库中的数据
	常数	取某个指定的数字
UFO（ ）	UFO 报表取数	取 UFO 报表中某单元的数据

使用自动转账凭证生成功能时需要注意以下问题：

（1）转账凭证模板必须事先进行设置。

（2）转账凭证中各科目的数据都是从账簿中提取，经处理后生成的，为了保证数据的完整、正确，在调用转账凭证模板生成转账凭证前必须将本月发生的各种具体业务登记入账。

（3）期末的分摊、计提、结转业务具有严格的处理顺序，其基本的处理顺序如图 4.2 所示。

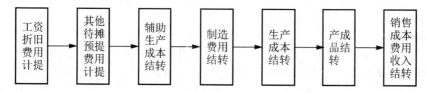

图 4.2 期末结转处理顺序

如果结转顺序发生错误，即使所有的转账凭证模板设置都正确，转账凭证中的数据也可能是错误的。为了避免结转顺序发生错误，转账凭证模板提供了转账序号，进行期末的分摊、计提、结转业务处理时，通过指定转账顺序号就可以分期、分批完成转账和记账工作。

（4）结转生成的记账凭证系统将存于未记账凭证库，这些凭证还需要进行审核和记账操作才能记入账簿。对这些凭证的审核主要是审核结转是否正确。对于错误的结转凭证，系统一般不提供修改功能，修改这些凭证的错误只能通过修改设置来进行。

（5）期末结转工作是一项比较复杂而重要的工作，应由指定的专人进行。

1. 定义转账凭证

转账定义分五种，分别是自定义转账设置、对应结转设置、销售成本结转设置、汇兑损益结转设置、期间损益结转设置。第一次使用本系统的用户进入系统后，应先执行"转账定义"，用户在定义完转账凭证后，在以后的各月只需调用"转账凭证生成"即可。但当某转账凭证的转账公式有变化时，需先在"转账定义"中修改转账凭证内容，然后再转账。

（1）自定义转账设置。自定义转账功能可以完成的转账业务主要有："费用分配"的结转（如工资分配等）、"费用分摊"的结转（如制造费用等）、"税金计算"的结转（如增值税等）、"提取各项费用"的结转（如提取福利费等）、"部门核算"的结转、"项目核算"的结转、"个人核算"的结转、"客户核算"的结转、"供应商核算"的结转等。

注意： 熟悉用友 ERP-U8 自定义转账常用公式。

① 结转制造费用。

借：生产成本　CE（ ）

　　贷：制造费用　QM（制造费用，月）

公式含义

借：借贷方平衡差额

　　贷：制造费用本月期末余额

② 结转完工产品。
借：库存商品　CE（）
　　贷：生产成本　QM（生产成本，月）
公式含义
借：借贷方平衡差额
　　贷：生产成本本月期末余额
③ 结转未交增值税。
借：应交税费——应交增值税——转出未交增值税
　　　QM（增值税销项税额，月）-QM（增值税进项税额，月）+QM（增值税进项税额转出，月）
　　贷：应交税费——未交增值税 CE（）
公式含义
借：增值税销项税额本月期末余额－增值税进项税额本月期末余额+增值税进项税额转出的期末余额
　　贷：借贷平衡差额
④ 计提城建税和地方教育费附加。
借：营业税金及附加　CE（）
　　贷：应交税费——应交城市维护建设税
　　　（QM（未交增值税，月）+QM（应交营业税，月）+QM（应交消费税，月））×7%
　　　　　　——应交教育费附加
　　　（QM（未交增值税，月）+QM（应交营业税，月）+QM（应交消费税，月））×3%
公式含义
借：借贷方差额
　　贷：（未交增值税本月期末余额+应交营业税本月期末余额+应交消费税本月期末余额）×7%
　　　　（未交增值税本月期末余额+应交营业税本月期末余额+应交消费税本月期末余额）×3%
⑤ 计提所得税。
借：所得税费用　JG（）
　　贷：应交税费——应交所得税　JE（本年利润，月）×25%
公式含义
借：取对方科目的计算结果
　　贷：本年利润本月净发生额×25%
⑥ 结转所得税。
借：本年利润　JG（）
　　贷：所得税费用　QM（所得税费用，月）
公式含义
借：取对方科目的计算结果
　　贷：所得税费用本月期末余额
⑦ 结转本年利润。
借：本年利润　QM（本年利润，月）
　　贷：利润分配——未分配利润　CE（）
公式含义
借：本年利润本月期末余额
　　贷：借贷方差额
⑧ 提取盈余公积和公益金。
借：利润分配——提取法定盈余公积金　JG（盈余公积——法定盈余公积金）
　　　　　　——提取法定公益金　JG（盈余公积——法定公益金）

　　　　　贷：盈余公积金——法定盈余公积金　FS（利润分配——未分配利润，月，贷）×10%
　　　　　　　　　　　　——法定公益金　FS（利润分配——未分配利润，月，贷）×5%
　　公式含义
　　　借：盈余公积——法定盈余公积金的计算结果
　　　　　盈余公积——法定公益金的计算结果
　　　　　贷：利润分配——未分配利润 本月 贷方的发生额×10%
　　　　　　　利润分配——未分配利润 本月 贷方的发生额×5%
　⑨ 结转盈余公积和公益金。
　　　借：利润分配——未分配利润　CE（ ）
　　　　　贷：利润分配——提取法定盈余公积金
　　　　　　　FS（利润分配——提取法定盈余公积金，月，借）
　　　　　　　　　　　——提取法定公益金
　　　　　　　FS（利润分配——提取法定公益金，月，借）
　　公式含义
　　　借：借贷方差额
　　　　　贷：利润分配——提取法定盈余公积金 本月 借方的发生额
　　　　　　　利润分配——提取法定公益金 本月 借方的发生额

（2）对应转账设置。对应结转不仅可以进行两个科目一对一结转，还提供科目的一对多结转功能，对应结转的科目可为上级科目，但其下级科目的科目结构必须一致（相同明细科目），如有辅助核算，则两个科目的辅助账类也必须一一对应。对应结转功能只结转期末余额。

（3）销售成本结转。销售成本结转功能，是将月末商品（或产成品）销售数量乘以库存商品（或产成品）的平均单价计算各类商品销售成本并进行结转。

（4）汇兑损益结转。汇兑损益结转功能用于期末自动计算外币账户的汇总损益，并在转账生成中自动生成汇总损益转账凭证，汇兑损益只处理以下外币账户：外汇存款户；外币现金；外币结算的各项债权、债务，不包括所有者权益类账户、成本类账户和损益类账户。

（5）期间损益结转。期间损益结转设置用于在一个会计期间终了将损益类科目的余额结转到本年利润科目中，从而及时反映企业利润的盈亏情况，主要是对于管理费用、销售费用、财务费用、销售收入、营业外收支等科目的结转。

2. 转账生成

在定义完转账凭证后，每月月末只需执行转账生成功能即可快速生成转账凭证，在此生成的转账凭证将自动追加到未记账凭证中去。由于转账是按照已记账凭证的数据进行计算的，所以在进行月末转账工作之前，先将所有未记账凭证记账；否则，生成的转账凭证数据可能有误。如果使用了应收、应付系统（即"选项"中的"往来控制方式"为"客户往来业务由应收系统核算"或"供应商往来业务由应付系统核算"），那么总账系统中不能按客户、供应商进行结转。

四、对账

对账是对账簿数据进行核对，以检查记账是否正确，以及账簿是否平衡的活动。它主要是通过核对总账与明细账、总账与辅助账数据来完成账账核对。一般说来，实行计算机记账后，只要记账凭证录入正确，计算机自动记账后各种账簿都应是正确、平衡的，但由于非法操作或计算机病毒或其他原因有时会造成某些数据被破坏，因而引起账账不符，为了保证账证相符、账账相符，用户应经常使用本功能进行对账，至少一个月一次，一般可在月末结账前进行。

五、结账

每月月底都需要进行结账处理，结账实际上就是计算结转各账簿的本期发生额和期末余额，并终止本期的账务处理工作。在电算化下，结账与手工相比简单多了，结账是一种成批处理，每月只结账一次。

注意：

（1）各科目的分摊、计提、结转工作必须在结账以前完成。

（2）当月输入的记账凭证必须全部记账，本月还有未记账凭证时，则本月不能结账。

（3）上月末结账，本月可以填制、复核凭证，但不能记账、结账；已结账月份不能再填制凭证；结账只能由有结账权的人进行；若总账与明细账对账不符，则不能结账；如果用户使用了应收、应付系统（即"账簿选项"中的"往来控制方式"为"客户往来业务由应收系统核算"或"供应商往来业务由应付系统核算"），那么总账系统中不能对客户往来、供应商往来账进行核对。

（4）结账后产生的账簿和报表才是完整的，结账前产生的账簿和报表不一定能反映该月的全部业务。

（5）每月只能结账一次，因此结账前一般应作好数据备份，如果结账不正确可以恢复重做。

（6）有些通用账务处理系统初始设置中需要设定每月的结账日期，使用这些软件必须在规定的日期进行结账，否则系统将不予结账。

（7）结账过程不允许无故中断系统运行或关机，由于断电或异常中断造成留在系统中的断点，可在总账桌面用快捷键 Ctrl+F6 修复。

结账后，本月各账户的记账作终止，不能再输入本月的凭证，如果要继续本月的工作，首先要反结账。在结账向导一中，用鼠标选择要取消结账的月份，按 Ctrl+Shift+F6 组合键，在弹出的"确认口令"窗口中输入账套主管的口令，单击【确定】按钮即可。

【操作提示】

引入"项目三"账套数据。

任务一 银行对账

以"孙伟"身份注册登录企业应用平台。

1. 输入银行对账期初数

（1）在总账管理系统中，执行"出纳"→"银行对账"→"银行对账期初录入"命令，打开"银行科目选择"窗口，如图 4.3 所示。

（2）选择科目"工行存款（100201）"，单击【确定】按钮，进入"银行对账期初"窗口。

（3）确定启用日期"2010-08-01"。

（4）输入单位日记账的调整前余额"511 057.16"，银行对账单调整前余额"533 829.16"，如图 4.4 所示。

图 4.3 "银行科目选择"窗口

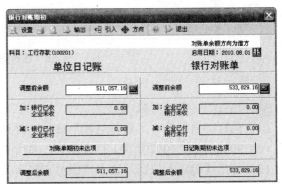

图 4.4 "银行对账期初"窗口

（5）单击【对账单期初未达项】按钮，打开"银行方期初"窗口。

（6）单击【增加】按钮，输入日期“2010-07-30”，结算方式“202”，借方金额“22 772”。

（7）单击【保存】按钮，再在工具栏上单击【退出】按钮。调整后单位日记账与银行对账单一致，如图 4.5 所示。

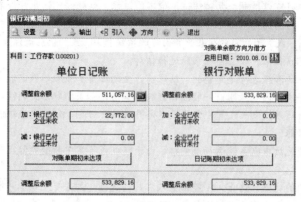

图 4.5 “银行对账期初”结果

【注意】

（1）第一次使用银行对账功能前，系统要求录入日记账及对账单未达账项，在开始使用银行对账之后不再使用。

（2）在录入完单位日记账、银行对账单期初未达项后，不要随意调整启用日期，尤其是向前调，这样可能会造成启用日期后的期初数不能再参与对账。

2．录入银行对账单

（1）执行“出纳”→“银行对账”→“银行对账单”命令，打开“银行科目选择”窗口。

（2）选择“工行存款（100201)”，月份“2010-08—2010-08”，单击【确定】按钮，进入“银行对账单”窗口。

（3）单击【增加】按钮，输入银行对账单数据，如图 4.6 所示。单击【保存】按钮退出。

消息中心 银行对账单

银行对账单

科目：工行存款(100201)　　对账单账面余额:513,429.16

日期	结算方式	票号	借方金额	贷方金额	余额
2010.08.03	201	XJ001		10,000.00	523,829.16
2010.08.06				60,000.00	463,829.16
2010.08.10	202	ZZR001		50,000.00	413,829.16
2010.08.14	202	ZZR002	99,600.00		513,429.16

图 4.6 银行对账单

3．银行对账

第一种方式：自动对账

（1）执行“出纳”→“银行对账”命令，打开“银行科目选择”窗口。

（2）选择科目“100201（工行存款)”，月份“2010-08—2010-08”。

（3）单击【确定】按钮，进入“银行对账”窗口。

（4）单击【对账】按钮，打开“自动对账”窗口，输入截止日期“2010-08-31”，默认系统提供的其他对账条件，如图 4.7 所示。

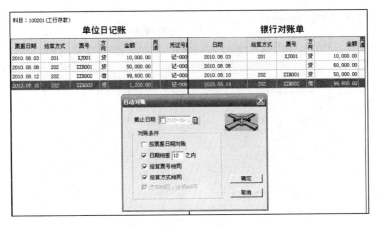

图 4.7 "自动对账"窗口

(5) 单击【确定】按钮,显示自动对账结果,如图 4.8 所示。

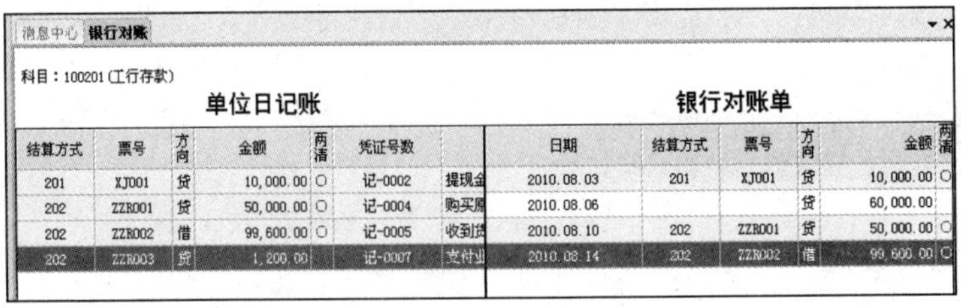

图 4.8 自动对账结果

【注意】

(1) 对账条件中的"方向相同,金额相同"是必选项,对账截止日期可以不输入。

(2) 对于已达账项,系统自动在银行存款日记账和银行对账单双方的"两清"栏上打上圆圈标志。

第二种方式:手工对账(自动对账的补充)

(1) 在"银行对账"窗口中,对于一些应勾对而未勾对上的账项,可分别双击"两清"栏,直接进行手工调整。手工对账的标志是"Y",以区别于自动对账标志。

(2) 对账完成后,单击【检查】按钮,检查结果平衡,如图 4.9 所示。单击【确定】按钮。

图 4.9 "对账平衡检查"窗口

【注意】

在自动对账不能完全对上的情况下,可采用手工对账。

4. 余额调节表查询

(1) 执行"出纳"→"银行对账"→"余额调节表查询"命令,进入"银行存款余额调节表"窗口。

(2) 单击工具栏上的【查看】按钮,或双击"工行存款(100201)"一栏,即显示该银行"银行存款余额调节表"窗口,如图 4.10 所示。

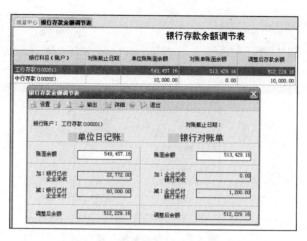

图 4.10 银行存款余额调节表

(3)单击【打印】按钮,打印"银行存款余额调节表"。

任务二 转账定义

1. 自定义结转设置

(1)执行"总账"→"期末"→"转账定义"→"自定义转账"命令,进入"自定义转账设置"窗口。

(2)单击【增加】按钮,打开"转账目录"窗口,输入转账序号"0001",转账说明"计提短期借款利息",凭证类别为"记 记账凭证",如图4.11所示。

(3)单击【确定】按钮,返回"自定义转账设置"窗口。

(4)选择科目编码"660301",方向为"借",在"金额公式"单击【参照】按钮打开"公式向导(1)"窗口,从公式名称选择"期末余额",函数名为"QM()"。

(5)单击【下一步】按钮,进入"公式向导(2)",选择科目"2001",期间"月",选中"继续输入公式",选择运算符"*(乘)"。

(6)单击【下一步】按钮,进入"公式向导(1)"窗口,选择"常数",单击【下一步】按钮,进入"公式向导(3)",输入常数"0.002"。单击【完成】按钮,返回"自定义转账设置"窗口。

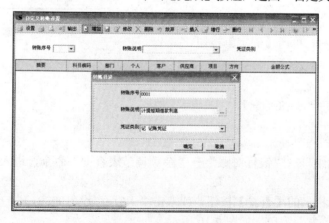

图 4.11 "转账目录"窗口

(7) 单击【增行】按钮新增一行，选择科目编码"223101"，方向为"贷"，输入金额公式"JG（）"，如图 4.12 所示。

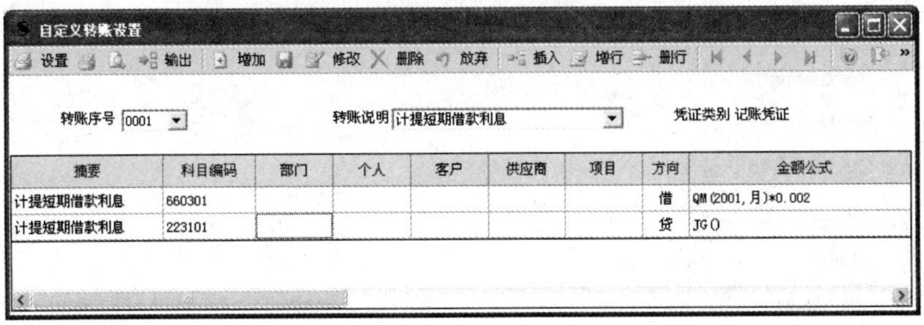

图 4.12 自定义转账设置窗口

(8) 单击【保存】按钮。

2．期间损益结转

(1) 执行"总账"→"期末"→"转账定义"→"期间损益"命令，进入"期间损益结转设置"窗口。

(2) 选择"凭证类别"为"记 记账凭证"，本年利润科目为"4103"，如图 4.13 所示。单击【确定】按钮，完成设置。

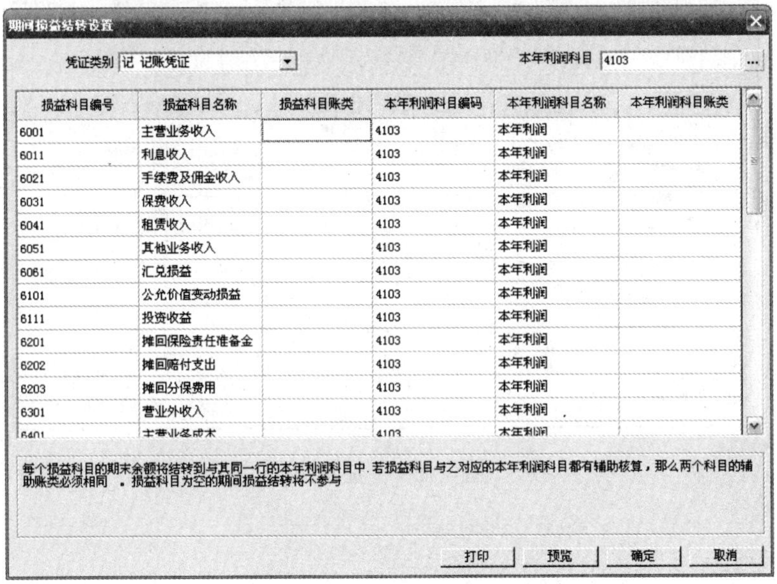

图 4.13 "期间损益结账设置"窗口

任务三 转 账 生 成

1．自定义转账生成

(1) 执行"期末"→"转账生成"命令，进入"转账生成"窗口。

(2) 选择【自定义转账】单选按钮，单击【全选】按钮，如图 4.14 所示。

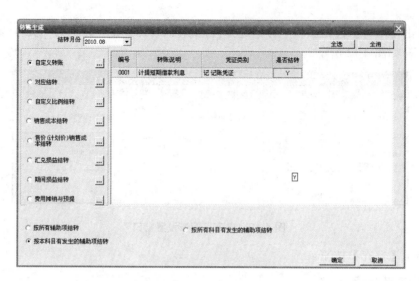

图 4.14 "转账生成"窗口

（3）再单击【确定】按钮，生成转账凭证。

（4）单击【保存】按钮，凭证左上角显示"已生成"红字，系统自动将当前凭证追加到未记账凭证中，如图 4.15 所示。

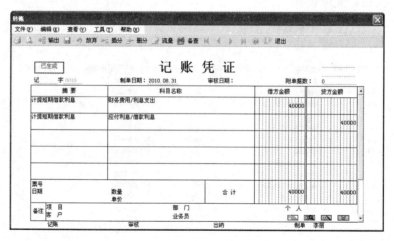

图 4.15 凭证 0010

【注意】

生成的自动转账凭证需审核、记账。

2．期间损益结转生成

（1）执行"期末"→"转账生成"命令，进入"转账生成"窗口。

（2）选择【期间损益结转】单选按钮。

（3）单击【全选】按钮，再单击【确定】按钮，生成转账凭证。

（4）单击【保存】按钮，凭证左上角显示"已生成"红字，系统自动将当前凭证追加到未记账凭证中，如图 4.16 所示。

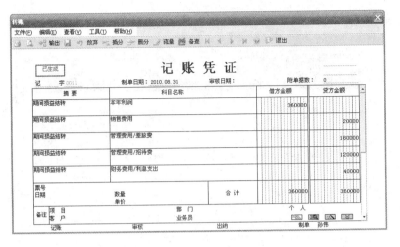

图 4.16　凭证 0011

【注意】

生成的自动转账凭证需审核、记账。

任务四　对　账

（1）执行"期末"→"对账"命令，进入"对账"窗口。
（2）将光标置于要进行对账的月份"2010-08"，单击【选择】按钮。
（3）单击【对账】按钮，系统开始自动对账，并显示对账结果，如图 4.17 所示。

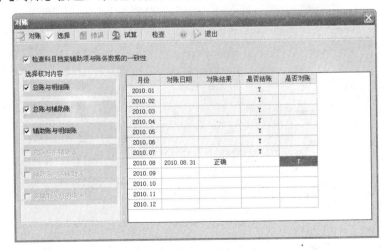

图 4.17　"对账"窗口

（4）单击【试算】按钮，可以对各科目类别全额进行试算平衡，并打开"2010.08 试算平衡表"，如图 4.18 所示。
（5）单击【确定】按钮，返回"对账"窗口。

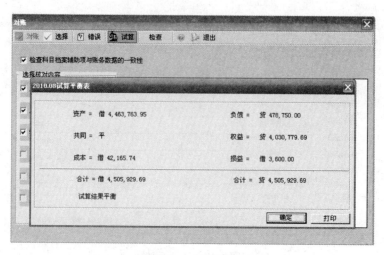

图4.18 试算平衡表

任务五 结账与取消结账

1. 结账

（1）执行"期末"→"结账"命令，进入"结账—开始结账"窗口。

（2）单击要对账的月份"2010-08"。

（3）单击【下一步】按钮进入"结账—核对账簿"窗口，单击【对账】按钮，系统对要结账的月份进行账账核对，如图4.19所示。

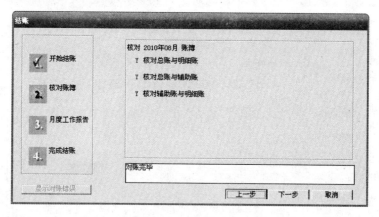

图4.19 结账（1）

（4）单击【下一步】按钮，进入"对账—月度工作报告"窗口，系统显示"2010年08月工作报告"，如图4.20所示。

（5）单击【下一步】按钮，进入"对账—完成结账"窗口，如图4.21所示。单击【结账】按钮，如果符合结账要求，系统将进行结账，否则不能结账。

【注意】

（1）各科目的分摊、计提、结转工作必须在结账以前完成。

(2) 当月输入的记账凭证必须全部记账，本月还有未记账凭证时，则本月不能结账。

(3) 上月未结账，本月可以填制、复核凭证，但不能记账、结账；已结账月份不能再填制凭证；结账只能由有结账权的人进行；若总账与明细账对账不符，则不能结账；如果用户使用了应收、应付系统（即"账簿选项"中的"往来控制方式"为"客户往来业务由应收系统核算"或"供应商往来业务由应付系统核算"），那么总账系统中不能对客户往来、供应商往来账进行核对。

(4) 结账后产生的账簿和报表才是完整的，结账前产生的账簿和报表不一定能反映该月的全部业务。

(5) 每月只能结账一次，因此结账前一般应作好数据备份，如果结账不正确可以恢复重做。

(6) 有些通用账务处理系统初始设置中需要设定每月的结账日期，使用这些软件必须在规定的日期进行结账，否则系统将不予结账。

(7) 结账过程不允许无故中断系统运行或关机，由于断电或异常中断造成留在系统中的断点，可在总账桌面用快捷键 Ctrl+F6 修复。

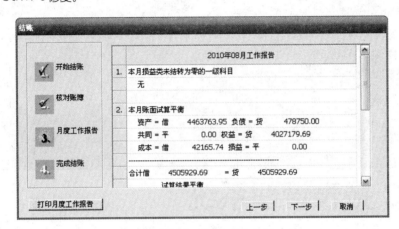

图 4.20　结账（2）

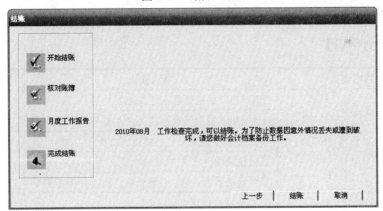

图 4.21　结账（3）

2．取消结账

结账后，本月各账户的记账工作终止，不能再输入本月的凭证，如果要继续本月的工作，首先要反结账。

(1) 执行"期末"→"结账"命令，进入"结账"窗口。

(2) 在"结账—开始结账"窗口中选择要取消结账的月份，按 Ctrl+Shift+F6 组合键激活"取消结账"功能。

(3) 在弹出的"确认口令"窗口中输入账套主管的口令，单击【确定】按钮即可取消结账标记。

项目五

UFO 报表管理系统

UFO BAOBIAO GUANLI XITONG

【职业能力目标】

目标类型		能力要素	要素编号
知识目标	基础知识	了解 UFO 报表管理系统的主要功能	1-1-1
		了解 UFO 报表管理系统的基本概念	1-1-2
		掌握报表格式定义、公式定义的操作方法	1-1-3
		掌握报表单元公式的用法	1-1-4
		掌握报表数据处理、表页管理及图表功能等操作	1-1-5
技能目标	基本技能	会报表格式的定义	1-2-1
		会定义报表公式	1-2-2
		会报表数据处理	1-2-3
		会利用模板生成需要的报表	1-2-4
	拓展技能	能根据企业的实际需要灵活设计各种报表	1-2-5

1. 货币资金表（图5.1）

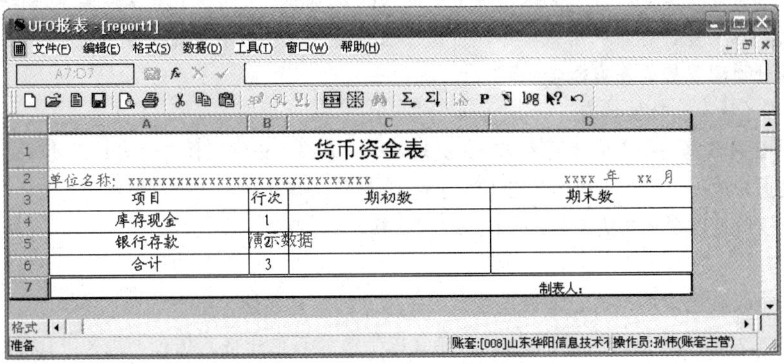

图 5.1 货币资金表

2. 资产负债表和利润表

利用报表模板生成资产负债表和利润表。

3. 现金流量表主表

利用报表模板生成现金流量表主表。

一、UFO 报表管理系统的基础知识

UFO 报表是用友软件股份有限公司开发的电子表格软件。UFO 报表独立运行时，用于处理日常办公事务，可以完成制作表格、数据运算、图形制作、打印等电子表格的所有功能。UFO 报表与账务系统同时运行时，作为通用财经报表系统使用，适用于各行业的财务、会计、人事、计划、统计、税务、物资等部门。目前，UFO 报表已在工业、商业、交通业、服务业、金融保险业、房地产与建筑业、行政事业等各行业得到了推广和应用。

1. UFO 报表管理系统的主要功能

1）提供各行业报表模板

提供有 16 个行业的标准财务报表模板，同时还可以根据本单位的实际需要定制模板。

2）文件管理功能

提供了各类文件管理功能，并且能够进行不同文件格式如文本文件、*.MDB 文件；*.DBF 文件、EXCEL 文件、LOTS1-2-3 文件的转换。提供标准财务数据的"导入"和"导出"功能，可以和其他流行财务软件交换数据。

3）格式管理功能

提供了丰富的格式设计功能，如设计组合单元、画表格线（包括斜线）、调整行高和列宽等，能够满足各种表格的制作。

4）数据处理功能

UFO 报表系统能将最多达 99 999 张相同格式的报表统一在一个报表格式文件中管理，并且在每张表页之间建立有机的联系，使数据查找方便而迅速。提供了排序、审核、舍位平衡、汇总功能；提供了绝对单元公式和相对单元公式，方便、迅速地定义计算公式；提供了种类丰富的函数，可以从账务、应收、应付、工资、固定资产、销售、采购、库存等其他模块中提取数据，生成财务报表。

5）图表功能

可采用"图文混排"，能方便地进行图形数据处理，制作包括直方图、立体图等十种图式的分析图表。可以编辑图表位置、大小、标题、字体、颜色等，并打印输出图表。

6）打印功能

报表和图形可以打印输出。采用"打印预览"可以随时观看报表或图形的打印效果。

7）二次开发功能

提供批命令和自定义菜单，自动记录命令窗中输入的多个命令，可将有规律性操作过程编制成批命令文件。提供自定义菜单功能，综合利用批命令，可以在短时间内开发出本企业的专用系统。

2. UFO 报表管理系统的基本概念

1）报表的格式状态和数据状态

UFO 报表将含有数据的报表分为两大部分来处理，即报表格式设计工作与报表数据处理工作。报表格式设计工作和报表数据处理工作是在不同的状态下进行的。实现状态切换的是一个特别重要的按钮——【格式/数据】按钮，单击这个按钮可以在格式状态和数据状态之间切换。

2）格式状态

在格式状态下设计报表的格式，如表尺寸、行高列宽、单元属性、组合单元、关键字、可变区等。报表的三类公式：单元公式（计算公式）、审核公式和舍位平衡公式也在格式状态下定义。在格式状态下所做的操作对本报表所有的表页都发生作用。在格式状态下不能进行数据的录入、计算等操作。在格式状态下时，所看到的是报表的格式，报表的数据全部都隐藏了。

3）数据状态

在数据状态下管理报表的数据，如输入数据、增加或删除表页、审核、舍位平衡、做图形、汇总、合并报表等。在数据状态下不能修改报表的格式。在数据状态下时，看到的是报表的全部内容，包括格式和数据。

4）单元

单元是组成报表的最小单位，单元名称由所在行、列标识。行号用数字 1~9 999 表示，列标用字母 A~IU 表示。例如，B9 表示第 B 列第 9 行的那个单元。

单元有以下三种类型：

（1）数值单元是报表的数据，在数据状态下【格式/数据】按钮显示为"数据"时）输入。数值单元的内容可以是 1.7×（10E-308）~1.7×（10E+308）之间的任何数（15 位有效数字），数字可以直接输入或由单元中存放的单元公式运算生成。建立一个新表时，所有单元的类型缺省为数值。

（2）字符单元是报表的数据，在数据状态下【格式/数据】按钮显示为"数据"时）输入。字符单元的内容可以是汉字、字母、数字及各种键盘可输入的符号组成的一串字符，一个单元中最多可输入 63 个字符或 31 个汉字。字符单元的内容也可由单元公式生成。

（3）表样单元是报表的格式，是定义一个没有数据的空表所需的所有文字、符号或数字。一旦单元被定义为表样，那么在其中输入的内容对所有表页都有效。表样在格式状态下【格式/数据】按钮显示为"格式"时）输入和修改，在数据状态下【格式/数据】按钮显示为"数据"时）不允许修改。一个单元中最多可输入 63 个字符或 31 个汉字。

5）表页

一个 UFO 报表最多可容纳 99 999 张表页，每一张表页是由许多单元组成的。

一个报表中的所有表页具有相同的格式，但其中的数据不同。

表页在报表中的序号在表页的下方以标签的形式出现，称为"页标"。页标用"第 1 页"~"第 99 999 页"表示。

6）区域

由一张表页上的一组单元组成，自起点单元至终点单元是一个完整的长方形矩阵。在 UFO 报表中，区域是二维的，最大的区域是一个二维表的所有单元（整个表页），最小的区域是一个单元。

7）组合单元

由相邻的两个或更多的单元组成，这些单元必须是同一种单元类型（表样、数值、字符），UFO 报表在处理报表时将组合单元视为一个单元。

可以组合同一行相邻的几个单元，可以组合同一列相邻的几个单元，也可以把一个多行多列的平面区域设为一个组合单元。

组合单元的名称可以用区域的名称或区域中的单元的名称来表示。

8）报表的大小

行数：1~9 999（缺省值为 50 行）

列数：1~255（缺省值为 7 列）

行高：0~160mm（缺省值为 5mm）

列宽：0~220mm（缺省值为 26mm）

表页数：1~99 999 页（缺省值为 1 页）

9）固定区和可变区

固定区是组成一个区域的行数和列数的数量是固定的数目。一旦设定好以后，在固定区域内其单元总数是不变的。

可变区是屏幕显示一个区域的行数或列数是不固定的数字，可变区的最大行数或最大列数是在格式设计中设定的。

在一个报表中只能设置一个可变区，或是行可变区或是列可变区，行可变区是指可变区中的行数是可变的；列可变区是指可变区中的列数是可变的。

设置可变区后，屏幕只显示可变区的第一行或第一列，其他可变行列隐藏在表体内。在以后的数据操作中，可变行列数随着需要而增减。

有可变区的报表称为可变表。没有可变区的报表称为固定表。

10）关键字

关键字是游离于单元之外的特殊数据单元，可以唯一标识一个表页，用于在大量表页中快速选择表页。

UFO 报表共提供了以下六种关键字，关键字的显示位置在格式状态下设置，关键字的值则在数据状态下录入，每个报表可以定义多个关键字。

单位名称：字符（最大 28 个字符），为该报表表页编制单位的名称。

单位编号：字符型（最大 10 个字符），为该报表表页编制单位的编号。

年：数字型（1980~2099），该报表表页反映的年度。

季：数字型（1~4），该报表表页反映的季度。

月：数字型（1~12），该报表表页反映的月份。

日：数字型（1~31），该报表表页反映的日期。

除此之外，UFO 报表还有自定义关键字功能，当定义为"周"和"旬"时，有特殊意义，可以用于业务函数中代表取数日期，可从其他系统中提取数据。在实际工作中可以根据具体需要灵活运用这些关键字。

11）二维表和三维表

确定某一数据位置的要素称为"维"。在一张有方格的纸上填写一个数，这个数的位置可通过行和列（二维）来描述。如果将一张有方格的纸称为表，那么这个表就是二维表，通过行（横轴）和列（纵轴）可以找到这个二维表中的任何位置的数据。如果将多个相同的二维表叠在一起，找到某一个数据的要素需增加一个，即表页号（Z 轴）。这一叠表称为一个三维表。如果将多个不同的三维表放在一起，要从这多个三维表中找到一个数据，又需增加一个要素，即表名。三维表中的表间操作即称为"四维运算"。

二、报表管理的基础知识

1. 报表格式定义

报表的格式设计在格式状态下进行，格式对整个报表都有效。它包括以下操作：

（1）设置表尺寸，即设定报表的行数和列数。

（2）定义组合单元，即把几个单元组合在一个单元内。

（3）画表格线。

（4）输入报表中项目，包括表头、表体和表尾，在格式状态下定义了单元内容的自动默认为表样型，定义为表样型的单元在数据状态下不允许修改和删除。

（5）定义行高、列宽。

（6）设置单元属性，设置单元的字形、字体、字号、颜色、图案等。

（7）设置单元风格。

（8）设置关键字。

2. 报表公式定义

1）报表公式的种类

在 UFO 报表中，由于各种报表之间操作有密切的数据间的逻辑关系，所以报表中各种数据的采集、运算就用到了不同的公式，主要有计算公式（单元公式）、审核公式和舍位平衡公式。

（1）计算公式。单元公式定义了报表数据之间的运算关系，在报表数值单元中键入"="就可直接定义计算公式。

（2）审核公式。在经常使用的各类财经报表中的每个数据都有明确的经济含义，并且各个数据之间一般地都有一定的勾稽关系。如在一个报表中，小计等于各分项之和，而合计又等于各个小计之和等。在实际工作中，为了确保报表数据的准确性，经常用这种报表之间或报表之内的勾稽关系对报表进行勾稽关系检查。一般来讲，这种检查称为数据的审核。

UFO 报表系统对此特意提供了数据的审核公式，它将报表数据之间的勾稽关系用公式表示出来，称为审核公式。

（3）舍位平衡公式。报表数据在进行进位操作时，如以"元"为单位的报表在上报时可能会转换为以"千元"或"万元"为单位的报表，原来满足的数据平衡关系可能被破坏，因此需要进行调整，使之符合指定的平衡公式。如原始报表数据平衡关系为 70.23+6.34=76.57；若舍掉一位数，即除以 10 后数据平衡关系成为 7.02+0.63=7.65；原来的平衡关系被破坏，应调整为 7.02+0.64=7.66。

报表经舍位之后，重新调整平衡关系的公式称为舍位平衡公式。其中，进行进位的操作叫做舍位，舍位后调整平衡关系的操作叫做平衡调整公式。

2）报表公式的定义

公式的定义在格式状态下进行。

（1）自总账取数的函数。财务函数的基本格式为

（函数名（"科目编码"，会计期间，【方向】，【账套号】，【会计年度】，【编码 1】，【编码 2】。）

① 科目编码也可以是科目名称，且必须用双引号括起来。

② 会计期间可以是"年"、"季"、"月"等变量，也可以是具体数字表示的年、季、月。

③ 方向即"借"或"贷"，可以省略。

④ 账套号为数字，缺省时默认为当前套账。

⑤ 会计年度即数据取数的年度，可以省略。

⑥ <编码 1>与<编码 2>与科目编码的核算账类有关，可以取科目的辅助账，如职员编码、项目编码等，如无辅助核算则省略。

财务取数函数主要有以下几个：

总账函数	金额式	数量式	外币式
期初余额函数	QC（）	sQC（）	wQC（）
期末余额函数	QM（）	sQM（）	wQM（）
发生额函数	FS（）	sFS（）	wFS（）
累计发生额函数	LFS（）	sLFS（）	wLFS（）
条件发生额函数	TFS（）	sTFS（）	wTFS（）

续表

总账函数	金额式	数量式	外币式
对方科目发生额函数	DFS（ ）	sDFS（ ）	wDFS（ ）
净额函数	JE（ ）	SJE（ ）	wJE（ ）
汇率函数	HL（ ）		

（2）自本表本页取数的函数。自本表本页取数的函数主要有以下几个:

数据合计：PTOTAL（ ）　　平均值：PAVG（ ）
计数：PCOUNT（ ）　　最大值：PMAX（ ）
最小值：PMIN（ ）　　方差：PVAR（ ）
偏方差：PSTD（ ）

（3）自本表他页取数。用 SELECT 函数从本表他页取数。

SELECT（ ）函数最常用在《利润表》中，求累计值。如“D=C+SELECT（D,年@=年 and 月@=月+1）”表示“累计数=本月数+同年上月累计数”。

利润表如图 5.2 所示，计算公式如下。

	A	B	C	D	E	F
1	利润表					
2	2010 年 5 月					
3	项目	行次	本月数	本年累计	上月数	上年同期
4	一、产品销售收入	1				
5	减：产品销售成本	2				

图 5.2　利润表

本年累计：D=C+SELECT（D,年@=年 and 月@=月+1）
上月数：E=SELECT（E,年@=年 and 月@=月+1）
上年同期：F=SELECT（F,年@=年+1 and 月@=月）

（4）自其他报表取数的函数。用关联条件从他表取数。当从他表取数时，已知条件并不是页号，而是希望按照年、月、日等关键字的对应关系来取他表数据，就必须用到关联条件。

表页关联条件的意义是建立本表与他表之间以关键字或某个单元为联系的默契关系。从他表取数的关联条件的格式为

RELATION <单元 | 关键字 | 变量 | 常量> WITH “<他表表名>” -> <单元 | 关键字 | 变量 | 常量>

例如，“A1= “FYB” ->A1 FOR ALL RELATION 月 WITH “FYB” ->月” 表示取 FYB 表的，与当前表页相同的月份 A1 单元的值。如果当前表页为 9 月，则取 FYB 表 9 月表页 A1 的值。

下面单元公式令本表各页 A 列取表“LRB”上月各页 B 列数值:

A= “LRB” ->B RELATION 月 WITH “LRB” ->月+1

下面单元公式令当前表各页 A 列取表“LRB”同年上月 A 列数值:

A= “LRB” ->A RELATION 年 WITH “LRB” ->年，月 WITH “LRB” ->月+1

3）审核公式设置

一个报表中常常存在着许多平衡关系。编辑审核公式时，类似的平衡关系可以放在一个审核公式组中，这样可以使审核公式更加简明。设置审核公式组应遵循以下原则:

（1）一个报表可以存在多个审核公式组，每个审核公式组中各审核公式的筛选条件和关联条件完全相同，共用一条提示信息。

（2）筛选条件、关联条件、提示信息有所不同的审核公式应分为不同的审核公式组。

（3）提示信息应尽量详细明确，以便于检查错误。

4）舍位平衡公式的设置

（1）平衡公式编写规范具体如下:

① 平衡公式书写顺序应为统计过程的逆方向。

例如，统计过程为

$$E11=A11+B11$$
$$F11=C11+D11$$
$$G11=E11+F11$$

如图 5.3 所示，箭头表示统计方向，G11 为统计结果。

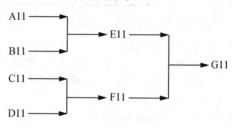

图 5.3　统计方向图

因此，平衡公式正确的书写顺序应该为

$$G11=E11+F11$$
$$E11=A11+B11$$
$$F11=C11+D11$$

② 平衡公式中只可以使用加号"+"、减号"-"，不可以使用其他运算符号和函数。
③ 平衡公式等号左边只能为一个不带页号和表名的单元，不能是超过一个单元的区域。
④ 等号右边所有出现的区域不能带页号和表名。
⑤ 任何一个单元只允许在平衡公式等号右边出现一次。

（2）操作步骤。
① 在报表格式设计状态下，执行菜单"数据"→"编辑公式"→"舍位公式"命令，弹出"舍位平衡公式"对话框。
② 舍位平衡公式编辑完毕，检查无误后单击【完成】按钮，系统将保存此次舍位平衡公式的设置。按 Esc 键或单击【取消】按钮将放弃此次操作。

（3）在各编辑框中输入以下各项。
① 舍位表名：和当前文件名不能相同，默认在当前目录下。
② 舍位范围：指定进行舍位的单元或区域，不可带页号和表名；舍位数据的范围，要把所有要舍位的数据包括在内。
③ 舍位位数：1～8位。舍位位数为1，区域中的数据除10；舍位位数为2，区域中的数据除100；以此类推。
④ 平衡公式：按统计过程的逆方向书写的舍位区域计算公式，格式为"<单元>=<算术表达式>"，不含筛选条件和关联条件，对整个报表的各个表页均有效。

（4）对报表进行舍位平衡操作。当报表编辑完毕，需要对报表进行舍位平衡操作时，可进行以下操作：进入数据处理状态，执行菜单"数据"→"舍位平衡"命令。系统按照所定义的舍位关系对指定区域的数据进行舍位，并按照平衡公式对舍位后的数据进行平衡调整，将舍位平衡后的数据存入指定的新表或他表中。打开舍位平衡公式指定的舍位表，可以看到调整后的报表。

3. 报表数据处理

报表数据处理主要包括生成报表数据、审核报表数据和舍位平衡操作等工作。数据处理必须在数据状态下进行。处理时系统会根据已定义好的单元公式、审核公式和舍位平衡公式自动进行处取数、审核及舍位等操作。

报表数据处理一般是针对某一特定表页进行的，因此在数据处理时还涉及表页的操作，如增加、删除、插入、追加表页等操作。

【操作提示】

引入"项目四"账套数据。

任务一 自定义货币资金表

1. 启动 UFO 报表

（1）以"孙伟"身份进入企业应用平台，执行"开始"→"程序"→"用友 ERP-U8"→"企业应用平台"命令，注册进入企业应用平台，点选"业务"标签，在出现的"业务工作"的列表中选择"财务会计"项，接着选择"UFO 报表"项后，就可以启动 UFO 报表系统了。

（2）创建报表文件。执行"文件"菜单中的"新建"命令，或单击工具栏中的 按钮，系统将自动创建一个空的报表，并进入格式状态。文件名显示在标题栏中为"report1"。

2. 报表格式定义

1）设置表尺寸

在格式状态下，执行"格式"→"表尺寸"命令，系统打开"表尺寸"设置窗口，输入行数"7"，列数"4"，单击【确认】按钮。

2）定义组合单元

（1）选取单元格区域 A1:D1。

（2）执行"格式"→"组合单元"命令，或单击工具栏上的 按钮，系统打开"组合单元"窗口，如图 5.4 所示。

（3）单击【整体组合】或【按行组合】按钮，该单元格区域即合并成一个单元格。同理，组合 A2:D2、A7:D7 单元。

3）画表格线

（1）选中报表要画线的单元区域"A3:D6"。

（2）执行"格式"→"区域画线"命令，或单击工具栏上的 按钮，系统打开"区域画线"窗口，如图 5.5 所示。

图 5.4 "组合单元"窗口

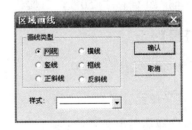

图 5.5 "区域画线"窗口

（3）选中【网线】单选按钮，单击【确认】按钮，将所选区域画上表格线。

4）输入报表项目

选中需要输入内容的单元或组合单元，按照实验资料提供的报表格式（图 5.1）输入相关内容。

5）设置单元属性

（1）选取标题所在组合单元 A1。

（2）执行"格式"→"单元属性"命令，打开"单元格属性"窗口。
（3）打开"字体图案"选项卡，设置字体为"黑体"，字号为"16"。
（4）打开"对齐"选项卡，设置对齐方式为"居中"，单击【确定】按钮。
（5）将表体中的文字设置为楷体、12号、居中；表尾文字设置为宋体、10号；"期初数"与"期末数"栏的数字右对齐。

6）定义报表行高和列宽
（1）选中组合单元A1。
（2）执行"格式"→"行高"命令，打开"行高"窗口，设置行高为"8"，单击【确定】按钮。
（3）选择需要设置列宽的单元所在列，执行"格式"→"列宽"命令，可以设置该列的宽度。本例设置为A列：50；B列：10；C列：50；D列：50。

7）设置关键字
（1）选中A2单元。
（2）执行"数据"→"关键字"→"设置"命令，打开"设置关键字"窗口，如图5.6所示。
（3）选择"单位名称"单选框，单击【确定】按钮。
（4）设置C2单元关键字为"年"和"月"。如果要取消关键字，执行"数据"→"关键字"→"取消"命令。
（5）执行"数据"→"关键字"→"偏移"命令，打开"定义关键字偏移"窗口，如图5.7所示。

图5.6 "设置关键字"窗口　　　　　图5.7 "定义关键字偏移"窗口

（6）输入年偏移"-50"，月偏移"-10"，单击【确定】按钮。

【注意】

单元偏移量的范围是"-300，300"，负数表示向左偏移，正数表示向右偏移。

3．定义单元公式
（1）选择需要定义公式的C4单元（现金期初数）。
（2）单击格式工具栏中的 f_x 按钮或者按键盘的"＝"键，或执行"数据"→"编辑公式"→"单元公式"命令，打开"定义公式"窗口，如图5.8所示。

图5.8 "定义公式"窗口

（3）单击【函数向导】按钮，打开"函数向导"窗口。在函数分类列表中选择"用友账务函数"项，在右侧的"函数名"列表中选择"期初（QC）"项，如图 5.9 所示。

（4）单击【下一步】按钮，打开"用友账务函数"窗口。单击【参照】按钮，打开"账务函数"窗口，科目选择"1001"，期间为"月"，其他取默认值。

（5）在"账务函数"窗口单击【确定】按钮，返回"用友账务函数"窗口，单击【确定】按钮，返回"定义公式"窗口，如图 5.10 所示。

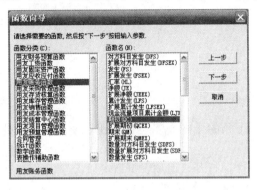

图 5.9 "函数向导"窗口

图 5.10 "公式定义"窗口

（6）同理，设置 C5、D4、D5 单元公式。

（7）设置"C6=C4+C5"、"D6=D4+D5"单元公式。定义完的公式在单元中显示为"公式单元"，最后结果如图 5.11 所示。

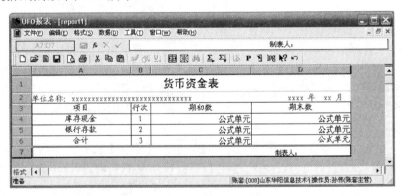

图 5.11 货币资金表设置结果

【注意】

（1）可以直接在编辑框中输入公式。

（2）在单元公式编辑框中输入的各种标点符号必须为英文半角状态输入的，否则会导致公式输入失败。

4．保存报表模板

（1）执行"文件"→"保存"命令。如果第一次保存，则弹出"另存为"对话框。

（2）选择保存文件夹，输入报表文件名"货币资金表"以代替系统默认的"report1.rep"，选择保存类型"（*.REP）"，单击【保存】按钮后，可以看到标题栏的文件名变为"货币资金表"。

【注意】

报表的格式设置完以后，一定要及时保存，便于以后随时调用。如果没有保存，系统会弹出"是否保存报表？"提示信息对话框，以防止操作失误。

任务二 报表数据处理

【提示】

报表数据处理必须在"数据"状态下进行。

1. 追加表页

（1）打开"货币资金表"窗口，单击报表左下角的【格式/数据】按钮，使当前状态处于"数据"状态。

（2）执行"编辑"→"追加"→"表页"命令，打开"追加表页"窗口。

（3）输入需要增加的表页数，如"2"，单击【确定】按钮。

【注意】

追加表页是在最后一张表页后加 N 张空白页，插入表页是在当前表页后面插入一张空白表页，一张报表最多只能管理 99 999 张表页。

2. 生成报表

（1）执行"数据"→"关键字"→"录入"命令，或单击工具栏上的 按钮，打开"录入关键字"窗口。在"单位名称"编辑框中输入"山东华阳信息技术有限公司"，在"年"编辑框中输入"2010"，在"月"编辑框中输入"8"，如图 5.12 所示。

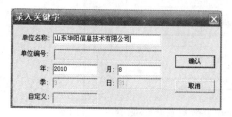

图 5.12 录入关键字

（2）单击【确认】按钮，系统弹出"是否重算第 1 页？"提示信息对话框。

（3）单击【是】按钮，系统会自动根据单元公式计算 8 月份的数据；单击【否】按钮，系统不计算 8 月份数据，以后可利用"表页重算"功能生成 8 月份数据，计算结果如图 5.13 所示。

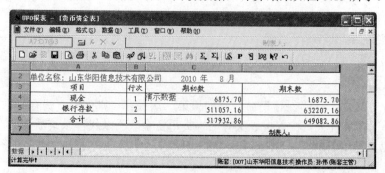

图 5.13 计算结果

【注意】

（1）每一张表页均对应不同的关键字值，输出时随同单元一起显示。日期关键字可以确认报表数据取数的时间范围，即确定数据生成的具体日期。

（2）如果在"数据"→"计算时提示选择账套"命令前打钩的话，每一次重新计算系统都会要求重新注册，选择账套。

（3）可利用"表页重算"功能生成相应月份数据。

任务三　利用报表模板生成资产负债表

1．调用资产负债表模板

（1）新建一空白文件，在"格式"状态下，执行"格式"→"报表模板"命令，打开"报表模板"窗口。

（2）选择所在的行业为"2007年新会计制度科目"，财务报表为"资产负债表"，如图5.14所示。

（3）单击【确认】按钮，系统弹出"模板格式将覆盖本表格式！是否继续？"提示信息对话框。

（4）单击【确定】按钮，即可打开"资产负债表"模板。

图5.14　"报表模板"窗口

2．调整报表模板

（1）单击【格式/数据】按钮，使"资产负债表"处于"格式"状态。

（2）在"格式"状态下，执行"数据"→"关键字"→"设置"命令，设置关键字"单位名称"。

（3）保存调整后的报表模板。

3．生成资产负债表数据

（1）在"数据"状态下，执行"数据"→"关键字"→"录入"命令，打开"录入关键字"窗口。

（2）录入关键字单位名称"华阳公司"，年为"2010"，月为"8"。

（3）单击【确认】按钮，系统弹出"是否重算第1页？"提示信息对话框。

（4）单击【是】按钮，系统会自动根据单元公式计算8月份的数据，如图5.15所示。

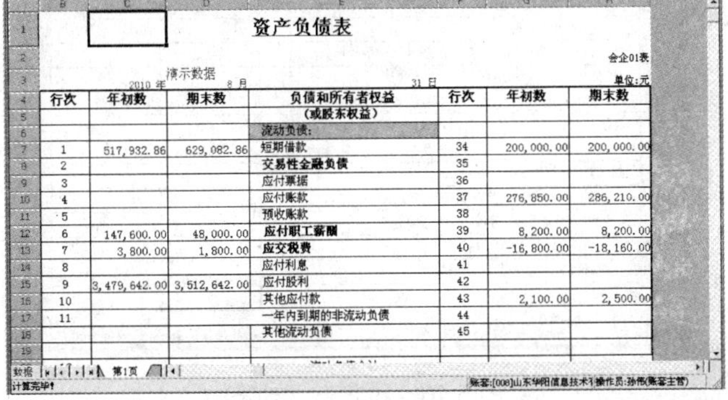

图5.15　资产负债表（部分）

（5）单击工具栏上的【保存】按钮，将生成的报表数据保存。

任务四 利用报表模板生成利润表

1．调用利润表模板

（1）新建一空白文件，在“格式”状态下，执行“格式”→“报表模板”命令，打开“报表模板”窗口。

（2）选择所在的行业为“2007年新会计制度科目”，财务报表为“利润表”。

（3）单击【确认】按钮，系统弹出“模板格式将覆盖本表格式！是否继续？”提示信息对话框。

（4）单击【确定】按钮，即可打开“利润表”模板。

2．调整报表模板

（1）单击【格式/数据】按钮，使“利润表”处于“格式”状态。

（2）在“格式”状态下，执行“数据”→“关键字”→“设置”命令，设置关键字“单位名称”。

（3）保存调整后的报表模板。

3．生成利润表数据

（1）在“数据”状态下，执行“数据”→“关键字”→“录入”命令，打开“录入关键字”窗口。

（2）录入关键字单位名称“华阳公司”，年为“2010”，月为“8”。

（3）单击【确认】按钮，系统弹出“是否重算第1页？”提示信息对话框。

（4）单击【是】按钮，系统会自动根据单元公式计算8月份的数据，如图5.16所示。

（5）单击工具栏上的【保存】按钮，将生成的报表数据保存。

项　目	行数	本月数	本年累计数
一、营业收入	1		
减：营业成本	2		
营业税金及附加	3		
销售费用	4	200.00	200.00
管理费用	5	3,000.00	3000.00
财务费用（收益以"－"号填列）	6	400.00	400.00
资产减值损失	7		
加：公允价值变动净收益（净损失以"－"号填列	8		
投资收益（净损失以"－"号填列）	9		
其中对联营企业与合营企业的投资收益	10		
二、营业利润（亏损以"－"号填列）	11	-3600.00	-3600.00
营业外收入	12		
减：营业外支出	13		
其中：非流动资产处置净损失（净收益以"－"	14		
三、利润总额（亏损总额以"－"号填列）	15	-3600.00	-3600.00
减：所得税	16		
四、净利润（净亏损以"－"号填列）	17	-3600.00	-3600.00
五、每股收益：			

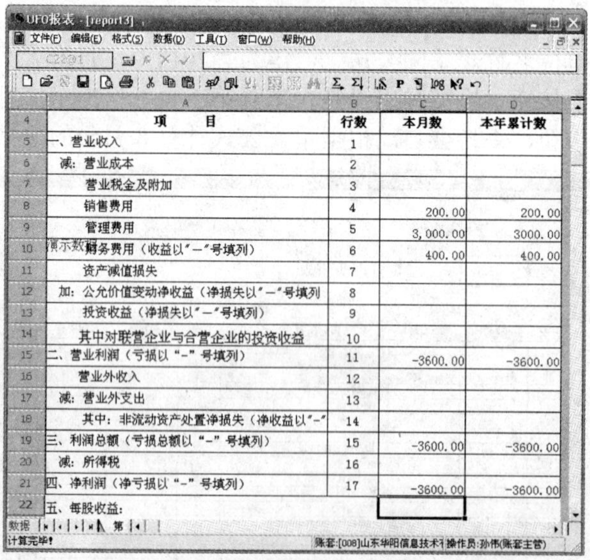

图5.16　利润表（部分）

任务五 利用报表模板生成现金流量表主表

1．调用利润表模板

（1）新建一空白文件，在“格式”状态下，执行“格式”→“报表模板”命令，打开“报表模板”窗口。

（2）选择所在的行业为“2007 年新会计制度科目”，财务报表为“现金流量表”。

（3）单击【确认】按钮，系统弹出“模板格式将覆盖本表格式！是否继续？”提示信息对话框。

（4）单击【确定】按钮，即可打开“现金流量表”模板。

2．调整报表模板

（1）单击【格式/数据】按钮，使“现金流量表”处于“格式”状态。

（2）采用向导输入方式调整报表公式。

（3）单击选中 C6 单元格。

（4）单击 *fx* 按钮，弹出“定义公式”对话框。

（5）单击【函数向导】按钮，弹出“函数向导”对话框。

（6）在“函数分类”列表框中选择“用友账务函数”，在右侧的“函数名”列表框中选择“现金流量项目金额（XJLL）”，单击【下一步】按钮，弹出“用友账务函数”对话框。

（7）单击【参照】按钮，弹出“账务函数”对话框。

（8）单击“项目编码”右侧的【参照】按钮，选择“现金流量项目”选项。

（9）双击选择与 C6 单元左侧对应的项目，单击【确定】按钮，返回“用友账务函数”对话框。

（10）单击【确定】按钮，返回“定义公式”对话框，单击【确认】按钮。

（11）重复步骤（3）～（10）的操作，输入其他单元公式。

（12）单击工具栏上的【保存】按钮，保存调整后的报表模板。

3．生成现金流量表主表数据

（1）在“数据”状态下，执行“数据”→“关键字”→“录入”命令，打开“录入关键字”窗口。

（2）录入关键字单位名称“华阳公司”，年为“2010”，月为“8”。

（3）单击【确认】按钮，系统弹出“是否重算第 1 页？”提示信息窗口。

（4）单击【是】按钮，系统会自动根据单元公式计算 8 月份的数据，如图 5.17 所示。

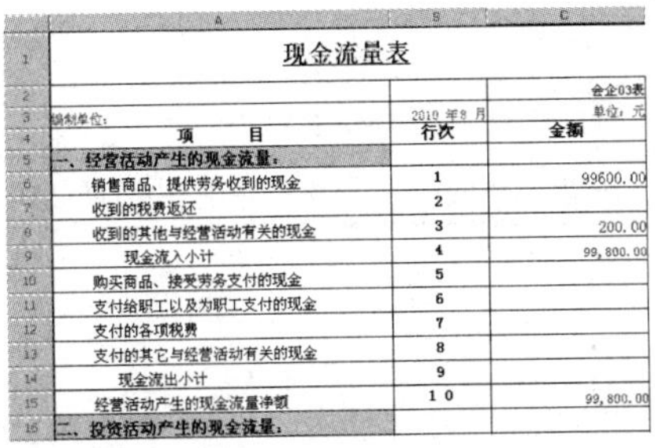

	A	B	C
1	现金流量表		
2			会企03表
3	编制单位:	2010 年8 月	单位：元
4	项　　目	行次	金额
5	一、经营活动产生的现金流量：		
6	销售商品、提供劳务收到的现金	1	99600.00
7	收到的税费返还	2	
8	收到的其他与经营活动有关的现金	3	200.00
9	现金流入小计	4	99,800.00
10	购买商品、接受劳务支付的现金	5	
11	支付给职工以及为职工支付的现金	6	
12	支付的各项税费	7	
13	支付的其它与经营活动有关的现金	8	
14	现金流出小计	9	
15	经营活动产生的现金流量净额	10	99,800.00
16	二、投资活动产生的现金流量：		

图 5.17　现金流量表（部分）

（5）单击工具栏上的【保存】按钮，将生成的报表数据保存。

项目六

薪资管理系统

XINZI GUANLI XITONG

【职业能力目标】

目标类型		能力要素	要素编号
知识目标	基础知识	了解用友ERP-U8管理软件中薪资管理系统的相关内容	1-1-1
		掌握薪资管理系统初始化、日常业务处理、工资分摊及月末处理的操作	1-1-2
技能目标	基本技能	会薪资管理系统的初始设置	1-2-1
		会薪资管理系统日常业务处理	1-2-2
		会工资分摊及月末处理	1-2-3
		会薪资管理系统数据查询	1-2-4
	拓展技能	能根据企业的实际需要灵活录入工资数据	1-2-5

【项目引例】

1. 建立工资账套

工资类别个数：多个；核算计件工资；核算币种：人民币 RMB；要求代扣个人所得税；不进行扣零处理，人员编码长度：3 位；启用日期：2010 年 08 月。

2. 基础信息设置

(1) 工资项目设置。

项目名称	类型	长度	小数位数	增减项
基本工资	数字	8	2	增项
奖励工资	数字	8	2	增项
交补	数字	8	2	增项
应发合计	数字	10	2	增项
请假扣款	数字	8	2	减项
养老保险金	数字	8	2	减项
扣款合计	数字	10	2	减项
实发合计	数字	10	2	增项
代扣税	数字	10	2	减项
请假天数	数字	8	2	其他

(2) 人员档案设置。

工资类别 1：正式人员。

部门选择：所有部门。

工资项目：基本工资、奖励工资、交补、应发合计、请假扣款、养老保险金、扣款合计、实发合计、代扣税、请假天数。

计算公式：

工资项目	定义公式
请假扣款	请假天数×20
养老保险金	(基本工资+奖励工资)×0.05
交补	iff（人员类别＝"企业管理人员" OR 人员类别＝"车间管理人员"，100，50）

人员档案。

人员编号	人员姓名	部门名称	人员类别	账号	中方人员	是否计税	核算计件工资
101	李力	总经理办公室	企业管理人员	20090080001	是	是	否
102	孙伟	财务部	企业管理人员	20090080002	是	是	否
103	李静	财务部	企业管理人员	20090080003	是	是	否
104	李丽	财务部	企业管理人员	20090080004	是	是	否
211	白雪	采购部	经营人员	20090080005	是	是	否
212	张伟	采购部	经营人员	20090080006	是	是	否
201	赵静	销售部	经营人员	20090080007	是	是	否

续表

人员编号	人员姓名	部门名称	人员类别	账号	中方人员	是否计税	核算计件工资
201	李明	销售部	经营人员	20090080008	是	是	否
301	王月	一车间	车间管理人员	20090080009	是	是	否
302	李强	一车间	生产工人	20090080010	是	是	否

注：以上所有人员的代发银行均为工商银行城北分理处。

工资类别2：临时人员。
部门选择：制造中心。
工资项目：计件工资。

人员编号	人员姓名	部门名称	人员类别	账号	中方人员	是否计税	核算计件工资
311	罗江	一车间	生产工人	20090080031	是	是	是
321	肖青	二车间	生产工人	20090080032	是	是	是

（3）银行名称。
工商银行城北分理处；账号定长为11。
（4）工资标准。
计件工资标准：工时。
工时档案包括两项：01 组装；02 检验。
（5）计件工资方案设置。

部门	方案编码	方案名称	工时	计件工资
一车间	01	组装工时	组装	12
二车间	02	检验工时	检验	8

3．工资数据

（1）8月初人员工资情况。
正式人员工资情况如下：

姓名	基本工资	奖励工资
李力	5 000	500
孙伟	3 000	300
李静	2 000	200
李丽	2 500	200
白雪	3 000	300
张伟	2 000	200
赵静	4 500	450
李明	3 000	300
王月	4 500	450
李强	3 500	350

临时人员工资情况如下：

姓名	日期	组装工时	检验工时
罗江	2010-08-31	180	
肖青	2010-08-31		200

(2) 8月份工资变动情况。

考勤情况：赵静请假2天；白雪请假1天。

人员变动情况：因需要，决定招聘王明（编号213）到采购部担任经营人员，其基本工资2000元，无奖励工资，代发工资银行账号：20090080011。

发奖金情况：因去年销售部推广产品业绩较好，每人增加奖励工资200元。

4. 代扣个人所得税

计税基数2000元。

5. 工资分摊

应付工资总额等于工资项目"实发合计"，工会经费、职工教育经费、养老保险金也以此为计提基数。

工资费用分配的转账分录如下：

部门	工资分摊	应付工资薪酬		工会经费（2%）、职工教育经费（1.5%）	
		借方科目	贷方科目	借方科目	贷方科目
总经理办公室 财务部	企业管理人员	660 201	2 211	660 207	2 211
销售部 采购部	经营人员	6 601	2 211		
一车间	车间管理人员	510 101	2 211		
	生产人员	500 102	2 211		

【知识准备】

一、薪资管理系统的功能概述

用友ERP-U8应用系统中的薪资管理系统适用于企业、行政、事业及科研单位等各个行业，它提供了简单易行的工资核算功能，以及强大的薪酬分析和管理功能，并提供了同一企业存在多种工资核算类型的解决方案。

1. 系统初始化设置

尽管各个单位的薪酬核算有很多共性，但也存在一些差异。通过薪资系统初始化设置，可以根据企业需要建立工资账套数据，设置薪资管理系统运行所需的各项基础信息，为日常处理建立应用环境。系统初始化设置的主要内容如下：

（1）工资账套参数设置。系统提供了工资类别核算、工资核算的币种、个人所得税扣税处理、是否核算计件工资等账套参数设置。

（2）基础档案设置。系统提供部门档案设置、人员类别设置、人员附加信息设置、工资项目设置、银行名称设置等。可由企业自行设计工资项目及计算公式，并提供计件工资标准设置和计件工资方案选择。

2. 薪酬业务处理

薪资管理系统管理企业所有人员的工资数据，对人员增减、工资变动进行处理；自动计算个人所得税，向代发工资的银行传输工资数据；自动计算、汇总工资数据；支持计件工资核算模式；自动完成工资分摊和相关费用计提等。

3. 期末处理

薪酬核算是财务核算的一部分，薪资管理系统和总账系统间主要是凭证传递关系，薪资管理系统将工资费用根据用途计提分配，自动生成转账凭证传递到总账系统中。

二、薪资管理系统的初始化

系统初始化设置就是根据工资电算化核算的特点，设置薪资管理系统的工作模式。薪资管理系统初始化设置包括建立工资账套和基础设置两部分。

1. 建立工资账套

薪资系统启用后，具有相应权限的操作员就可以登录本系统了。如果是初次进入，系统会自动启动建账向导。正确建立工资账套是整个薪资管理系统运行的基础，系统提供的建账向导共分为四步，即参数设置、扣税设置、扣零设置和人员编码。

2. 基础设置

建立工资账套后，需要对薪资管理系统运行所需要的一些基础信息进行设置，包括部门档案设置、人员类别设置、人员附加信息设置、工资项目设置、建立工资类别和定义公式等。

（1）部门档案设置。企业所有人员都应有所属的部门，因此设置部门档案是按部门核算人员工资的基础。部门信息可以在"企业应用平台"的"基础档案"中设置，也可以在工资子系统中设置。

（2）人员类别设置。人员类别是指按某种特定的分类方式将企业的职工分成若干类型，不同类别的人员工资水平可能不同，设置人员类别有助于实现工资的多级化管理。人员类别的设置还与工资费用的分配、分摊有关，合理设置人员类别，便于按人员类别进行工资的汇总计算，为企业提供不同人员类别的工资信息。人员类别在没有使用之前可以修改，但只有一个人员类别时则不能修改。例如，将企业人员类别划分为：企业管理人员、车间管理人员、生产工人、销售人员。

（3）人员附加信息设置。为了管理需要一些辅助管理信息，人员附加信息的设置就是设置附加信息名称。本功能可用于增加人员信息，丰富人员档案的内容，便于对人员进行更加有效的管理。例如增加设置人员的性别、民族、婚否等。

（4）工资项目设置。工资数据最终由各个工资项目体现。工资项设置主要是用来定义工资项目的名称、类型、长度、小数位、增减项等项目，可根据需要自由设置工资项目。如基本工资、岗位工资、副食补贴、扣款合计等。若在建立工资账套时设置了"扣税处理"、选择了"是否核算计件工资"，则系统自动在工资项目中生成"代扣税"和"计件工资"两个项目。另外，系统还自动设置了"应发合计"、"扣款合计"和"实发合计"三项，这些项目不能删除和重命名，其他项目可根据单位的实际情况定义或参照增加。

注意：多类别工资管理时，关闭工资类别后，才能新增工资项目；项目名称必须唯一；工资项目一经使用，数据类型不允许修改；已经使用的人员类别不允许删除；人员类别只剩一个时将不允许删除；人员类别名称长度不得超过10个汉字或20位字符；工资管理一旦和人力资源同时使用，则人员类别设置中必须存在一个"无类别"的人员类别。

（5）建立工资类别。系统提供处理多个工资类别管理，新建账套或在系统选项中选择多个工资类别时，可进入此功能。工资类别指一套工资账中，根据不同情况而设置的工资数据管理类别。如某企业中将正式职工和临时职工分设为两个工资类别，两个类别同时对应一套账务。此项设置可以在建账时设置，也可以在建账后再设置。

（6）定义公式。工资的各个项目设置完毕后就可以设置计算公式了，即定义工资项目的数据来源及工资项目之间的运算关系。计算公式设置的正确与否关系到工资核算的最终结果。在打开工资类别之前，已在基础设置中建立了本单位各种工资类别所需要的全部工资项目。不同的工资类别，工资发放项目不尽相同，计算公式也不相同，在打开某个工资类别后，应选择本类别所需要的工资项目，再设置工资项目间的计算公式。

在工资项目设置时，对于三个固定的工资项目，即"应发合计"、"扣款合计"和"实发合计"，系统根据工资项目设置的"增减项"自动给出了计算公式。用户在此可以增加、修改、删除其他工资项目的计算公式。定义工资项目计算公式要符合逻辑，系统将对公式进行合法性检查。应发合计、扣款合计和实发合计公式不用设置。函数公式向导只支持系统提供的函数。定义公式时要注意先后顺序，先得到的数应先设置公式。应发合计、扣款合计和实发合计公式应是公式定义框的最后三个公式，且实发合计的公式要在应发合计和扣款合计公式之后。例如，全勤奖计算公式的设置

$$IFF（人员类别 = "经理"，300，150）$$

说明：该公式表示人员类别是经理的人员的全勤奖是300元，除经理以外其他各类人员的全勤奖是150元。假设企业设置两个工资类别：在职人员和临时人员。

三、日常工资数据管理

1. 工资数据管理

（1）工资数据录入。第一次使用薪资管理系统必须将所有人员的基本工资数据录入计算机，每月发生的

工资数据变动也在此进行调整，比如：平常水电费扣发、事病假扣发、奖金录入等。首次进入本功能前，需先进行工资项目设置，然后再录入数据。

在工资变动界面，显示所有人员的所有工资项目，可以直接录入数据，也可以通过"项目过滤器"和"定位器"快速进行数据录入或修改。

（2）工资数据替换。当工资变动呈规律性变动时，可以通过替换功能来完成数据更新，将符合条件的人员的某个工资项目的数据统一替换成某个数据。

（3）计算与汇总。在修改了某些数据、重新设置了计算公式、进行了数据替换或在个人所得税中执行了自动扣税等操作后，最好调用"计算"功能对个人工资数据重新计算，以保证数据正确。通常实发合计、应发合计、扣款合计在修改完数据后不自动计算合计项，如要检查合计项是否正确，可先执行重算工资，如果不执行重算工资，在退出工资变动时，系统会自动提示重新计算。

若对工资数据的内容进行了变更，在执行了重算工资后，为保证数据的准确性，可调用"汇总"功能对工资数据进行重新汇总。在退出工资变动时，如未执行"工资汇总"，系统会自动提示进行汇总操作。

2. 计算个人所得税

如果在建立工资账套时选中了从工资中代扣个人所得税这一项，系统将根据国家颁布的九级超额累进税率或用户自定义的所得税率进行扣税。系统对于所得税的设置主要分为三步，即设置所得税申报栏目、税率定义和个人所得税计算。

3. 工资发放

（1）工资分钱清单。此项功能适用于工资发放采用现金方式的企业，采用银行代发工资的企业一般不需要进行工资分钱清单的操作。

（2）银行代发。银行代发业务是指每月末单位应向银行提供银行给定文件格式的磁盘。第一次进行银行代发功能时，系统自动弹出"银行文件格式设置"对话框，在这里可以选择银行模板、设置代发银行所要求的数据内容等。

4. 工资分摊

工资分摊是指对当月发生的工资费用进行工资总额的计算、分配及各种经费的计提并生成转账凭证，传递到总账系统。

四、期末处理

月末结转是将当月数据经过处理后结转至下月。每月工资数据处理完毕后均可进行月末结转。在工资项目中，有的项目是变动的，即每月的数据均不相同，在每月工资处理时，均需将其数据清零，而后输入当月的数据，此类项目即为清零项目，如奖金、缺勤天数等项目。可在系统"业务处理"菜单选择"月末处理"，即进入该功能。月末结转只有在会计年度的1~11月进行，新年度到来时，可以由账套主管先建立新年度账，再在系统管理中选择"结转上年数据"后，可进行上年工资数据结转；若要处理多个工资类别，则应打开工资类别，分别进行月末结算；若本月工资数据未汇总，系统将不允许进行月末结转；进行期末处理后，当月数据将不再允许变动；月末结转后，选择的需清零的工资项系统将予以保存，不用每月再重新选择；月末处理功能只有主管人员才能执行。

在薪资管理系统结账后，发现还有一些业务或其他事项需要在已结账月进行账务处理，此时需要使用反结账功能，取消已结账标记。本功能只能由账套（类别）主管才能执行。有下列情况之一，不允许反结账：总账系统已结账；成本管理系统上月已结账；汇总工资类别的会计月份等于反结账会计月，且包括需反结账的工资类别；本月工资分摊、计提凭证传输到总账系统，如果总账系统已制单并记账，需做红字冲销凭证后，才能反结账；如果总账系统未做任何操作，只需删除此凭证即可；如果凭证已经由出纳签字/主管签字，需取消出纳签字/主管签字，并删除该张凭证后，才能反结账。

🌐【操作提示】

引入"项目三"账套数据。

任务一　建立工资账套

1. 在"企业应用平台"中启用薪资管理系统

（1）执行"开始"→"程序"→"用友 ERP-U872"→"企业应用平台"命令，注册登录企业应用平台。

（2）执行"基础信息"→"基本信息"→"系统启用"命令，打开"系统启用"窗口，选中"WA 薪资管理"复选框，打开日历窗口。选择薪资系统启用日期为"2010-08-01"，单击【确定】按钮，系统弹出"确实要启用当前系统吗？"提示信息对话框，单击【是】按钮返回。

2. 建立工资账套

（1）在"企业应用平台"中，执行"人力资源"中的"薪资管理"命令，系统弹出"请先设置工资类别"对话框，单击【确定】按钮，打开"建立工资套"窗口。

（2）选择本账套所需要处理的工资类别个数为"多个"，默认货币名称为"人民币"，选中"是否核算计件工资"复选框，如图 6.1 所示。单击【下一步】按钮。

（3）在建账第二步"扣税设置"中，选中"是否从工资中代扣个人所得税"复选框，单击【下一步】按钮。

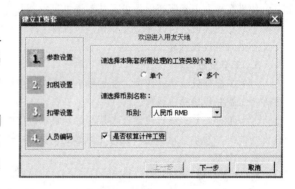

图 6.1　"建立工资套"设置

【注意】

选择代扣个人所得税后，系统自动生成工资项目"代扣税"，并自动进行代扣税金的计算。

（4）在建账第三步"扣零设置"中，不作选择，单击【下一步】按钮。

【注意】

扣零处理是指每次发放工资时零头扣下，积累取整，于下月发放工资时补上。系统在计算工资时将依据扣零类型进行扣零计算。用户一旦选择了"扣零处理"，系统会自动在固定工资项目中增加"本月扣零"和"上月扣零"两个项目，扣零的计算公式将由系统自动定义，无须设置。

（5）在建账第四步"人员编码"中，系统要求和公共平台中的人员编码保持一致。

（6）单击【完成】按钮。

【注意】

建账完成后，部分建账参数可以在"设置"→"选项"中进行修改。

任务二　基础信息设置

1. 建立工资类别

1) 建立正式人员工资类别

(1) 执行"工资类别"→"新建工资类别"命令,打开"新建工资类别"窗口。
(2) 在"请输入工资类别名称"中输入"正式人员",如图 6.2 所示。单击【下一步】按钮。
(3) 选中"选定全部部门"复选框,如图 6.3 所示。

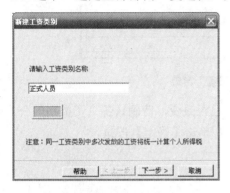

图 6.2　"新建工资类别"—类别名称

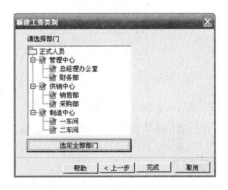

图 6.3　"新建工资类别"—选择部门

(4) 单击【完成】按钮,系统弹出"是否以 2010-08-01 为当前工资类别的启用日期?"提示信息对话框。单击【是】按钮,返回薪资管理系统。

(5) 执行"工资类别"→"关闭工资类别"命令,关闭"正式人员"工资类别。

2) 建立临时人员工资类别

(1) 执行"工资类别"→"新建工资类别"命令,打开"新建工资类别"窗口。
(2) 在"请输入工资类别名称"中输入"临时人员"。单击【下一步】按钮。
(3) 单击鼠标,选取制造中心及其下属部门。
(4) 单击【完成】按钮,系统弹出"是否以 2010-08-01 为当前工资类别的启用日期?"提示信息对话框。单击【是】按钮,返回薪资管理系统。

(5) 执行"工资类别"→"关闭工资类别"命令,关闭"临时人员"工资类别。

2. 工资项目设置(不针对具体工资类别)

(1) 执行"设置"→"工资项目设置"命令,打开"工资项目设置"窗口,如图 6.4 所示。

(2) 单击【增加】按钮,在工资项目列表中增加一空行。

(3) 点选"名称参照"下拉列表,从下拉列表中选择并双击"基本工资"选项,系统自动把"基本工资"加到"工资项目名称"栏中。

(4) 点选"类型"选项,单击下拉列表框,从下拉列表框中选择"数字"选项,长度、小数位按系统默认值。

(5) 点选"增减项"栏,点下拉列表框,从下拉列表中选择"增项"选项。

(6) 同理,单击【增加】按钮,增加其他工资项目。

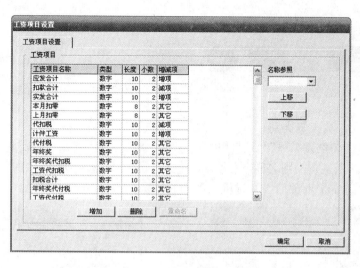

图 6.4 "工资项目设置"窗口

（7）单击【确认】按钮，系统弹出"工资项目已经改变，请确认各工资类别的公式是否正确：否则计算结果可能不正确"提示信息对话框。单击【确定】按钮。

【注意】

系统提供若干常用工资项目参考，可选择输入。对于参照中未提供的工资项目，可以双击"工资项目名称"一栏直接输入，或先从"名称参照"中选择一个项目，然后单击【重命名】按钮修改为需要的项目。

3．银行设置

（1）在企业应用平台"设置"中，执行"基础档案"→"收付结算"→"银行档案"命令，弹出"银行档案"对话框。

（2）单击【增加】按钮，增加"工商银行城北分理处（01001）"，默认个人账号"定长"，账号长度"11"，自动带出账号长度"7"，如图 6.5 所示。

（3）单击【返回】按钮。

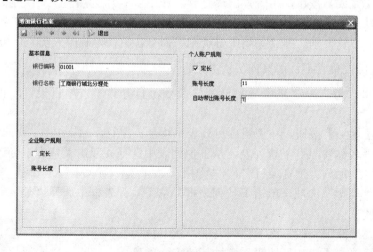

图 6.5 增加银行档案

任务三 正式人员工资类别初始设置

1. 人员档案设置

（1）执行"工资类别"→"打开工资类别"命令，打开"打开工资类别"窗口。选择"001 正式人员"工资类别，如图6.6所示。单击【确定】按钮。

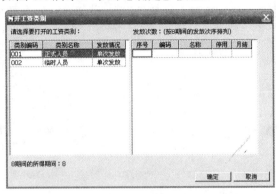

图6.6 "打开工资类别"窗口

（2）执行"设置"→"人员档案"命令，打开"人员档案"界面。

（3）单击【增加】按钮，打开"人员档案"窗口，可以一个一个增加人员档案。

（4）也可以批量增加人员档案，单击工具栏上的【批增】按钮，弹出"人员批量增加"对话框。

（5）在左侧的"人员类别"列表框中，单击"企业管理人员"、"经营人员"、"车间管理人员"和"生产人员"前面的选择栏，出现"是"，所选人员类别下的人员档案出现在右侧列表框中，如图6.7所示，单击【全选】按钮，然后单击【确定】按钮返回。

图6.7 人员批量增加

（6）修改人员档案信息，补充输入银行账号信息，如图6.8所示。最后单击工具栏上的【退出】按钮。

2. 在职人员工资项目设置

1）选择工资项目

（1）执行"工资类别"→"打开工资类别"命令，打开"打开工资类别"窗口。选择"001 正式人员"工资类别，单击【确认】按钮。

（2）执行"设置"→"工资项目设置"命令，打开"工资项目设置"窗口。

（3）打开"工资项目设置（1）"选项卡，单击【增加】按钮，在工资项目列表中增加一空行。

（4）点选"名称参照"下拉列表框，从下拉列表框中选择"基本工资"选项，工资项目名称、类型、长度、小数位、增减项都自动输入，不能修改。

（5）单击【增加】按钮，增加其他工资项目。

（6）所有工资项目添加完成后，单击"工资项目设置"窗口中的【上移】和【下移】按钮，按照实验资料所给的顺序调整工资项目的排列位置。

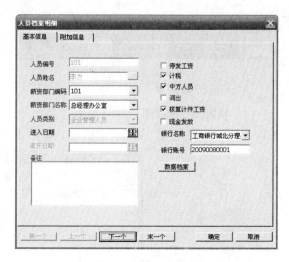

图 6.8　人员档案明细

【注意】

工资项目不能重复选择，没有选择的工资项目不能在计算公式中出现，不能删除已输入数据的工资项目和已设置计算公式的工资项目。

2）在职人员工资公式设置

执行"工资类别"→"打开工资类别"命令，打开"打开工资类别"窗口。选择"001 正式人员"工资类别，单击【确认】按钮。

设置公式：请假扣款＝请假天数×20

（1）执行"设置"→"工资项目设置"命令，打开"公式设置"选项卡。

（2）单击【增加】按钮，在工资项目列表中增加一空行。单击该行，在下拉列表中选择"请假扣款"选项。

（3）单击"公式定义"文本框，执行工资项目列表中的"事假天数"命令。

（4）单击运算符"*"，在"*"后面输入数字"20"，如图 6.9 所示。单击【公式确认】按钮。

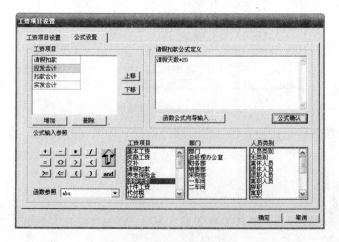

图 6.9　"公式设置"窗口

🔍【注意】

应发合计、应扣合计、实发工资公式根据所设置的增减项由系统自动生成。

设置公式：交补=iff（人员类别="企业管理人员"OR 人员类别="车间管理人员"，100，50）

（1）单击【增加】按钮，在工资项目列表中增加一空行，单击该行，在下拉列表框中选择"交补"选项。

（2）单击"公式定义"文本框，再单击【函数公式向导输入】按钮，弹出"函数向导——步骤之 1"对话框，如图 6.10 所示。

（3）从"函数名"列表中选择"iff"，单击【下一步】按钮，弹出"函数向导——步骤之 2"对话框。

（4）单击【逻辑表达式】参照按钮，弹出"参照"对话框，从"参照列表"下拉列表框中选择"人员类别"选项，从下面的列表中选择"企业管理人员"，如图 6.11 所示，单击【确定】按钮。

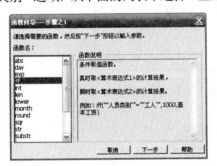
图 6.10 "函数向导——步骤之 1"对话框

图 6.11 "参照"窗口

（5）在逻辑表达式文本框中的公式后单击，输入"or"，再次单击【逻辑表达式】参照按钮，弹出"参照"对话框，从"参照"下拉列表中选择"人员类别"选项，从下面的列表中选择"车间管理人员"，单击【确定】按钮，返回"函数向导——步骤之 2"对话框。

🔍【注意】

在 OR 前后有空格。

（6）在"数学表达式 1"后面的文本框中输入"100"，在"数学表达式 2"后的文本框中输入"50"，单击【完成】按钮，返回"公式设置"窗口，如图 6.12 所示，单击【公式确认】按钮。

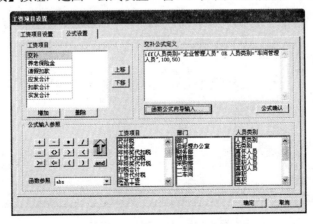
图 6.12 "公式设置"结果

（7）单击【确定】按钮，退出公式设置。

3．设置所得税纳税基数

（1）打开"正式人员"工资类别，执行"薪资管理"→"设置"→"选项"命令，打开"选项"设置界面。

（2）单击【编辑】按钮，再单击"扣税设置"页签，单击【税率设置】按钮，打开"个人所得税申报表——税率表"窗口，如图6.13所示。

（3）调整所得税纳税基数为"2 000"，单击【确定】按钮返回。

图6.13　个人所得税申报表—税率表

任务四　正式人员工资日常业务

1．人员变动

（1）在企业应用平台中，执行"设置"→"基础档案"→"机构人员"→"人员档案"命令，进入"人员档案"窗口。

（2）单击【增加】按钮，输入新增人员王明的详细档案资料。

（3）单击【确认】按钮，返回人员档案窗口，单击工具栏上的【退出】按钮。

（4）在薪资管理系统"正式人员"工资类别中，执行"设置"→"人员档案"命令，增加王明的档案资料。

2．输入正式人员基本工资数据

（1）执行"业务处理"→"工资变动"命令，进入"工资变动"窗口，如图6.14所示。

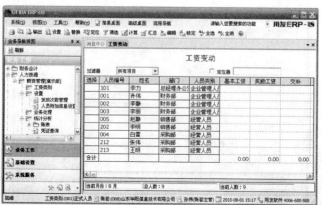

图6.14　"工资变动"窗口

（2）单击"过滤器"下拉列表框，从中选择"过滤设置"选项，弹出"项目过滤"对话框。

（3）选择"工资项目"列表框中的"基本工资"和"奖励工资"选项，单击【>】按钮，将两项选入"已选项目"列表框中，如图6.15所示。

（4）单击【确定】按钮，返回"工资变动"窗口，此时每个人的工资项目只显示两项。

（5）输入"正式人员"工资类别的工资数据。

（6）单击"过滤器"下拉列表框，从中选择"所有项目"选项，屏幕上显示所有工资项目。

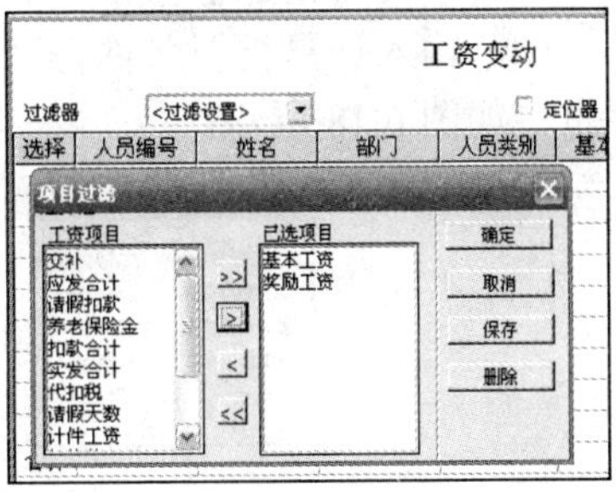

图6.15 过滤设置

3．输入正式人员工资变动数据

（1）输入考勤情况：赵静请假2天，白雪请假1天。

（2）单击【全选】按钮，再单击工具栏上的【替换】按钮，单击"将工资项目"下拉列表框，从中选择"奖励工资"选项，在"替换成"文本框中，输入"奖励工资+200"。

（3）在"替换条件"文本框中分别选择"部门"、"="、"销售部"，单击【确定】按钮，系统弹出"数据替换后将不可恢复，是否继续？"信息提示对话框，单击【是】按钮，系统弹出"2条记录被替换，是否重新计算？"信息提示对话框，单击【是】按钮，系统自动完成工资计算。

4．数据计算与汇总

（1）在"工资变动"窗口中，单击工具栏上的【计算】按钮，计算工资数据。

（2）单击工具栏上的【汇总】按钮，汇总工资数据。

（3）单击工具栏上的【退出】按钮，退出"工资变动"窗口。

5．查看个人所得税

（1）执行"业务处理"→"扣缴所得税"命令，打开"栏目选择"对话框。

（2）选择"个人所得税扣缴申报表"，单击【打开】按钮，查看个人所得税扣缴情况。

任务五　正式人员工资分摊

1．工资分摊类型设置

（1）执行"业务处理"→"工资分摊"命令，弹出"工资分摊"对话框，如图6.16所示。

（2）单击【工资分摊设置】按钮，弹出"分摊类型设置"对话框，如图6.17所示。

图6.16　"工资分摊"对话框

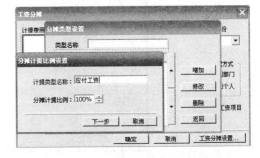

图6.17　"分摊类型设置"对话框

（3）单击【增加】按钮，弹出"分摊计提比例设置"对话框。

（4）输入计提类型名称为"应付工资"；单击【下一步】按钮，弹出"分摊构成设置"对话框，如图6.18所示。

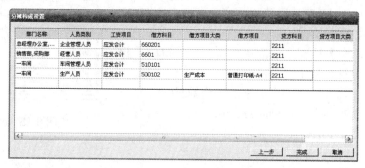

图6.18 分摊构成设置

（5）按项目资料内容进行设置。返回"分摊类型设置"对话框，继续设置工会经费、职工教育经费等分摊计提项目。

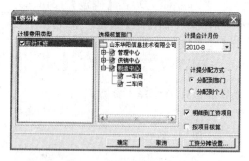

图6.19 "工资分摊"对话框

2．分摊工资费用

（1）执行"业务处理"→"工资分摊"命令，弹出"工资分摊"对话框。

（2）选择需要分摊的计提费用类型，确定分摊计提的月份为"2010-08"。

（3）选择核算部门：管理中心、供销中心、制造中心。

（4）选中"明细到工资项目"复选框，如图6.19所示。

（5）单击【确定】按钮，弹出"应付工资一览表"对话框，如图6.20所示。

（6）选中"合并科目相同、辅助项目相同的分录"复选框，单击工具栏上的【制单】按钮，即生成记账凭证。

（7）单击凭证左上角的"字"选择凭证类别，输入附单据数。单击【保存】按钮，凭证左上角出现"已生成"字样，代表该凭证已传递到总账。

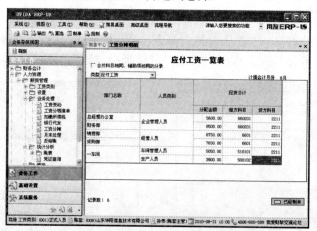

图6.20 "应付工资一览表"对话框

【注意】

项目核算科目选择"普通打印纸-A4"项目

(8) 单击工具栏上的【退出】按钮返回。

任务六 临时人员工资处理

在完成正式人员工资数据的处理后,打开临时人员的工资类别,参照正式人员工资类别初始设置及数据处理方式完成临时人员的工资处理。

1. 人员档案设置

按项目资料首先在"企业应用平台"→"基础档案"→"人员档案"中,增加临时人员档案;然后在薪资管理系统"临时人员"工资类别中,设置发放工资人员的其他必要信息。

【注意】

设置"核算计件工资"标志。

2. 计件工资标准设置

(1) 执行"设置"→"计件工资标准设置"命令,弹出"计件工资标准设置"对话框。

(2) 单击工具栏上的【增加】按钮,在"名称"文本框中输入"工时",单击【保存】按钮。

(3) 双击"工时"的"启用"栏,启用该计件工资标准。

(4) 单击【档案】按钮,打开"档案—工时"对话框。

(5) 单击【增加】按钮,输入"01 组装"、"02 检验",并保存。

3. 计件工资方案设置

按项目资料输入计件工资方案。

4. 计件工资统计

(1) 执行"业务处理"→"计件工资统计"命令,进入"计件工资统计"窗口。

(2) 选择部门"一车间",单击工具栏上的【增加】按钮,弹出"计件工资"对话框。

(3) 选择人员"罗江",输入日期"2010-08-31"。

(4) 输入该员工组装工时,单击【保存】按钮,系统弹出"设置信息已成功保存!"信息提示对话框。

(5) 单击【确定】按钮,返回"计件工资"对话框,单击【关闭】按钮。

(6) 同理,输入其他计件工资统计数据。

5. 工资变动处理

(1) 在"业务处理"→"扣缴所得税"中设置扣税基数"1 200"。

(2) 在"业务处理"→"工资变动"中进行工资变动处理。

(3) 在"业务处理"→"工资分摊"中进行工资分摊设置及工资分摊处理。

任务七 汇总工资类别

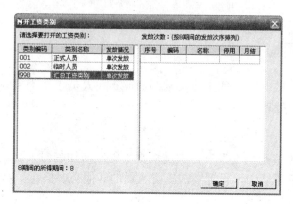

图 6.21 打开工资类别

（1）执行"工资类别"→"关闭工资类别"命令。

（2）执行"维护"→"工资类别汇总"命令，弹出"选择工资类别"对话框。

（3）选择要汇总的工资类别，单击【确定】按钮，完成工资类别汇总。

（4）执行"工资类别"菜单中的"打开工资类别"命令，弹出"打开工资类别"对话框，如图 6.21 所示。

（5）选择"998 汇总工资类别"项，单击【确定】按钮，查看工资类别汇总后的各项数据。

【注意】

（1）该功能必须在关闭所有工资类别时才可以使用。

（2）所选工资类别中必须有汇总月份的工资数据。

（3）如果是第一次进行工资类别汇总，需在汇总工资类别中设置工资项目计算公式。如果每次汇总的工资类别一致，则公式无须重新设置。如果与上一次所选择的工资类别不一致，则须重新设置计算公式。

（4）汇总工资类别不能进行月末结算和年末结算。

【提示】

在账表查询的任务环节，需要查看工资分钱清单、个人所得税扣缴申报表、各种工资表。

任务八 月末处理

（1）打开"001 正式人员"工资类别，执行"业务处理"→"月末处理"命令，弹出"月末处理"对话框，如图 6.22 所示。单击【确定】按钮，系统弹出"月末处理之后，本月工资将不允许变动！继续月末处理吗？"信息提示对话框。单击【是】按钮，系统弹出"是否选择清零项？"信息提示对话框；单击【是】按钮，打开"选择清零项目"对话框。

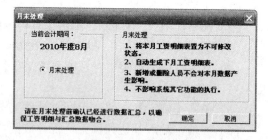

图 6.22 月末处理

（2）在"请选择清零项目"列表中，选择"请假天数"、"请假扣款"和"奖励工资"项目，单击【>】按钮，将所选项目移动到右侧的列表框中。

（3）单击【确定】按钮，系统弹出"月末处理完毕！"信息提示对话框；单击【确定】按钮返回。

（4）以此类推，完成"临时人员"工资类别月末处理。

【注意】

(1) 月末结转只有在会计年度的 1~11 月进行。
(2) 如果处理多个工资类别，则应打开工资类别，分别进行月末结算。
(3) 如果本月工资数据未汇总，系统将不允许进行月末结转。
(4) 进行期末处理后，当月数据将不再允许变动。
(5) 月末处理功能只有主管人员才能执行。

项目七

固定资产管理系统

GUDING ZICHAN GUANLI XITONG

 【职业能力目标】

目标类型		能力要素	要素编号
知识目标	基础知识	掌握用友 ERP-U8 管理软件中固定资产管理系统的相关内容	1-1-1
		掌握固定资产管理系统初始化、日常业务处理、月末处理的操作方法	1-1-2
技能目标	基本技能	会固定资产管理系统参数设置、原始卡片录入	1-2-1
		会资产增减、资产变动、资产评估、生成凭证的操作	1-2-2
		会计提减值准备、计提折旧的操作	1-2-3
		会对账和结账的操作	1-2-4
	拓展技能	能根据企业的实际需要灵活进行固定资产业务处理	1-2-5

【项目引例】

1. 初始设置

（1）控制参数。

控制参数	参数设置
约定说明	我同意
启用月份	2010.08
折旧信息	本账套计提折旧 折旧方法：平均年限法（一） 折旧汇总分配周期：1个月 当（月初已计提月份＝可使用月份-1）时，将剩余折旧全部提足
编码方式	资产类别编码方式：2112 固定资产编码方式： 　按"类别编码+部门编码+序号"自动编码 　卡片序号长度为3
财务接口	与账务系统进行对账 对账科目： 　固定资产对账科目：固定资产（1601） 　累计折旧对账科目：累计折旧（1602）
补充参数	业务发生后立即制单 月末结账前一定要完成制单登账业务： 　固定资产默认入账科目：1601 　累计折旧默认入账科目：1602 　减值准备默认入账科目：1603

（2）资产类别。

编号	类别名称	净残值率	单位	计提属性
01	交通运输设备	4%		正常计提
011	经营用设备	4%		正常计提
012	非经营用设备	4%		正常计提
02	电子设备及其他通信设备	4%		正常计提
021	经营用设备	4%	台	正常计提
022	非经营用设备	4%	台	正常计提

（3）部门及对应折旧科目。

部门	对应折旧科目
管理中心、采购部	管理费用/折旧费
销售部	销售费用
制造中心	制造费用/折旧费

（4）增减方式的对应入账科目。

增减方式目录	对应入账科目
增加方式	
直接购入	工行存款（100201）
减少方式	
毁损	固定资产清理（1606）

（5）原始卡片。

固定资产名称	类别编号	所在部门	可使用年限	开始使用日期	原值	累计折旧	对应折旧科目
轿车	012	总经理办公室	6	2009-06-01	215 470	37 254.75	管理费用/折旧费
笔记本电脑	022	总经理办公室	5	2009-07-01	28 900	5 548.8	管理费用/折旧费
传真机	022	总经理办公室	5	2009-06-01	3 150.0	1 825.2	管理费用/折旧费
微机	021	一车间	5	2009-07-01	6 490.0	1 246.08	制造费用/折旧费
微机	021	一车间	5	2009-07-01	6 490.0	1 246.08	制造费用/折旧费
合计					260 500	47 120.91	

注：净残值率均为 4%，使用状况均为"在用"，增加方式均为"直接购入"，折旧方法均采用"平均年限法（一）"。

2. 日常及期末业务

2010 年 8 月份发生的业务如下：

（1）8 月 23 日，财务部购买扫描仪一台，价值 2 000 元，增值税 340 元，净残值率 4%，预计使用年限 5 年。

（2）8 月 23 日，总经理办公室使用的轿车需要进行大修理，修改固定资产卡片，将使用状况由"在用"修改为"大修理停用"。

（3）8 月 31 日，计提本月折旧费用。

（4）8 月 31 日，一车间毁损微机一台。

3. 下月业务

2010 年 9 月发生的业务如下：

（1）9 月 16 日，总经理办公室的轿车添置新配件 10 000 元。

（2）9 月 27 日，总经理办公室的传真机转移到供应部。

（3）9 月 30 日，经核查对 2009 年购入的笔记本电脑计提 1 000 元的减值准备。

（4）9 月 30 日，对总经理办公室的资产进行盘点，盘点情况为：有一辆编号为 012101001 的轿车。

【知识准备】

一、初始化设置

1. 固定资产账套建立

在使用固定资产管理系统之前，首先要根据企业固定资产核算的具体情况在系统中建立基本的业务处理方法。业务处理方法是通过在系统中选择相应的业务控制参数建立的。在固定资产管理系统中，涉及的业务控制参数主要有启用月份、折旧信息、编码方式、账务接口和凭证制作等方面的内容，这些参数的设置有些是通过固定资产系统初始化，建立账套完成的，还有一些要在系统启用后，通过"选项"设置来完成。固定资产管理系统在使用之前必须先启用。

2. 基础设置

基础设置是使用固定资产管理系统进行资产管理和核算的基础，主要包括部门对应折旧科目设置、资产类别设置、增减方式设置、使用状况设置、折旧方法设置等。

（1）部门对应折旧科目设置。部门对应折旧科目设置是指折旧费用的入账科目，给部门设置折旧科目，便于对固定资产计提的折旧按一定的标准进行归集。在录入卡片时对应折旧科目设置缺省内容，然后在生成部门折旧分配表时每一部门内按折旧科目汇总，从而制作记账凭证。

（2）资产类别设置。固定资产类别设置是指在系统中定义固定资产的分类编码和相应的分类名称。企业可根据自身的特点和管理要求，确定一个较为合理的资产分类方法，也可参考《固定资产分类与代码》。

（3）增减方式设置。增减方式设置主要对固定资产的增加或减少方式进行管理。增加的方式主要有：直接购入、投资者投入、捐赠、盘盈、在建工程转入、融资租入。减少的方式主要有：出售、盘亏、投资转出、捐赠转出、报废、毁损、融资租出等。用友固定资产的增减方式可以直接设置两级，可以在系统缺省的基础上定义。

增减方式对应入账科目是指在发生固定资产增减变化时，在会计分录中与固定资产科目相对应的入账科目。

（4）使用状况设置。使用状况设置主要对固定资产在当前状况下使用情况进行管理，包括"使用中"、"未使用"和"不需用"三种状态。资产在使用过程中，使用状况发生的变化通过使用状况变动功能实现。

（5）折旧方法设置。折旧方法设置是系统自动计算折旧的基础。系统给出了常用的五种方法：平均年限法（一）、平均年限法（二）、工作量法、年数总和法及双倍余额递减法，并列出了它们的折旧计算公式。这几种方法是缺省设置，只能选用，不能删除和修改。

另外，可能由于各种原因，这几种方法不能满足需要，系统提供了折旧方法的自定义功能，可以定义自己合适的折旧方法的名称和计算公式。

（6）原始卡片录入。固定资产卡片是固定资产核算和管理的基础依据，为保持历史资料的连续性，在使用固定资产系统进行核算前，除了前面必要的基础设置工作外，必须将建账日期以前的数据录入到系统中，保持历史资料的连续性。通过卡片的建立可以详细了解每项资产的由来、价值、折旧情况、所属部门和存入地点等重要信息。原始卡片的录入不限制必须在第一个期间结账前，任何时候都可以录入原始卡片。

二、日常业务处理

在完成固定资产管理系统的初始化设置后，平时只要根据固定资产的增减变化进行卡片录入、删除等操作，以及对固定资产变动部分进行修改并于月末进行计提折旧及月末结账等工作：

1. 固定资产增加

"资产增加"即新增加固定资产卡片，在系统日常使用过程中，可能会购进或通过其他方式增加企业资产，该部分资产通过"资产增加"操作录入系统。当固定资产开始使用日期的会计期间＝录入会计期间时，才能通过"资产增加"录入。

2. 固定资产减少

资产在使用过程中，总会由于各种原因，如毁损、出售、盘亏等退出企业，该部分操作称为"资产减少"。本系统提供资产减少的批量操作，为同时清理一批资产提供方便。

3. 固定资产的变动

资产在使用过程中，除发生下列情况外，价值不得任意变动：根据国家规定对固定资产重新估价；增加补充设备或改良设备；将固定资产的一部分拆除；根据实际价值调整原来的暂估价值；发现原记固定资产价值有误。

系统原值发生变动通过"原值变动"功能实现。原值变动包括原值增加和原值减少两部分。

注意：变动单不能修改，只有当月可删除重做，所以请仔细检查后再保存。

4. 部门转移

资产在使用过程中，因内部调配而发生的部门变动通过部门转移功能实现。

注意：当月原始录入或新增的资产不允许做此种变动业务。

5. 使用状况变动

资产在使用过程中，使用状况发生的变化通过使用状况变动功能实现。

6. 折旧方法调整

资产在使用过程中，资产计提折旧所采用的折旧方法的调整通过折旧方法调整功能实现。

7. 使用年限调整

资产在使用过程中，资产的使用年限的调整通过使用年限调整功能实现。

8. 资产所属类别的调整

资产在使用过程中，有可能因为企业调整资产分类或其他原因调整该资产所属类别，该操作通过资产类别调整功能实现。

三、折旧处理

自动计提折旧是固定资产系统的主要功能之一。系统每期计提折旧一次，根据录入系统的资料自动计算每项资产的折旧，并自动生成折旧分配表，然后生成记账凭证，将本期的折旧费用自动登账。执行此功能后，系统将自动计提各个资产当期的折旧额，并将当期的折旧额自动累加到累计折旧项目。

固定资产管理系统在一个期间内可以多次计提折旧，每次计提折旧后，只是将计提的折旧累加到月初的累计折旧，不会重复累计。如果上次计提折旧已把制单数据传递到账务系统，则必须删除该凭证才能重新计提折旧。计提折旧后又对账套进行了影响折旧计算或分配的操作，必须重新计提折旧，否则系统不允许结账。如果自定义的折旧方法月折旧率或月折旧额出现负数，自动中止计提。

四、生成凭证

1. 制作记账凭证

制作记账凭证即制单。固定资产系统和账务系统之间存在着数据的自动传输，该传输通过制作传送到总账的凭证实现。本系统需要制单或修改凭证的情况包括：资产增加（录入新卡片）、资产减少、卡片修改（涉及原值或累计折旧时）、资产评估（涉及原值或累计折旧变化时）、原值变动、累计折旧调整、折旧分配。

在资产增加、卡片修改（当涉及原值或累计折旧时）、资产评估、原值变动、累计折旧调整、折旧分配表、资产减少完成后，如果在选项中的对账设置了"立即制单"，则自动调出有一部分缺省内容的不完整凭证供修改生成凭证。如果在选项部分设置的是"不立即制单"，则可执行"处理"菜单的"批量制单"命令，屏幕显示有一部分缺省内容的不完整凭证。

显示的凭证是根据不同的制单业务类型和在选项中设置的默认资产科目、折旧科目等生成的不完整的凭证，需要用户来完成。

2. 批量制作记账凭证

在完成任何一笔需制单的业务的同时，可以通过单击"制单"制作记账凭证传输到总账系统，也可以在当时不制单（选项中制单时间的设置必须为"不立即制单"），而在某一时间（比如月底）利用本系统提供的另一功能：批量制单完成制单工作。批量功能可同时将一批需制单业务连续制作凭证传输到总账系统，避免了多次制单的烦琐。

凡是业务发生当时没有制单的，该业务自动排列在批量制单表中，表中列示应制单而没有制单的业务发生的日期、类型、原始单据号，缺省的借贷方科目和金额以及制单选择标志。

五、期末处理

1. 对账

系统在运行过程中，应保证系统管理的固定资产的价值和总账系统中固定资产科目的数值相等。两个系统的资产价值是否相等，是通过执行本系统提供的对账功能实现的，对账操作不限制执行的时间，任何时候均可进行对账。系统在执行月末结账时自动对账一次，给出对账结果，并根据初始化或选项中的判断确定不平情况下是否允许结账。只有系统初始化或选项中选择了与账务对账，本功能才可操作。

2. 月末结账

每月月末手工记账都要有结转的过程，电算化处理也应该体现这一过程，因此固定资产管理系统提供了"月末结账"功能。月末结账每月只能进行一次，结账后当期数据不能再修改。

3. 恢复月末结账

恢复月末结账前状态又称"反结账"，是系统提供给用户的一个纠错功能。如果由于某种原因，用户在结账后发现结账前的操作有误，而结账后不能修改结账前的数据，可使用此功能恢复到结账前状态去修改错误。

🌐 【操作提示】

引入"项目三"账套数据。

任务一　建立固定资产账套

1．启用固定资产管理系统

（1）执行"开始"→"程序"→"用友 ERP-U872"→"企业应用平台"命令，注册登录企业应用平台。

（2）执行"基础信息"→"基本信息"→"系统启用"命令，打开"系统启用"窗口，选中"FA 固定资产"复选框，弹出日历窗口。选择工资系统启用日期为"2010-08-01"，单击【确定】按钮，系统弹出"确实要启用当前系统吗？"提示信息对话框，单击【是】按钮返回。

2．建立固定资产账套

（1）在"企业应用平台"中，执行"财务会计"中的"固定资产"命令。

（2）系统弹出"这是第一次打开此账套，还未进行过初始化，是否进行初始化？"提示信息对话框。

（3）单击【是】按钮，打开"初始化账套向导－约定及说明"窗口，如图 7.1 所示。

（4）选择"我同意"选项，单击【下一步】按钮，打开"初始化账套向导－启用月份"窗口，选择账套启用月份为"2010-08"，如图 7.2 所示。

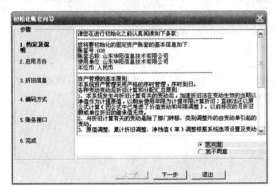

图 7.1　"初始化账套向导－约定及说明"窗口　　图 7.2　"初始化账套向导—启用月份"窗口

（5）单击【下一步】按钮，打开"初始化账套向导－折旧信息"窗口。选中"本账套计提折旧"复选框，选择主要折旧方法为"平均年限法（一）"，折旧汇总分配周期为"1 个月"，选中"当（月初已计提月份＝可使用月份－1）时剩余折旧全部提足（工作量法除外）"复选框，如图 7.3 所示。

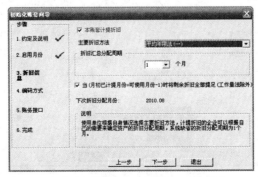

图 7.3　"初始化账套向导—折旧信息"窗口

（6）单击【下一步】按钮，打开"初始化账套向导—编码方式"窗口。确定编码长度为"2112"，选择"自动编码"单选按钮，编码方式为"类别编号＋部门编号＋序号"，序号长度为"3"，如图7.4所示。

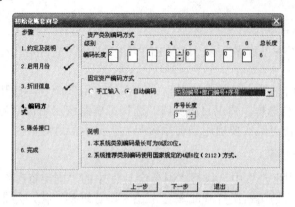

图7.4 "初始化账套向导—编码方式"窗口

（7）单击【下一步】按钮，打开"初始化账套向导—账务接口"窗口。选中"与账务系统进行对账"复选框，选择固定资产对账科目为"1601，固定资产"，累计折旧对账科目为"1602，累计折旧"，选择"在对账不平情况下允许固定资产月末结账"复选框，如图7.5所示。

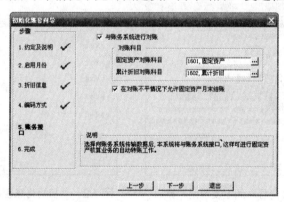

图7.5 "初始化账套向导—账务接口"窗口

（8）单击【下一步】按钮，打开"初始化账套向导—完成"窗口，如图7.6所示。

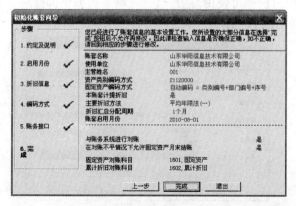

图7.6 "初始化账套向导—完成"窗口

（9）单击【完成】按钮，完成本账套的初始化，系统弹出"已经完成了新账套的所有设置工作，是否确定所设置的信息完全正确并保存对新账套的所有设置？"提示信息对话框。

（10）单击【是】按钮，系统弹出"已成功初始化固定资产账套"提示信息对话框。

【注意】

固定资产初始化设置完成后，有些参数就不能再修改，所以一定要慎重。如果发现参数有错必须改正，只能通过固定资产管理系统中的"维护"→"重新初始化账套"命令实现，该命令将清空对该账套所做的一切设置。

任务二 相关参数设置

1. 选项的设置

（1）执行"设置"→"选项"命令，进入"选项"窗口。

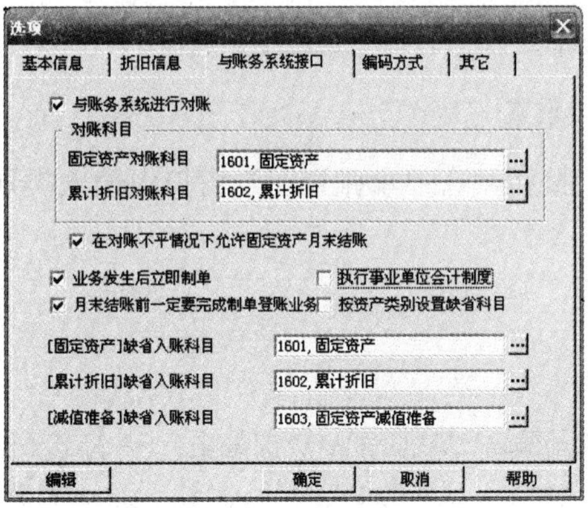

（2）单击【编辑】按钮，打开"与账务系统接口"选项卡。

（3）选中"业务发生后立即制单"复选框，"固定资产"缺省入账科目为"1601，固定资产"，"累计折旧"缺省入账科目为"1602，累计折旧"，"固定资产减值准备"缺省入账科目为"1603，固定资产减值准备"，其余为系统默认值，如图7.7所示。

（4）单击【确定】按钮，完成对"选项"的设置。

2. 部门对应折旧科目的设置

（1）执行"设置"→"部门对应折旧科目"命令，进入"部门编码表"窗口。

（2）选择部门"管理中心"，单击【修改】按钮。

图7.7 "选项"设置

（3）选择折旧科目"660206，折旧费"，如图7.8所示。单击【保存】按钮，系统弹出"是否将管理中心部门的所有下有部门的折旧科目替换为折旧费？"信息提示对话框。单击【是】按钮替换后，即可看到管理中心下的总经理办公室、财务部对应的折旧科目均修改为"管理费用/折旧费"。

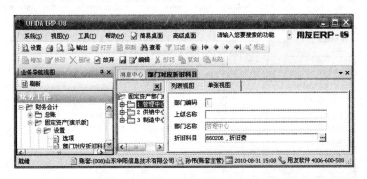

图7.8 "部门对应折旧科目"设置

（4）同理，完成对其他部门对应折旧科目的设置。

3. 资产类别设置

（1）执行"设置"→"资产类别"命令，进入"固定资产分类编码表"窗口。

（2）单击【增加】按钮，输入类别名称为"交通运输设备"，净残值率为"4%"；选择计提属性为"正常计提"，折旧方法为"平均年限法（一）"，卡片样式为"通用样式"，如图7.9所示。单击【保存】按钮。

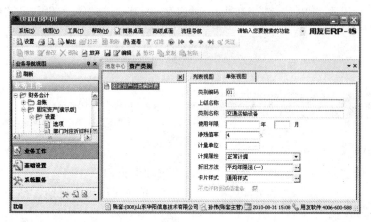

图 7.9 "资产类别"设置

（3）选中"交通运输设备"大类，单击【增加】按钮，在"单张视图"窗口中输入类别名称"经营用设备"。其他为系统默认值。

（4）同理，完成对其他资产类别的设置。

【注意】

资产类别编码不能重复，同一级的类别名称不能相同；类别编码、类别名称、计提属性、卡片样式不能为空；已使用的类别不能设置新下级。

4. 增减方式及对应入账科目设置

（1）执行"设置"→"增减方式"命令，进入"增减方式目录表"窗口。

（2）在左侧的列表中，单击"直接购入"增加方式，再单击【修改】按钮。

（3）输入对应入账科目"100201，工行存款"，如图7.10所示。单击【保存】按钮。

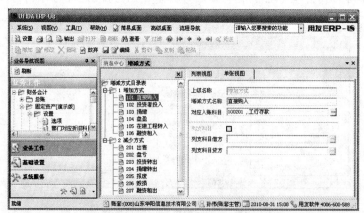

图 7.10 "增减方式"设置

（4）同理，输入减少方式"毁损"的对应入账科目"固定资产清理（1606）"。

任务三　录入原始卡片

1. 录入原始卡片

（1）执行"卡片"→"录入原始卡片"命令，进入"资产类别参照"窗口，如图7.11所示。

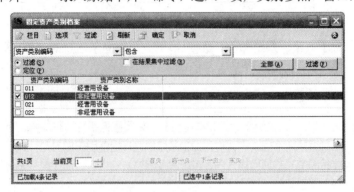

图7.11　"固定资产类别档案"窗口

（2）选择固定资产类别"非经营用设备（012）"，单击【确定】按钮，打开"固定资产卡片"窗口，如图7.12所示。

（3）输入固定资产名称为"轿车"，双击"部门名称"项，弹出"固定资产"对话框。选择"单部门使用"项，单击【确定】按钮，弹出"部门基本参照"对话框。选中"总经理办公室"项，单击【确定】按钮，返回"固定资产卡片"窗口。

（4）双击"增加方式"选择"直接购入"项，双击"使用状况"选择"在用"项，开始使用日期为"2009-06-01"，使用年限（月）为"72"，原值为"215 470"，累计折旧为"37 254.75"，其他信息由系统自动计算生成，如图7.13所示。

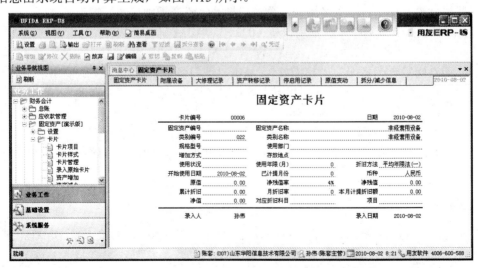

图7.12　"固定资产卡片"窗口

固定资产卡片 | 附属设备 | 大修理记录 | 资产转移记录 | 停启用记录 | 原值变动 | 拆分/减 2010-08-02

固定资产卡片

卡片编号	00001			日期	2010-08-02
固定资产编号	012101001	固定资产名称			轿车
类别编号	012	类别名称			非经营用设备
规格型号		使用部门			总经理办公室
增加方式	直接购入	存放地点			
使用状况	在用	使用年限(月)	72	折旧方法	平均年限法(一)
开始使用日期	2009-06-01	已计提月份	13	币种	人民币
原值	215470.00	净残值率	4%	净残值	8618.80
累计折旧	37254.75	月折旧率	0.0133	本月计提折旧额	2865.75
净值	178215.25	对应折旧科目	660206,折旧费	项目	
录入人	孙伟			录入日期	2010-08-01

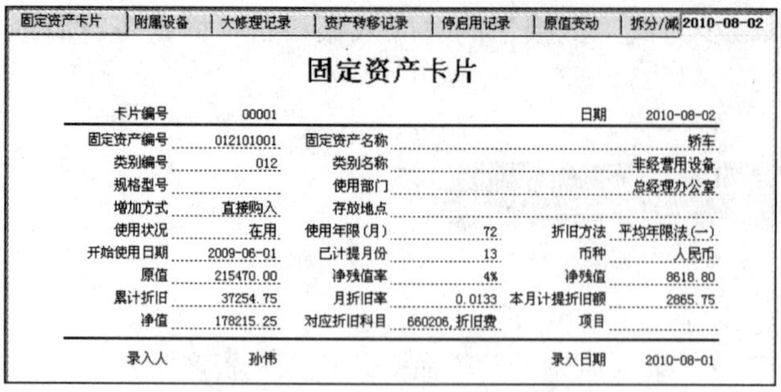

图 7.13　固定资产轿车信息

（5）单击【保存】按钮，系统弹出“数据成功保存！”提示信息对话框，单击【确定】按钮。

（6）同理，完成对其他固定资产卡片的输入。

【注意】

开始使用日期一定要采用“2010-06-01”这样的格式；如果使用系统编号，要删除一张卡片，且该张卡片不是最后一张时，系统将保留空号；已计提月份由系统根据开始使用日期自动计算，但可以修改；月折旧率、月折旧额等与计算折旧有关的项目输入后，系统会按照输入的内容自动计算并显示在相应的项目内，可与手工计算的比较，核对是否有误。

2．卡片管理

执行“卡片”→“卡片管理”命令打开“卡片管理”窗口。在此窗口可以查询已经录入的所有卡片，也可修改、删除、编辑卡片。

任务四　日常业务处理

1．资产增加

（1）执行“卡片”→“资产增加”命令，打开“资产类别参照”窗口。

（2）选择资产类别为“非经营用设备（022）”，单击【确认】按钮，打开“固定资产卡片”窗口。

（3）输入固定资产名称为“扫描仪”，双击“部门名称”选择“财务部”，双击“增加方式”选择“直接购入”，双击“使用状况”选择“在用”，输入原值“2000”，使用年限（月）“60”，开始使用日期为“2010-08-23”。

（4）单击【保存】按钮，进入“填制凭证”窗口，或执行“处理”→“批量制单”命令进入。

（5）调整会计分录，选择凭证类别，修改制单日期、附单据数，如图 7.14 所示。单击【保存】按钮。

【注意】

新卡片第一个月不计提折旧，累计折旧为空或 0；卡片输入后，也可以不立即制单，月末再批量制单。

2．修改固定资产卡片

（1）执行“卡片”→“变动单”→“使用状况调整”命令，打开“固定资产变动单”窗口。

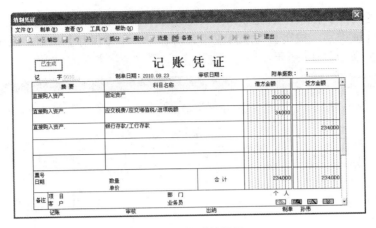

图 7.14 生成的凭证

（2）选择卡片编号为"00001"的卡片，系统自动显示"资产编号"、"开始使用日期"、"资产名称"及"变动前使用状况"。

（3）选择"变动后使用状态"为"大修理停用"。

（4）"变动原因"为"大修理"。

（5）单击【保存】按钮，系统弹出"数据保存成功！"提示信息对话框。单击【确定】按钮。

3．折旧处理

（1）执行"处理"→"计提本月折旧"命令，系统弹出"是否要查看折旧清单？"提示信息对话框。单击【是】按钮。

（2）系统弹出"本操作将计提本月折旧，并花费一定时间，是否要继续？"提示信息对话框。单击【是】按钮。

（3）系统计提折旧完成后打开"折旧清单"窗口，如图 7.15 所示。单击【退出】按钮。

图 7.15 "折旧清单"窗口

（4）系统打开"折旧分配表"窗口，如图 7.16 所示。

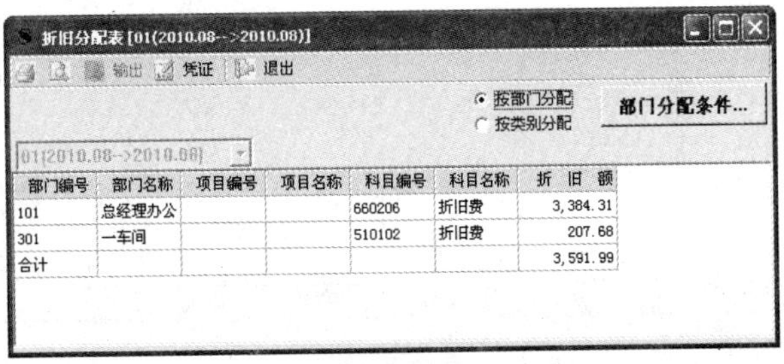

图 7.16 "折旧分配表"窗口

（5）单击【凭证】按钮，系统打开"填制凭证"窗口或执行"处理"→"批量制单"命令进入，选择凭证类别，按实验要求修改相关内容。单击【保存】按钮，系统在凭证上打上"已生成"标志，如图7.17所示。

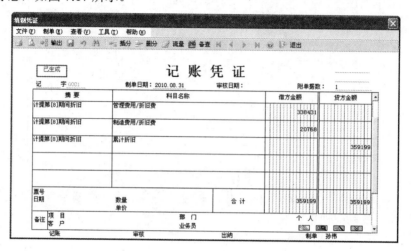

图 7.17　生成的凭证

（6）单击填制凭证窗口上的【退出】按钮，系统弹出"计提折旧完成！"提示信息对话框。

【注意】

如果上次计提折旧已通过记账凭证把数据传递到总系统，必须删除该张凭证才能重新计提折旧；计提折旧后，又对账套进行了影响折旧计算或分配的操作，必须重新计提折旧，否则系统不允许结账。

4．资产减少

（1）执行"卡片"→"资产减少"命令，打开"资产减少"窗口。

（2）选择卡片号为"00004"，单击【增加】按钮。选择减少方式为"毁损"。单击【确定】按钮，系统弹出"所选卡片已经减少成功！"提示信息对话框。

（3）执行"处理"→"批量制单"命令，选择资产减少业务，如图7.18所示。然后选择"制单设置"页，如图7.19所示。单击【制单】按钮，系统打开"填制凭证"窗口，修改凭证类别，单击【保存】按钮，生成的凭证如图7.20所示。

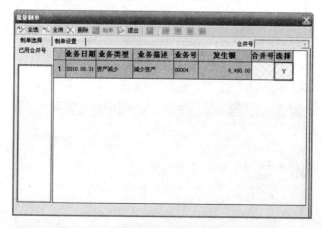

图 7.18　"制单选择"窗口

(4) 单击填制凭证窗口上的【退出】按钮。

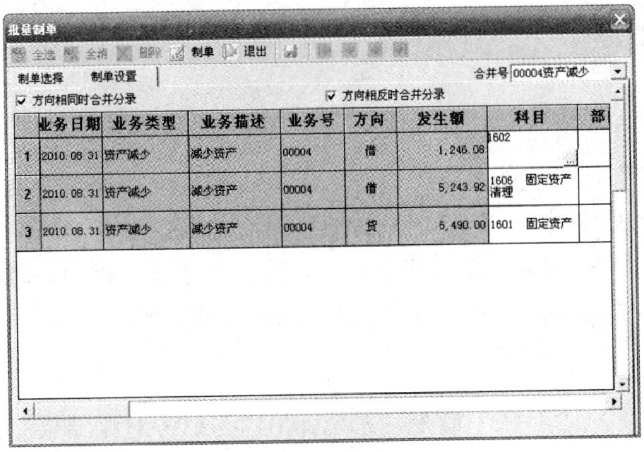

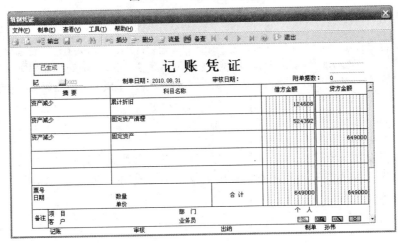

图 7.19 "制单设置" 窗口

图 7.20 生成的凭证

【注意】

本账套需要进行计提折旧后，才能减少资产（否则资产减少只有通过删除卡片来完成）；对于误减少的资产，可以使用系统提供的纠错功能来恢复。只有当月减少的资产才可以恢复。如果资产减少操作已制作凭证，必须删除凭证后才能恢复；只要卡片未被删除，就可以通过卡片管理中"已减少资产"来查看减少的资产。

任务五　总账管理系统处理

固定资产管理系统生成的凭证自动传递到总账管理系统中，在总账管理系统中对传递过来的凭证进行审核和记账。

【提示】

只有在总账管理系统记账完毕，固定资产管理系统才能在期末与总账管理系统进行对账工作。

任务六　期末处理

1. 账表管理

（1）执行"账表"→"我的账表"命令，进入"固定资产报表"窗口。
（2）双击"折旧表"，选择"（部门）折旧计提汇总表"命令。
（3）单击【（部门）折旧计提汇总表】按钮，打开"条件"窗口，选择期间为"2010-08—2010-08"，汇总部门为"1—2"。单击【确定】按钮，打开"查看报表"窗口。

2. 对账

（1）执行"处理"→"对账"命令，系统弹出"与财务对账结果"提示信息对话框。
（2）单击【确定】按钮。

【注意】

（1）当总账管理系统记账完毕，固定资产管理系统才能进行对账。对账平衡，开始月末结账。如果在初始设置时，选择了"与账务系统对账"功能，对账的操作不限制执行时间，任何时候都可以进行对账。
（2）若在"账务接口"中选中"在对账不平情况下允许固定资产月末结账"复选框，则可以直接进行月末结账。

3. 结账

（1）执行"处理"→"月末结账"命令，打开"月末结账"窗口。
（2）单击【开始结账】按钮，系统弹出"月末结账成功完成！"提示信息对话框。
（3）单击【确定】按钮。

【注意】

（1）本会计期间做完月末结账工作后，所有数据资料将不能再进行修改。
（2）本会计期间未做完月末结账，系统将不允许处理下一会计期间的数据。月末结账前一定要进行数据备份，否则数据一旦丢失，将造成无法挽回的后果。

4. 取消结账

（1）执行"维护"→"恢复月末结账前状态"命令，系统弹出"是否继续？"提示信息对话框。
（2）单击【是】按钮，系统弹出"成功恢复月末结账前状态！"提示信息对话框。
（3）单击【确定】按钮。

【注意】

（1）如果在结账后发现结账前操作有误，必须修改结账前的数据，则可以使用"恢复月末结账前状态"功能，又称为"反结账"，即将数据恢复到月末结账前状态，结账时所做的所有工作被无痕迹删除。
（2）只有在总账管理系统未进行月末结账时，才可以使用"恢复月末结账前状态"功能。一旦成本系统提取了某期的数据，该期就不能反结账。如果当前的账套已经作了年末处理，那就不允许再执行"恢复月初状态"操作。

任务七 下月业务

1．资产原值变动

（1）修改系统日期为"2010年9月"。
（2）以"孙伟"身份，2010年9月注册登录固定资产管理系统。
（3）执行"卡片"→"变动单"→"原值增加"命令，进入"固定资产变动单"窗口。
（4）输入卡片编号"00001"，输入增加金额"10 000"，输入变动原因"增加配件"。
（5）单击【保存】按钮，或执行"处理"→"批量制单"命令进入"填制凭证"窗口。
（6）选择凭证类别，填写修改其他项目，如图7.21所示。单击【保存】按钮。

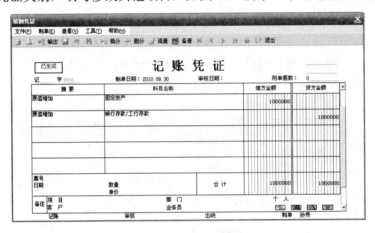

图7.21 生成的凭证

【注意】

（1）资产变动主要包括原值变动、部门转移、使用状况变动、使用年限调整、折旧方法调整、净残值（率）调整、工作总量调整、累计折旧调整、资产类别调整等，系统对已做出变动的资产，要求输入相应的变动单来记录资产调整结果。
（2）变动单不能修改，只有当月可删除重做，所以仔细检查后再保存。
（3）必须保证变动后的净值大于变动后的净残值。

2．资产部门转移

（1）执行"卡片"→"变动单"→"部门转移"命令，进入"固定资产变动单"窗口。
（2）输入卡片编号"00003"，双击"变动后部门"并选择"采购部"，输入变动原因"调拨"。
（3）单击【保存】按钮。

3．计提减值准备

（1）执行"卡片"→"变动单"→"计提减值准备"命令，进入"固定资产变动单"窗口。
（2）输入卡片编号"00002"，输入减值准备金额"1 000"，输入减值原因"技术进步"。
（3）单击【保存】按钮，或执行"处理"→"批量制单"进入"填制凭证"窗口。
（4）选择凭证类别，填写修改其他项目，如图7.22所示。单击【保存】按钮。

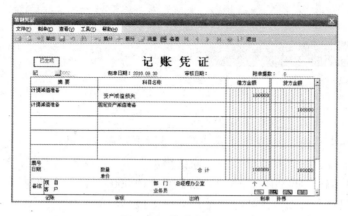

图 7.22 生成的凭证

4. 资产盘点

(1) 执行"卡片"→"卡片管理"命令,进入"卡片管理"窗口。

(2) 选择"总经理办公室"项目,执行"编辑"→"列头编辑"命令,如图 7.23 所示。补充选择其他列表头显示项目,单击【打印】按钮,将总经理办公室资产清单打印出来,以备按单核查,如图 7.24 所示。

图 7.23 "列头编辑"命令

(3) 执行"卡片"→"盘点资产"命令,进入"盘点单管理"窗口。

(4) 单击【增加】按钮,进入"新增盘点单—数据录入"窗口,单击【范围】按钮,弹出"新增盘点单—盘点范围设置"对话框。选择盘点日期"2010-09-30",盘点方式"按使用部门盘点",使用部门"总经理办公室",如图 7.25 所示。

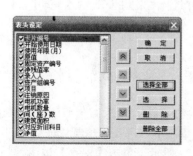

图 7.24 "表头设定"窗口

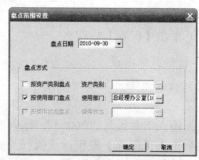

图 7.25 盘点范围设置

（5）选择固定资产编号为"012101001"，固定资产名称为"轿车"，如图 7.26 所示。单击【保存】按钮。

（6）单击【核对】按钮，系统自动与总经理办公室的固定资产账面记录进行核对，生成盘点结果清单，如图 7.27 所示。

图 7.26 资产盘点

图 7.27 盘点结果清单

项目八

应收应付款管理系统

YINGSHOUYINGFUKUAN GUANLI XITONG

【职业能力目标】

目标类型		能力要素	要素编号
知识目标	基础知识	了解应收款管理系统的基本功能	1-1-1
		了解应收款管理系统的业务处理流程	1-1-2
		了解应收款管理系统初始化设置的基本知识	1-1-3
		掌握日常业务处理的相关基础知识	1-1-4
技能目标	基本技能	会应收款管理系统的初始化设置	1-2-1
		会应收款管理系统日常业务处理	1-2-2
		会应收款管理系统月末处理	1-2-3
	拓展技能	掌握应收款管理系统与销售系统的数据传递关系	1-2-4

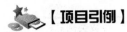【项目引例】

1. 初始设置

(1) 控制参数。

控制参数	参数设置
坏账处理方式	应收款百分比
是否自动计算现金折扣	是
应收款的核销方式	按单据

(2) 设置科目。

科目类别	设置方式
基本科目设置	应收科目（本币）：1122 预收科目（本币）：2203 销售收入科目（本币）：6001 应交增值税科目（本币）：22210105
控制科目设置	所有客户的控制科目： 应收科目：1122　预收科目：2203
结算方式科目设置	结算方式：现金支票；币种：人民币；科目：100201 结算方式：转账支票；币种：人民币；科目：100201

(3) 坏账设置准备。

控制参数	对数设置
提取比例	0.5%
坏账准备期初余额	800
坏账准备科目	1231
对方科目	6701

(4) 计量单位组。

计量单位组编号	计量单位组名称	计量单位组类别
01	无核算关系	无核算率

(5) 计量单位。

计量单位编号	计量单位名称	所属计量单位组名称
01	盒	无核算关系
02	台	无核算关系
03	只	无核算关系
04	千米	无核算关系

(6) 存货分类。

存货类别编码	存货类别名称	存货类别编码	存货类别名称
01	原材料	0102	显示器
0101	主机	0103	键盘
010101	芯片	0104	鼠标
010102	硬盘	02	产成品

续表

存货类别编码	存货类别名称	存货类别编码	存货类别名称
0201	计算机	030201	打印机
03	配套用品	030202	传真机
0301	配套材料	0303	配套软件
0302	配套硬件	09	应税劳务

（7）存货档案。

存货编码	存货名称	所属类别	主计量单位	税率	存货属性	参考成本	参考售价
001	PIII 芯片	芯片	盒	17%	外购，生产耗用，销售	1200	
002	40GB 硬盘	硬盘	盒	17%	外购，生产耗用，销售	800	1000
003	17 英寸显示器	显示器	台	17%	外购，生产耗用，销售	2200	2500
004	键盘	键盘	只	17%	外购，生产耗用，销售	100	120
005	鼠标	鼠标	只	17%	外购，生产耗用，销售	50	60
006	计算机	计算机	台	17%	自制，销售	5000	6500
007	1600K 打印机	打印机	台	17%	外购，销售	2000	2300
008	运输费	应税劳务	千米	7%	外购，销售，应税劳务		

（8）销售类型。

销售类型编号	销售类型名称	出库类别	是否默认值
1	经销	销售出库	是
2	代销	销售出库	否

（9）收发类别。

收发类别编码	收发类别名称	收发标志	收发类别编码	收发类别名称	收发标志
1	正常入库	收	3	正常出库	发
101	采购入库	收	301	销售出库	发
102	产成品入库	收	302	领料出库	发
103	调拨入库	收	303	调拨出库	发
2	非正常入库	收	4	非正常出库	发
201	盘盈入库	收	401	盘亏出库	发
202	其他入库	收	402	其他出库	发

（10）期初余额。

会计科目：应收账款（1122）；余额：借 157 600。

销售普通发票：

开票日期	客户	销售部门	科目	货物名称	数量	单价	金额
09-06-25	宏大公司	销售部	1122	键盘	1992	50	99 600

销售专用发票（增值税发票）：

开票日期	客户	销售部	科目	货物名称	数量	单价	税率	金额
09-07-01	华兴公司	销售部	1122	17 英寸显示器	18	2500	17%	52 650

其他应收单：

单据日期	科目编码	客户	销售部门	金额	摘要
2009-07-01	1122	华兴公司	销售部	5350	代垫运费

（11）开户银行。

编码：01；名称：工商银行城北分理处，账号：831658796200。

2. 2010年8月份发生的经济业务

（1）8月2日，销售部售给宏大公司计算机10台，单价6 500元，开出销售发票，货已发出。

（2）8月4日，销售部出售万达公司17英寸显示器20台，单价2 500元，开出销售增值税发票。货已发出，同时代垫运费5 000元。

（3）8月5日，收到宏大公司交来转账支票一张，金额65 000元，支票号ZZ001，用以归还前欠货款。

（4）8月7日，收到华兴公司交来转账支票一张，金额100 000元，支票号ZZ002，用以归还前欠货款及代垫运费，剩余款转为预收账款。

（5）8月9日，宏大公司交来转账支票一张，金额10 000元，支票号ZZ003，作为预购P3芯片的定金。

（6）8月10日，将万达公司购买17英寸显示器的应收款58 500元转给华兴公司。

（7）8月11日，用宏大公司交来的10 000元订金冲抵其期初应收款项。

（8）8月17日，确认本月4日为万达公司代垫运费5 000元，作为坏账处理。

（9）8月31日，计提坏账准备。

【知识准备】

一、应收款管理系统基础知识

1. 应收管理系统功能概述

在用友ERP-U8管理软件中，应收管理系统主要用于核算和管理客户往来款项；应付款管理系统主要用于核算和管理供应商往来款项。应收应付款管理系统从初始设置、系统功能、系统应用方案、业务流程上都极为相似，因此，在此主要介绍应收款管理系统。

应收款管理系统通过发票、其他应收单、收款单等单据的录入，对企业的往来账款进行综合管理，及时、准确地提供客户的往来账款余额资料，提供各种分析报表，如账龄分析、周转分析、欠款分析、坏账分析、回款情况分析等，通过各种分析报表，帮助用户合理地进行资金的调配，提高资金的利用效率。

应收款管理系统主要提供了参数设置、日常处理、单据查询、账表管理、其他处理等功能。

（1）参数设置：提供系统参数的定义，用户结合企业管理要求进行的参数设置是整个系统运行的基础。提供单据类型设置、账龄区间的设置和坏账初始设置，为各种应收款业务的日常处理及统计分析做准备。提供期初余额的录入，保证数据的完整性与连续性。

（2）日常处理：提供应收单据、收款单据的录入、处理、核销、转账、汇兑损益、制单等处理。

（3）单据查询：提供用户查阅各类单据的功能，如对各类单据、详细核销信息、报警信息、凭证等内容的查询。

（4）账表管理：提供总账表、余额表、明细账等多种账表查询功能；提供应收账款分析、收款账龄分析、欠款分析等丰富的统计分析功能。

（5）其他处理：其他处理提供用户进行远程数据传递的功能；提供用户对核销、转账等处理进行恢复的功能，以便用户进行修改；提供进行月末结账等处理。

2. 应收款管理系统的业务处理流程

应收款管理系统的业务处理流程如图8.1所示。

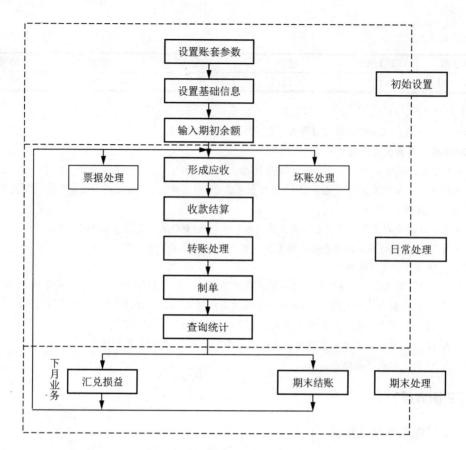

图 8.1 应收款管理系统处理流程

二、系统初始设置基础知识

1. 系统选项的设置

在运行系统前,应在此设置运行所需要的账套参数,以便系统根据企业所设定的选项进行相应的处理。

2. 系统初始设置

初始设置的作用是建立应收款管理的基础数据,它主要是确定使用哪些单据处理应收业务,确定需要进行账龄管理的账龄区间。有了这功能,用户可以选择使用自己定义的单据类型,使应收业务管理更符合用户的需要。它包括凭证科目的设置、单据类型的设置、账龄区间设置、坏账初始设置、报警级别的设置。

3. 应收系统基础档案的设置

应收系统的基础档案设置主要包括存货分类、计量单位设置、存货档案设置、付款条件设置、开户银行设置等。

4. 录入期初余额

通过期初余额录入功能,用户可将正式启用账套前的所有应收业务数据录入到系统中,作为期初建账的数据,系统即可对其进行管理,这样既保证了数据的连续性,又保证了数据的完整性。

当初次使用本系统时,要将上期未处理完全的单据都录入到本系统,以便于以后的处理。当进入第二年度处理时,系统自动将上年度未处理完全的单据转成为下一年度的期初余额。在下一年度的第一个会计期间里,可以进行期初余额的调整。

注意:单据日期必须小于该账套启用期间(第一年使用)或者该年度会计期初(以后年度使用)。单据中的科目栏目用于输入该笔业务的入账科目,该科目可以为空。建议用户在录入期初单据时,最好录入科目信息,这样可以执行与总账对账功能,而且可以查询正确的科目明细账。发票和应收单的方向包括正向和负向，类型包括系统预置的各类型以及用户定义的类型。如果是预收款和应收票据，则不用选择方向，系统均默认为正向。增加预收款时，可以选择单据类型（收款单、付款单）。若当月已结账，则不允许再进行增加、修改、删除期初数据了。

三、日常业务处理基础知识

日常处理是应收款管理系统的重要组成部分，是经常性的应收业务处理工作。日常业务主要完成企业日常的应收/收款业务录入、应收/收款业务核销、应收并账、汇兑损益以及坏账的处理，及时记录应收/收款业务的发生，为查询和分析往来业务提供完整、正确的资料，加强对往来款项的监督管理，提高工作效率。

1. 应收单据处理

1）单据处理

应收单的实质是一张凭证，用于记录用户销售业务之外所发生的各种其他应收业务。表头中的信息相当于凭证中的一条分录的信息，表头科目为核算该客户所欠款项的一个科目。应收单表头科目必须是应收系统的受控科目。表头科目的方向即为用户所选择的单据的方向。应收单表体信息可以不输入，不输入的情况下单击【保存】按钮，系统会自动形成一条方向相反、金额相等的记录，用户可修改。表体中的一条记录也相当于凭证中的一条分录。当输入了表体内容后，表头、表体中的金额合计应借、贷方相等。

2）收款结算

收款结算是应收款业务日常处理中的一项重要内容，是将已收到的款项作为收款单录入应收管理系统，由应收系统对销售发票或应收单进行核销，或将收款单金额形成预收款。

如果预收了一个客户的款项，当时还没有发生销售业务，则可以录入收款单，选择款项类型为预收款，将该笔款项作为预收款。若一笔款项中，既包含了客户支付的应收款，又包含了客户提前支付的预收款，则可将此笔业务录入收款单，表体分为两条记录，支付应收部分款项类型为应收款，支付预收款部分款项类型为预收款。若一笔收款单中的金额大于应收款金额时，则收到的货款一部分核销原欠款，剩余的形成预收款。全部形成预收款的收款单可在结算单查询功能中查看，以后可以在"预收冲应收"以及"核销"等操作中使用此笔款项。

核销就是指确定收/付款单与原始的发票、应收单之间的对应关系的操作，即指明每一次收款是收的哪几笔销售业务的款项。明确核销关系后，可以进行精确的账龄分析，更好地管理应收账款。单据核销的作用是解决收回客商款项核销客商应收款的处理，建立收款与应收款的核销记录，监督收款及时核销，加强往来款项的管理。

手工核销指由用户手工确定收款单核销与它们对应的应收单的工作。通过本功能可以根据查询条件选择需要核销的单据，然后手工核销，加强了往来款项核销的灵活性。自动核销指用户确定收款单核销与它们对应的应收单的工作。通过本功能可以根据查询条件选择需要核销的单据，然后系统自动核销，加强了往来款项核销的效率性。

核销有几种情况：收款单与应收单（即销售发票与应收单）完全核销，即收款单金额与应收单金额相等所进行的核销；同时使用收款单与预收款进行核销；收款单的金额部分核销以前的应收单据，形成部分预收款。

核销时，收款金额应与"本次结算"合计相等。收款单金额与"使用预收款"之和应等于"本次结算"合计。

应收系统中付款单应与红字销售发票或红字应收单进行核销。

3）转账处理

应收款管理系统提供的转账处理功能是处理日常业务中涉及的预收款冲抵应收款、应收款冲抵应付款等业务。

（1）应收冲应收。指将一家客户的应收款转到另一家客户中。通过应收冲应收功能将应收账款在客商之间进行转入、转出，实现应收业务的调整，解决应收款业务在不同客商间入错户或合并户问题。

（2）预收冲应收。通过预收冲应收处理客户的预收款和该客户应收欠款的转账核销业务。

（3）应收冲应付。用某客户的应收账款冲抵某供应商的应付款项。系统通过应收冲应付功能将应收业务在客户和供应商之间进行转账，实现应收业务的调整，解决应收债权与应付债务的冲抵。

2. 坏账处理

坏账处理指系统提供的计提应收坏账准备处理、坏账发生后的处理、坏账收回后的处理等功能。坏账处理的作用是系统自动计提应收款的坏账准备，当坏账发生时即可进行坏账核销，当被核销坏账又收回时，即可进行相应处理。系统提供的计提坏账的方法主要有销售收入百分比法、应收账款百分比法和账龄分析法。在进行坏账处理之前，首先在系统选项中选择坏账处理方式，然后在初始设置中设置坏账准备参数。企业应当依据以往的经验、债务单位的实际情况制定计提坏账准备的政策，明确计提坏账准备的范围、提取方法、账龄的划分和提取比例。

3. 票据管理

利用票据管理功能，用户可以对银行承兑汇票和商业承兑汇票进行管理，可以记录票据详细信息，记录票据处理情况，查询应收票据（包括即将到期且未结算完的票据）。

4. 制单处理

制单即生成凭证，并将凭证传递至总账记账。系统在各个业务处理的过程中都提供了实时制单的功能。除此之外，系统提供了一个统一制单的平台，用户可以在此快速、成批生成凭证，并可依据规则进行合并制单等处理。

5. 统计分析

统计分析指系统提供的对应收业务进行的账龄分析。通过统计分析，可以按用户定义的账龄区间，进行一定期间内应收账款账龄分析、收款账龄分析、往来账龄分析，了解各个客户应收款的周转天数、周转率，了解各个账龄区间内应收款、收款及往来情况，及时发现问题，加强对往来款项的动态管理。

6. 期末处理

应收款管理系统的期末处理工作主要包括汇兑损益和月末结账。

1) 汇兑损益

如果客户往来有外币核算，且在总账管理系统中"账簿选项"选取客户往来由"应收款系统"核算，则在此计算外币单据的汇兑损益并对其进行相应的处理。

2) 月末结账

确认本月的各项处理已经结束，就可以选择执行月末结账功能了。当执行了月末结账功能后，该月将不能再进行任何处理。

注意：如果本月的前一个月没有结账，则本月不能结账；一次只能选择一个月进行结账；应收款管理系统与销售管理系统集成使用，应在销售管理系统结账后，才能对应收系统进行结账处理；当选项中设置审核日期为单据日期时，本月的单据（发票和应收单）在结账前应该全部审核；当选项中设置审核日期为业务日期时，截止到本月末还有未审核单据（发票和应收单），照样可以进行月结处理；如果还有合同结算单未审核，仍然可以进行月结处理；如果本月的收款单还有未审核的，不能结账；当选项中设置月结时必须当月单据以及处理业务全部制单，则月结时若检查当月有未制单的记录时不能进行月结处理；当选项中设置月结时不用检查是否全部制单，则无论当月有无未制单的记录，均可以进行月结处理；如果是本年度最后一个期间结账，建议将本年度进行的所有核销、坏账、转账等处理全部制单，否则不能进行下一个年度结转，而且对于本年度外币余额为 0 的单据必须将本币余额结转为 0，即必须执行汇兑损益。

3) 取消结账

取消结账功能帮助用户取消最近月份的结账状态。

【操作提示】

引入"项目三"账套数据。

任务一 应收款管理系统初始设置

1. 启用并进入应收款管理系统

（1）以账套主管"孙伟"的身份登录企业应用平台，启用"应收款管理"系统，启用日期"2010-08-01"。

（2）在企业应用平台的"业务工作"选项卡中，执行"财务会计"→"应收款管理"命令，打开应收款管理菜单。

2．设置控制参数

（1）执行"设置"→"选项"命令，弹出"账套参数设置"对话框，单击【编辑】按钮。

（2）坏账处理方式为"按应收余额百分比法"，如图 8.2 所示；选中"自动计算现金折扣"复选框，选择应收款的核销方式为"按单据"，其他参数不变，单击【确定】按钮。

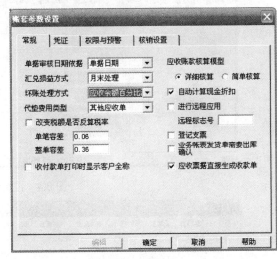

图 8.2　账套参数设置

🔍【注意】

应收款管理系统核销方式一经确定，不允许调整；如果当年已计提过坏账准备，则坏账处理方式不允许修改，只能在下一年度修改。

3．初始设置

（1）执行"设置"→"初始设置"，进入"初始设置"窗口。

（2）按项目资料进行基本科目设置、控制科目、结算方式科目设置、坏账准备设置（如图 8.3～图 8.6 所示）、账期内账龄区间设置、报警级别设置。

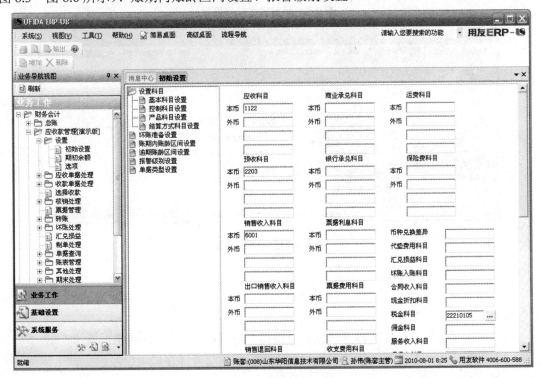

图 8.3　基本科目设置

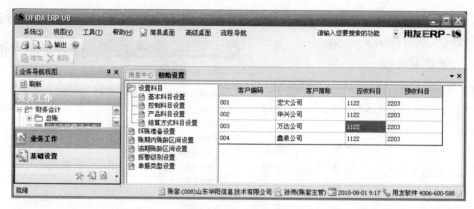

图8.4 控制科目设置

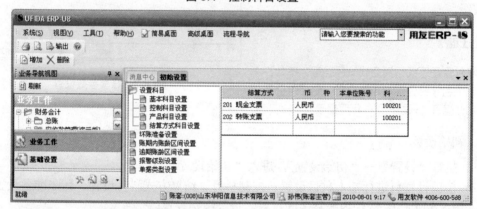

图8.5 结算方式科目设置

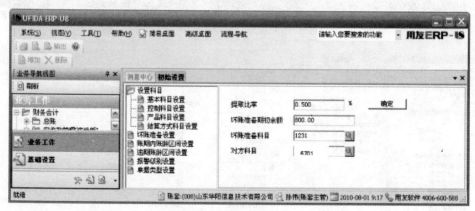

图8.6 坏账准备设置

4．设置计量单位组和计量单位

（1）在"企业应用平台"中，执行"基础设置"→"基础档案"→"存货"→"计量单位"命令，进入"计量单位—计量单位级别"窗口。

（2）单击【分组】按钮，打开"计量单位组"对话框，如图8.7所示。

（3）单击【增加】按钮，按项目资料输入单位组信息并保存后退出。

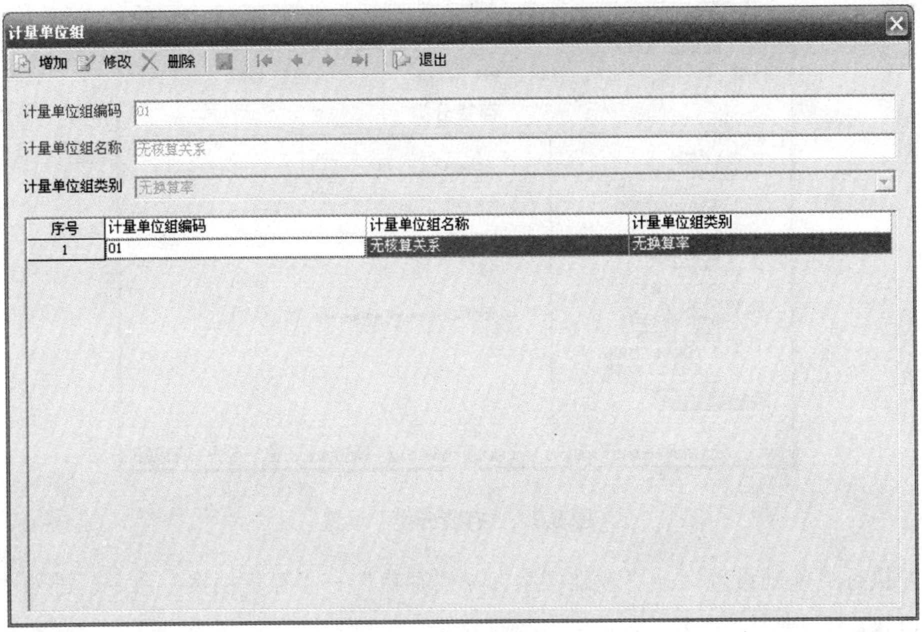

图 8.7 计量单位组

(4)选择"无换算关系"计量单位组,单击【单位】按钮,弹出"计量单位"设置对话框,按项目资料输入单位信息,如图 8.8 所示。

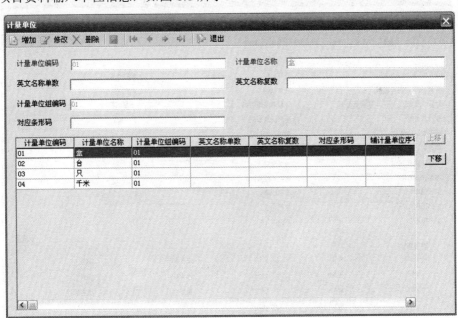

图 8.8 "计量单位"设置

5. 设置存货分类和存货档案

(1)在"企业应用平台"中,执行"基础设置"→"基础档案"→"存货"→"存货分类"命令,进入"存货分类"窗口。

(2)按项目资料进行"存货分类"设置,如图 8.9 所示。

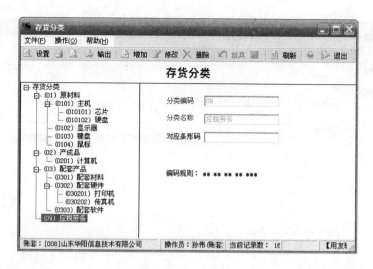

图 8.9 "存货分类"设置

(3)执行"基础设置"→"基础档案"→"存货"→"存货档案"命令,进入"存货档案"窗口。

(4)选择存货分类"10101 芯片",单击【增加】按钮,进入"增加存货档案"窗口,按资料录入 PIII 芯片的信息,如图 8.10 所示。

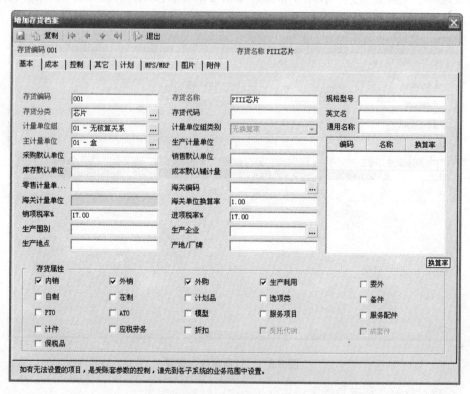

图 8.10 增加存货档案

(5)按项目资料输入存货档案,如图 8.11 所示。

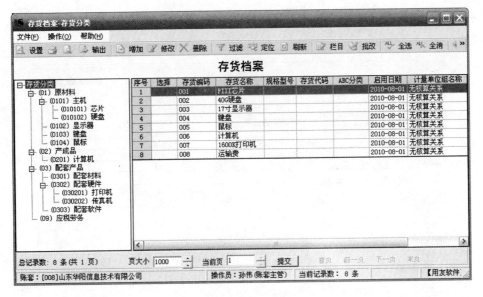

图 8.11　存货档案

6．输入期初余额

1）输入期初销售发票

（1）执行"设置"→"期初余额"命令，弹出"期初余额—查询"对话框，如图 8.12 所示。

（2）单击【确定】按钮，进入"期初余额明细表"窗口。

（3）单击【增加】按钮，弹出"单据类型"对话框，如图 8.13 所示。

图 8.12　"期初余额—查询"窗口

图 8.13　单据类型

（4）选择单据名称"销售发票"，单据类型"销售普通发票"。

（5）单击【确定】按钮，打开"期初销售发票"窗口。

（6）单击【增加】按钮，输入开票日期"2009-06-25"，客户名称"宏大公司"，销售部门"销售部"，科目"1122"。

（7）选择货物名称"键盘"，输入数量"1992"，金额自动算出，如图8.14所示。单击【保存】按钮。

图8.14 销售普通发票

（8）同理，单据类型选择"销售专用发票"（增值税发票），如图8.15所示。

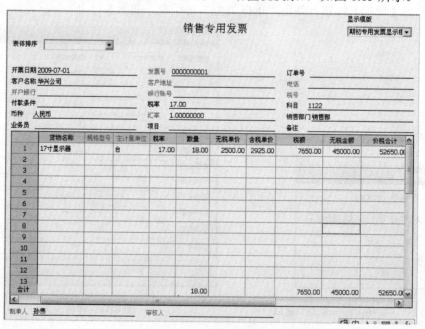

图8.15 销售专用发票

2）输入期初其他应收单

（1）在"期初余额明细表"窗口中，单击【增加】按钮，弹出"单据类别"对话框。

（2）选择单据名称"应收单"，单据类型"其他应收单"，单击【确认】按钮，进入"期初录入—其他应收单"窗口。

（3）单击【增加】按钮，输入开票日期"2009-07-01"，科目"1122"，客户名称"华兴公司"，金额"5 350"，摘要"代垫运费"，如图8.16所示。单击【保存】按钮。

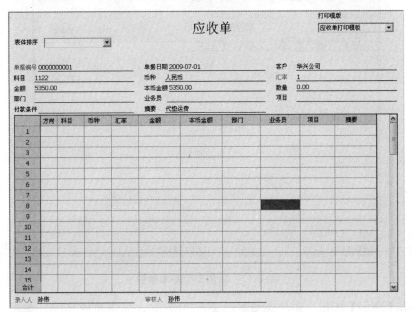

图8.16 应收单

3）期初对账

（1）在"期初余额明细表"窗口中，单击【对账】按钮，进入"期初对账"窗口。

（2）看应收款管理系统与总账管理系统的期初余额是否平衡。

（3）关闭"期初对账"窗口，返回"期初余额明细表"窗口。

【注意】

应收款管理系统与总账管理系统的期初余额的金额为零，即两个系统的客户往来科目的期初余额应完全一致。

7．输入开户银行信息

在企业应用平台"设置"中，执行"基础档案"→"收付结算"→"本单位开户银行"命令，输入本单位的开户银行信息。

任务二 增加应收款

1．输入并审核普通发票

（1）执行"应收单据处理"→"应收单据录"命令，弹出"单据类型"对话框。

（2）选择单据名称"销售发票"，单据类型"销售普通发票"。

（3）单击【确认】按钮，进入"销售普通发票"窗口。

（4）单击【增加】按钮，输入开票日期"2010-08-02"，客户"宏大公司"。

（5）单击【销售类型】参照按钮，打开"销售类型基本参照"窗口，如图8.17所示。单击【编辑】按钮，打开"销售类型"设置窗口。

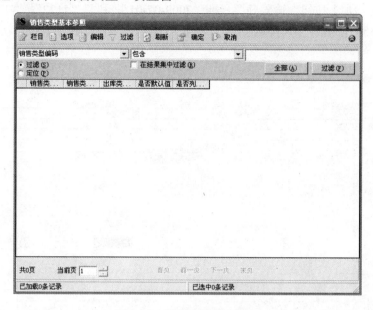

图8.17　销售类型基本参照

（6）单击【增加】按钮，销售类型名称录入"经销"，如图8.18所示。单击【出库类别】参照按钮，打开"收发类别档案基本参照"窗口，单击【编辑】按钮进入"收发类别"设置窗口。

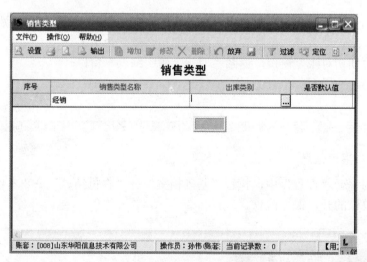

图8.18　销售类型

（7）根据资料设置收发类别，在这里只设置"销售出库"。单击【退出】按钮，返回到"销售类型"设置窗口。再单击【保存】按钮，录入销售类型"代销"，退出"销售类型"窗口。

（8）选择货物名称"计算机"；输入数量"10"，单价"6 500"，金额自动算出，如图8.19所示。单击【保存】按钮。

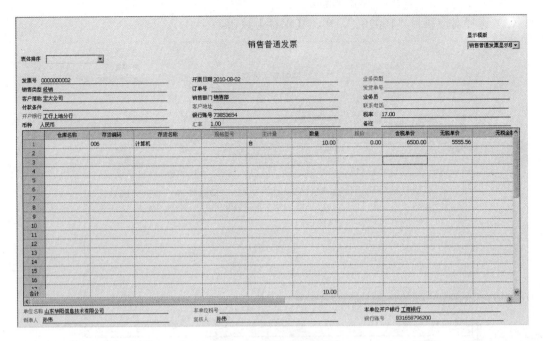

图 8.19 销售普通发票

（9）单击【审核】按钮，系统弹出"是否立即制单？"信息提示对话框。
（10）单击【否】按钮，暂不生成凭证。单击【退出】按钮。

【注意】

如果应收款管理系统和销售管理系统集成使用时，销售发票在销售管理系统输入并审核，应收款管理系统可对这些销售发票进行查询、核销、制单等操作；如果没有使用销售管理系统，则在应收款管理系统中输入并审核销售发票，以形成应收款，并对这些发票进行查询、核销、制单等操作。

2．输入并审核专用发票

（1）执行"应收单据处理"→"应收单据录入"命令，弹出"单据类型"对话框。
（2）选择单据名称"销售发票"，单据类型"销售专用发票"。
（3）单击【确认】按钮，进入"销售专用发票"窗口。
（4）单击【增加】按钮，输入开票日期"2010-08-04"，客户"万达公司"。
（5）选择货物名称"17 英寸显示器"；输入数量"20"，单价"2 500"，金额自动算出，如图 8.20 所示。单击【保存】按钮。
（6）单击【审核】按钮，系统弹出"是否立即制单？"信息提示对话框。
（7）单击【否】按钮，暂不生成凭证，单击【退出】按钮。

3．输入并审核其他应收单据

（1）执行"应收单据处理"→"应收单据录入"命令，弹出"单据类型"对话框。
（2）选择单据名称"应收单"，单据类型"其他应收单"。
（3）单击【确认】按钮，进入"其他应收单"窗口。
（4）单击【增加】按钮，输入开票日期"2010-08-04"，客户"万达公司"，金额"5 000"元，摘要"代垫运费"，如图 8.21 所示。

（5）选择对应科目“100201”，单击【保存】按钮。

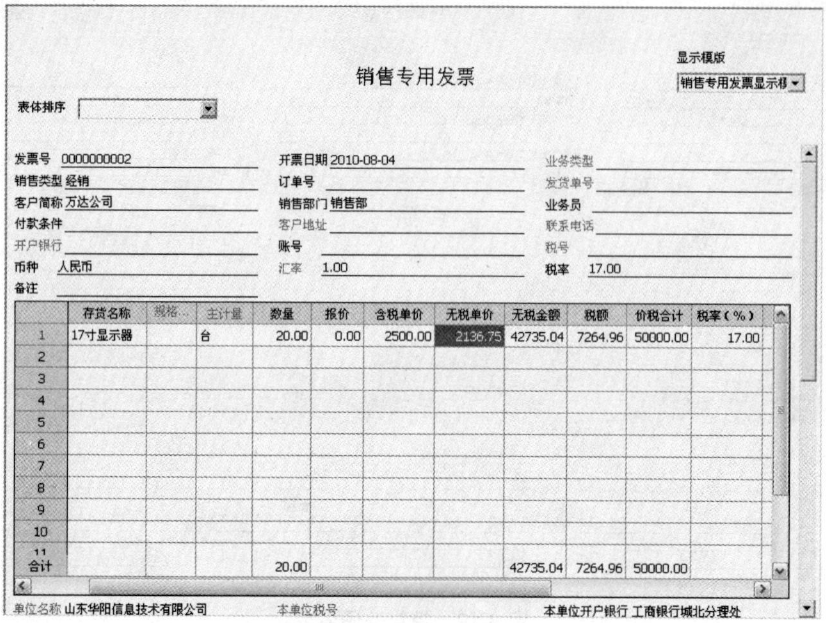

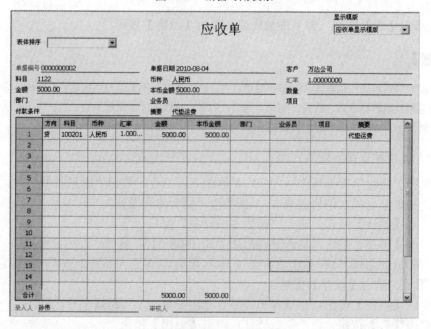

销售专用发票

显示模版：销售专用发票显示模

表体排序

发票号 0000000002　开票日期 2010-08-04　业务类型

销售类型 经销　订单号　发货单号

客户简称 万达公司　销售部门 销售部　业务员

付款条件　客户地址　联系电话

开户银行　账号　税号

币种 人民币　汇率 1.00　税率 17.00

备注

	存货名称	规格...	主计量	数量	报价	含税单价	无税单价	无税金额	税额	价税合计	税率（%）
1	17寸显示器		台	20.00	0.00	2500.00	2136.75	42735.04	7264.96	50000.00	17.00
2											
3											
4											
5											
6											
7											
8											
9											
10											
11											
合计				20.00				42735.04	7264.96	50000.00	

单位名称 山东华阳信息技术有限公司　本单位税号　本单位开户银行 工商银行城北分理处

图 8.20　销售专用发票

应收单

显示模版：应收单显示模版

表体排序

单据编号 0000000002　单据日期 2010-08-04　客户 万达公司

科目 1122　币种 人民币　汇率 1.00000000

金额 5000.00　本币金额 5000.00　数量

部门　业务员　项目

付款条件　摘要 代垫运费

	方向	科目	币种	汇率	金额	本币金额	部门	业务员	项目	摘要
1	贷	100201	人民币	1.000...	5000.00	5000.00				代垫运费
2										
3										
4										
5										
6										
7										
8										
9										
10										
11										
12										
13										
14										
15										
合计					5000.00	5000.00				

录入人 孙伟　审核人

图 8.21　应收单

（6）单击【审核】按钮，系统弹出“是否立即制单？”信息提示对话框。

（7）单击【否】按钮，暂不生成凭证，单击【退出】按钮。

【注意】

已审核和生成凭证的应收单不能修改删除。若要修改和删除，必须取消相应的操作；应收款管理系统与销售管理系统集成使用时，需要由销售管理系统中代垫费用单据所形成的应收款单据进行审核。

任务三　收款结算

1. 输入一张收款单据并完全核销应收款

（1）执行"收款单据处理"→"收款单据录入"命令，进入"收款单据录入"窗口。

（2）单击【增加】按钮，输入日期"2010-08-05"，客户"宏大公司"，结算方式"转账支票"，金额"65 000"，支票号"ZZ002"，单击【保存】按钮。

（3）单击【审核】按钮，系统弹出"是否立即制单？"信息提示对话框。

（4）单击【否】按钮，暂不生成凭证。

（5）单击【核销】按钮，弹出"核销条件"对话框，单击【确定】按钮，进入"单据核销"界面，在 8 月 2 日的发票中输入本次结算金额"65 000"，如图 8.22 所示。单击【保存】按钮。

图 8.22　"单据核销"界面

【注意】

录入收款单据内容时，结算方式、结算科目及金额不能为空；系统自动生成的结算单据号不能进行修改；已核销的收款单据不允许修改和删除。

2. 输入一张收款单据，部分核销应收款，部分形成预收账款

（1）在"收款单录入"窗口，单击【增加】按钮。

（2）输入日期"2010-08-07"，选择客户"华兴公司"，结算方式"转账支票"，金额"100 000"，支票号"ZZ001"，单击【保存】按钮。

（3）单击【审核】按钮，系统弹出"是否立即制单？"信息提示对话框。单击【否】按钮，暂不生成凭证。

（4）单击【核销】按钮，在结算单据中，输入本次结算金额"52 650"，其他应收单据本次结算额"5 350"元，收款单据本次结算额"58 000"，如图 8.23 所示。单击【保存】按钮。

（5）系统弹出"是否将剩余金额作为预收款处理"的信息提示对话框，单击【是】按钮。

3. 输入一张收款单据全部形成预收款

（1）在"结算单录入"窗口，单击【增加】按钮。

图 8.23 核销窗口

（2）输入表头项目：选择客户"宏大公司"，输入日期"2010-08-09"，结算方式"转账支票"，金额"10 000"，支票号"ZZ003"。输入表体项目：款项类型"预收款"，如图 8.24 所示。

图 8.24 收款单

（3）单击【保存】按钮，系统弹出"是否立即制单？"信息提示对话框。
（4）单击【否】按钮，暂不生成凭证。单击【退出】按钮。

【注意】

全部款项形成预收款的收款单，可在"结算单查询"功能中查看；以后可在"预收冲应收"以及"核销"等操作中使用此笔预收款。

任务四 转账处理

1. 应收冲应收

（1）执行"日常处理"→"转账"→"应收冲应收"命令，进入"应收冲应收"窗口，如图 8.25 所示。

（2）输入日期"2010-08-10"，选择转出客户"万达公司"，转入客户"华兴公司"。

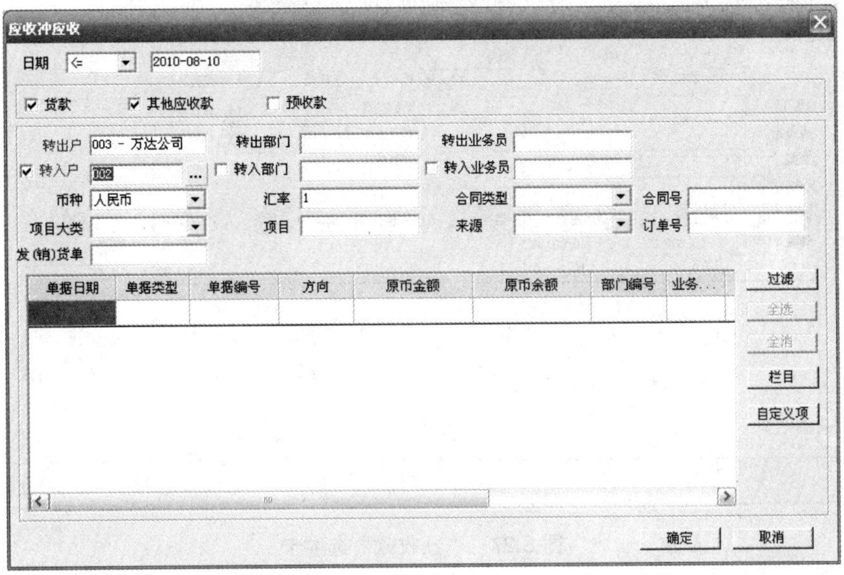

图 8.25 "应收冲应收"窗口

（3）单击【过滤】按钮，系统列出转出客户"万达公司"的未核销的应收款，如图 8.26 所示。

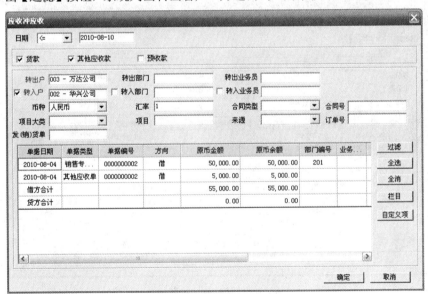

图 8.26 "过滤"结果

（4）双击专用发票单据行，单击【确认】按钮，系统弹出"是否立即制单？"信息提示对话框。

（5）单击【否】按钮。暂不生成凭证。单击【取消】按钮退出。

2．预收冲应收

（1）执行"日常处理"→"转账"→"预收冲应收"命令，进入"预收冲应收"窗口。

（2）输入日期"2010-08-11"，选择"预收款"选项卡，选择客户"宏大公司"，单击【过滤】按钮，系统列出该客户的预收款，输入转账金额"10 000"，如图 8.27 所示。

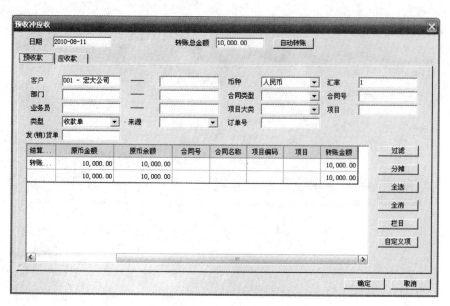

图 8.27 "预收款"选项卡

（3）选择"应收款"选项卡，单击【过滤】按钮，系统列出该客户的应收款，输入转账金额"10 000"，如图 8.28 所示。

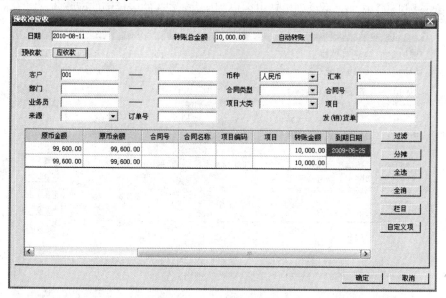

图 8.28 "应收款"选项卡

（4）单击【确定】按钮，系统弹出"是否立即制单？"信息提示对话框。
（5）单击【否】按钮，暂不生成凭证。

🔍【注意】

每一笔应收款的转账金额不能大于其余额；应收款的转账金额合计应该等于预收款的转账金额合计；在初始设置时，如果将应收科目和预收科目设置为同一科目，将无法通过预收冲应收功能生成凭证；此笔预收款也可以不先冲应收，待收到此笔货款的剩余款并进行核销时，再同时使用此笔预收款进行核销。

任务五 坏账处理

1. 发生坏账

（1）执行“坏账处理”→“坏账发生”命令，弹出“坏账发生”对话框。

（2）选择客户“万达公司”，输入日期“2010-08-17”，选择币种“人民币”。

（3）单击【确认】按钮，进入“坏账发生单据明细”窗口，系统列出该客户所有未核销的应收单据。

（4）在“本次发生坏账金额”处输入“5 000”，单击【确认】按钮，如图 8.29 所示。

坏账发生单据明细

单据类型	单据编号	单据日期	合同号	合同名称	到期日	余额	部门	业务员
其他应收单	0000000002	2010-08-04			2010-08-04	5,000.00		
合计						5,000.00		

图 8.29 坏账发生单据明细

（5）系统弹出“是否立即制单？”信息提示对话框。单击【否】按钮，暂不生成凭证。

2. 计提坏账准备

（1）执行“日常处理”→“计提坏账准备”命令，进入“应收账款百分比法”窗口。

（2）系统根据应收账款余额、坏账准备金额、坏账准备初始设置情况自动计算出本次计提金额，如图 8.30 所示。单击【确认】按钮，系统弹出“是否立即制单？”信息提示对话框。单击【否】按钮，暂不生成凭证。

应收账款...	计提比率	坏账准备	坏账准备余额	本次计提
97,600.00	0.500%	488.00	-4,200.00	4,688.00

-4,200.00

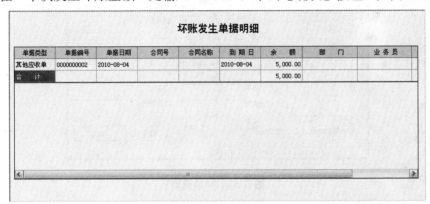

图 8.30 本次计提金额

【注意】

如果坏账准备已计提成功，本年度将不能再次计提坏账准备。

任务六 制 单

1. 立即制单

（1）在单据进行完相应的操作后，系统弹出“是否立即制单？”信息提示对话框。单击【是】按钮，就可以立即生成一张凭证。

（2）修改后，单击【保存】按钮，此凭证可传递到总账管理系统中。

2．批量制单

（1）执行"制单处理"命令，弹出"制单查询"对话框，如图8.31所示。

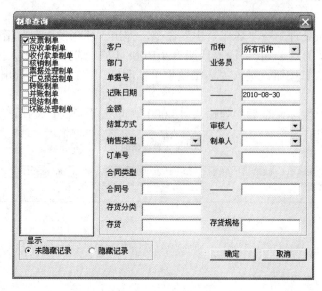

图8.31　制单查询

（2）选中"发票制单"复选框，单击【确定】按钮，进入"销售发票制单"窗口。

（3）选择凭证类别，单击【全选】按钮，如图8.32所示。

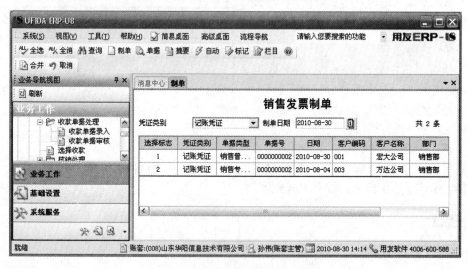

图8.32　"销售发票制单"窗口

（4）单击【制单】按钮，进入"填制凭证"窗口。

（5）单击【保存】按钮，凭证左上角出现"已生成"字样，表明此凭证已传递至总账，如图8.33所示。

（6）单击【上张】、【下张】按钮，保存其他需要保存的凭证。

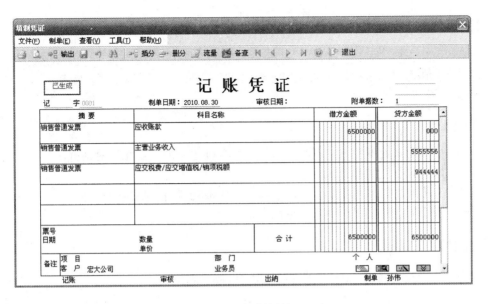

图 8.33 生成的凭证

（7）完成应收单据制单、收付款单据制单、转账制单、并账制单、坏账处理制单。

 任务七 查询统计

（1）单据查询。
（2）业务账表查询。
（3）科目账表查询。
（4）账龄分析。

 任务八 期末处理

1．结账

（1）执行"期末处理"→"月末结账"命令，弹出"月末处理"对话框。

（2）双击八月份的"结账标志"栏，如图 8.34 所示。

（3）单击【下一步】按钮，屏幕显示各类型的处理情况。

（4）在处理情况都是"是"的情况下，单击【确认】按钮，结账后，系统弹出"月末结账成功！"信息提示对话框。

（5）单击【确认】按钮，系统自动在对应的结账月份的"结账标志"栏中显示"已结账"字样。

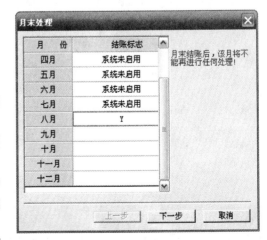

图 8.34 月末处理

🔍 **【注意】**

①本月的单据在结账前应该全部审核;本月的结算单据在结账前应全部核销。②应收款系统结账后,总账管理系统才能结账。③应收款管理系统与销售管理系统集成使用,应在销售管理系统结账后,才能对应收管理系统进行结账处理。

2. 取消结账

(1) 执行"期末处理"→"取消结账"命令,弹出"取消结账"对话框。
(2) 选择"8 月 已结账"月份。
(3) 单击【确认】按钮,系统弹出"取消结账成功!"信息提示对话框。
(4) 单击【确定】按钮,当月结账标志即被取消。

🔍 **【注意】**

如果当月总账管理系统已经结账,则应收管理系统不能取消结账。

项目九

供应链管理系统初始化设置

GONGYINGLIAN GUANLI XITONG CHUSHIHUA SHEZHI

【职业能力目标】

目标类型		能力要素	要素编号
知识目标	基础知识	了解供应链各模块的初始化设置相关基础知识	1-1-1
		了解供应链管理系统的月末结账流程	1-1-2
技能目标	基本技能	会采购管理系统的初始化设置	1-2-1
		会销售管理系统的初始化设置	1-2-2
		会库存、存货管理系统的初始化设置	1-2-3
	拓展技能	掌握供应管理系统中各模块的数据传递关系	1-2-4

【项目引例】

1. 基础信息

(1) 存货分类。

存货类别编码	存货类别名称
01	原材料
0101	主机
010101	芯片
010102	硬盘
0102	显示器
0103	键盘
0104	鼠标
02	产成品
0201	计算机
03	配套用品
0301	配套材料
0302	配套硬件
030201	打印机
030202	传真机
0303	配套软件
09	应税劳务

(2) 计量单位组。

计量单位组编号	计量单位组名称	计量单位组类别
01	无核算关系	无核算率

(3) 计量单位。

计量单位编号	计量单位名称	所属计量单位组名称
01	盒	无核算关系
02	台	无核算关系
03	只	无核算关系
04	千米	无核算关系

(4) 存货档案。

存货编码	存货名称	所属类别	主计量单位	税率	存货属性
001	PIII 芯片	芯片	盒	17%	外购, 生产耗用, 销售
002	40GB 硬盘	硬盘	盒	17%	外购, 生产耗用, 销售
003	17 英寸显示器	显示器	台	17%	外购, 生产耗用, 销售
004	键盘	键盘	只	17%	外购, 生产耗用, 销售
005	鼠标	鼠标	只	17%	外购, 生产耗用, 销售
006	计算机	计算机	台	17%	自制, 销售
007	1600K 打印机	打印机	台	17%	外购, 销售
008	运输费	应税劳务	千米	7%	外购, 销售, 应税劳务

（5）仓库档案。

仓库编码	仓库名称	计价方式
1	原料库	移动平均法
2	成品库	移动平均法
3	配套用品库	移动平均法

（6）收发类别。

收发类别编码	收发类别名称	收发标志	收发类别编码	收发类别名称	收发标志
1	正常入库	收	3	正常出库	发
11	采购入库	收	31	销售出库	发
12	产成品入库	收	32	领料出库	发
13	调拨入库	收	33	调拨出库	发
2	非正常入库	收	4	非正常出库	发
21	盘盈入库	收	41	盘亏出库	发
22	其他入库	收	42	其他出库	发

（7）采购类型。

采购类型编号	采购类型名称	入库类别	是否默认值
1	普通采购	采购入库	是

（8）销售类型。

销售类型编号	销售类型名称	出库类别	是否默认值
1	经销	销售出库	是
2	代销	销售出库	否

（9）开户银行。

编码：01；名称：工商银行城北分理处；账号：831658796200。

2. 设置基础科目

（1）存货核算系统。

存货科目：按照存货分类设置存货科目。

仓库	存货科目
原料库	生产用原材料（140301）
成品库	库存商品（1405）
配套用品库	库存商品（1405）

对方科目：根据收发类别设置对方科目。

收发类别	对方科目
采购入库	材料采购（1401）
产成品入库	生产成本/直接材料（500101）
盘盈入库	待处理资产损溢（190101）
销售出库	主营业务成本（6401）
领料出库	生产成本/直接材料（500101）

（2）应收款管理系统。

应收款核销方式：按单据；坏账处理方式：应收余额百分比；其他参数为系统默认。

基本科目设置：应收科目1122，预收科目2203，销售收入科目6001，应交增值税科目22210105，其他的暂时不设置。

结算方式科目：现金结算对应科目1001，转账支票对应科目100201，现金支票对应科目100201。

坏账准备设置：提取比例0.5%，期初余额10 000，科目1231，对方科目6701。

账期内账龄区间设置：

序号	起止天数	总天数
01	0～30	30
02	31～60	60
03	61～90	90
04	91～120	120
05	121以上	

报警级别设置：

序号	起止比率	总比率	级别名称
01	0以上	10%	A
02	10%～30%	30%	B
03	30%～50%	50%	C
04	50%～100%	100%	D
05	100%以上		E

（3）应付管理系统。

应付款核销方式：按单据；其他参数为系统默认。

科目设置：应付科目2202，预付科目1123，采购科目1401，采购税金科目22210101，其他的暂时不设置。

结算方式科目设置：现金结算对应科目1001，转账支票对应科目100201，现金支票对应科目100201。

账期内账龄和报警级别参照应收管理系统。

3. 期初数据

（1）采购管理系统期初数据。

7月25日，收到信达公司提供的40GB硬盘100盒，单价为800元，商品已验收入原材料库，至今未收到发票。

（2）销售管理系统期初数据。

7月28日，销售部向华兴公司出售计算机10台，报价为6 500元，由成品库发货。该发货单尚未开票。

（3）库存和存货核算系统期初数据。

7月31日，对各个仓库进行了盘点，结果如下：

仓库名称	存货名称	数量	结存单价/元
原料库	PIII芯片	700	1 200
	40GB硬盘	200	820
成品库	计算机	380	4 800
配套用品库	1600K打印机	400	1 800

（4）应收款管理系统期初数据。

应收账款科目的期初余额为157 600元，以应收单形式录入。

日期	客户	方向	金额/元	业务员
2010-06-25	宏大公司	借	99 600	赵静
2010-07-10	华兴公司	借	58 000	赵静

（5）应付款管理系统期初数据。

应付账款科目的期初余额为 276 850 元，以应付单形式录入。

日期	供应商	方向	金额/元	业务员
2010-05-20	信达公司	贷	276850	张伟

【知识准备】

一、采购管理系统初始化设置

1. 系统选项

系统选项也称系统参数、业务处理控制参数，它是指企业业务处理过程中所使用的各种控制参数，系统参数的设置将决定用户使用系统的业务流程、业务模式、数据流向。用户进行选项设置之前，一定要详细了解选项设置对于业务处理流程的影响，并结合企业业务需要进行设置。由于有些选项在日常业务开始后不能随意更改，用户最好在业务开始前进行全盘考虑，尤其一些对其他系统有影响的选项设置更要考虑清楚。采购选项主要包括业务及权限控制、公共及参照控制、采购预警和报警设置。

2. 基础档案

用户需要进行基础档案的设置。基础档案如有无法设置的栏目，是因为受系统参数的控制，应先到各产品的选项中设置。

3. 期初数据

账簿都有期初数据，以保证其数据的连续性。初次使用采购管理系统应先输入期初数据。期初数据包括以下内容：

（1）期初暂估入库。企业在期初会有暂估入库存货，若企业是第一次启用采购管理系统，则应在采购管理系统未进行采购期初记账前录入上月月末暂估入库存货数据。

（2）期初在途存货。本月期初还在途中的存货数据要录入系统中，用以反映期初单已到但货未到的情况。

4. 采购期初记账

期初记账是将采购期初数据记入有关采购账。期初记账后，期初数据不能增加、修改，除非取消期初记账。没有期初数据也要执行期初记账，否则不能开始日常业务。

二、销售管理系统初始化设置

1. 销售业务选项

（1）是否有零售日报业务。若有，系统增加"零售"菜单项，相关账表如销售收入明细账中包含零售日报的数据；否则，系统不能处理零售日报业务。此功能可以作为与前台销售收款系统的接口。

（2）是否有销售调拨业务。若有，系统增加"销售调拨"菜单项，相关账表如销售收入明细账中包含销售调拨单的数据；否则，系统不能处理内部销售调拨业务。

（3）是否有委托代销业务。若有，系统增加"委托代销"菜单项，增加委托代销明细账等账表；否则，系统不能处理委托代销业务。

（4）是否有分期收款业务。若有，填制销售单据时可选择分期收款业务类型，否则不可用。

（5）是否有直运销售业务。若有，可选择直运销售业务类型，否则不可用。销售管理的直运业务选项影响采购管理的直运业务。

（6）是否生成销售出库单。若有，"销售管理"的发货单、销售发票、零售日报、销售调拨单在审核/复核时，自动生成销售出库单，并传到"库存管理"和"存货核算"。"库存管理"不可修改出库数量，即一次发货全部出库；否则，销售出库单由"库存管理"参照上述单据生成，不可手工填制。在参照时，可以修改本次出库数量，即一次发货多次出库；生成销售出库单后不可修改出库数量。

2. 销售类型设置

企业在处理销售业务时，可以根据自身的实际情况自定义销售类型，以便于按销售类型对销售业务数据进行统计和分析。本功能完成对销售类型的设置和管理，可以根据业务的需要增加、修改、删除、查询、打印销售类型。

3. 费用项目设置

企业在处理销售业务中的代垫费用、销售支出费用时，应先行在本功能中设定这些费用项目。本功能完成对费用项目的设置和管理，可以根据业务的需要增加、修改、删除、查询、打印费用项目。

4. 期初数据录入与审核

期初数据录入与审核主要包括期初发货单、期初委托代销发货单、期初分期收款发货单的录入与审核。

三、库存管理系统初始化设置

1. 库存选项设置

库存管理系统选项包括通用设置、专用设置、可用量控制、可用量检查等内容。

2. 期初数据录入与审核

略。

四、存货核算系统初始化设置

1. 存货核算选项设置

1）核算方式

按仓库核算：按仓库设置计价方式，并且每个仓库单独核算出库成本。不同仓库，相同存货可按不同计价方式核算成本，即按用户在仓库档案中设置的计价方式进行核算。

按部门核算：则按仓库中的所属部门设置计价方式，并且相同所属部门的各仓库统一核算出库成本。不同部门，相同存货可按不同计价方式核算成本，即按用户在仓库档案中设置的部门计价方式进行核算。

按存货核算：通常情况下，企业应按存货进行核算。按存货核算，则无论部门或仓库，相同存货按相同计价方式核算成本，即按用户在存货档案中设置的计价方式进行核算。

一般来说，同种存货不论其所属仓库、所属部门，核算口径应是一致的，因此很多企业采用按存货核算方式。

2）暂估方式

月初回冲：月初回冲是指月初时系统自动生成红字回冲单，报销处理时，系统自动根据报销金额生成采购报销入库单。

单到回冲：单到回冲指报销处理时，系统自动生成红字回冲单，并生成采购报销入库单。

单到补差：单到补差是指报销处理时，系统自动生成一笔调整单，调整金额为实际金额与暂估金额的差额，来处理暂估业务。

2. 存货期初数据录入与记账

存货期初数据录入模块用于录入使用系统前各存货的期初结存情况。期初余额和库存的期初余额分开录入。库存和存货的期初数据分别录入处理，库存和存货核算就可分别先后启用，即允许先启用存货再启用库存或先启用库存再启用存货。存货的期初数据可与存货核算的期初数据不一致，系统提供了两边互相取数和对账的功能。

当使用存货核算时，如果不需要输入期初差异，可在直接输入期初余额、分期收款发出商品余额、委托代销商品余额后，进行期初记账；如果需要输入期初差异，则应保存期初余额并退出，进入差异录入界面，输完差异后，再进入期初余额界面进行期初余额记账。期初记账后，用户就可以进行日常业务核算了。

3. 科目设置

科目设置用于设置存货核算系统中生成凭证所需要的各种存货科目、差异科目、分期收款发出商品科目、委托代销科目、运费科目、税金科目、结算科目、对方科目等，因此用户在制单之前应先在此模块中将存货科目设置正确、完整，否则无法生成科目完整的凭证。

设置科目后，在生成凭证时，系统能够根据各个业务类型将科目自动生成会计分录，如果没有设置科目，则在生成凭证后，科目就需要手工输入。

1）存货科目设置

在进行存货科目设置时，仓库和存货分类不可以同时为空，同一仓库的同一存货分类不可重复设置，同一仓库的不同存货分类不可有包含关系。

2）对方科目设置

对方科目设置模块用于设置存货核算系统中生成凭证所需要的存货对方科目，即收发类别所对应的会计科目，因此用户在制单之前应先在此模块中将存货对方科目设置正确、完整，否则无法生成科目完整的凭证。

对方科目不能为空而且必须是末级科目，对方科目可根据收发类别、存货分类、部门、项目分类、项目和存货设置。

五、供应链系统月末结账流程

供应链系统月末结账可以分为四个步骤，如图9.1所示。

（1）企业已完成当月的所有涉及采购、销售业务，可以将采购管理、销售管理两个模块进行月末结账。

（2）销售、采购已完成月末结账，并确认当月不再发生任何形式的出入库业务后，库存管理系统可以月末结账。

（3）当月业务记账并生成凭证后，将存货系统月末结账，确认当月出入库成本。

（4）供应链系统月末结账后，可对应收、应付、总账等模块进行月末结账处理。

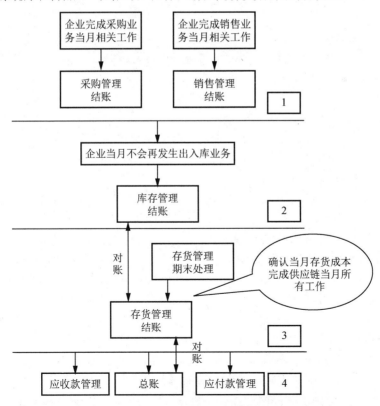

图9.1 供应链系统月末结账流程

🌐 **【操作提示】**

引入"项目三"账套数据。启用采购管理、销售管理、库存管理、存货核算、应收款管理、应付款管理子系统。

任务一　基础信息设置

（1）打开企业应用平台窗口的"设置"选项卡。

（2）在"基础档案"下，根据项目资料设置信息：存货分类、计量单位级及计量单位、存货档案、仓库档案、采购类型、销售类型、收发类别、产品结构、费用项目等。

任务二　存货核算系统基础科目设置

（1）进入存货核算系统。

（2）执行"初始设置"→"科目设置"→"存货科目"命令，进入"存货科目"窗口，按项目资料中"存货科目设置"表设置存货科目。

（3）执行"初始设置"→"科目设置"→"对方科目"命令，进入"对方科目设置"窗口，按项目资料中"对方科目设置"表设置对方科目。

任务三　应收应付款管理系统相关设置及期初数据录入

1. 应收款管理系统相关设置及期初数据录入

（1）进入应收款管理系统。

（2）执行"设置"→"选项"命令，弹出"账套参数设置"对话框，单击【编辑】按钮，选择应收款的核销方式为"按单据"，坏账处理方式为"按应收余额百分比法"，其他参数不变，单击【确定】按钮。

（3）执行"设置"→"初始设置"命令，进入"初始设置"窗口，基本科目设置选择应收科目"1122"，预收科目"2203"，销售收入科目"6001"，应交增值税科目"22210105"，其他的可暂时不设置。结算方式科目设置：现金结算对应科目"1001"，转账支票对应科目"100201"，现金支票对应科目"100201"。坏账准备设置：坏账准备提取比例"0.5%"，坏账准备期初余额"10000"，坏账科目"1231"，对方科目"6701"，单击【确定】按钮。账期内账龄区间设置、报警级别设置按项目资料要求设置。

（4）执行"设置"→"期初余额"命令，弹出"期初余额—查询"对话框，单击【确定】按钮，进入"期初余额明细表"窗口。单击工具栏上的【增加】按钮，弹出"单据类别"对话框，单据名称选择"应收单"，单击【确定】按钮，进入"应收单"窗口。按项目资料要求输入应收期初数据，输入完后，退出"应收单"窗口。单击【对账】按钮，与总账管理系统进行对账。

2. 应付款管理系统相关的设置及期初余额录入

操作与应收款管理系统相关设置及期初数据录入类似。

任务四　供应链系统期初数据录入

1．采购管理系统期初数据录入

采购管理系统有可能存在两类期初数据，一类是货到票未到，即暂估入库业务，对于这类业务应调用期初采购入库单录入；另一类是票到货未到，即在途业务，对于这类业务应调用期初采购发票功能录入，本例为暂估入库业务。

1）货到票未到业务的处理

（1）启用采购管理系统，执行"采购入库"→"入库单"命令，进入"期初采购入库单"窗口。

（2）单击【增加】按钮，输入入库日期"2010-07-25"，选择仓库"原料库"，供货单位"信达公司"，部门"采购部"，入库类别"采购入库"，采购类型"普通采购"。

（3）选择存货编码"002"，输入数量"100"，暂估单价"800"，单击【保存】按钮，如图 9.2 所示。录入完成后退出。

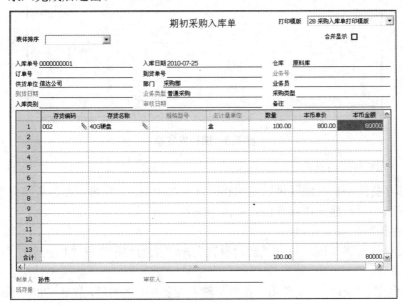

图 9.2　期初采购入库单

2）采购管理系统期初记账

执行"设置"→"期初记账"命令，单击【记账】按钮，系统弹出"期初记账完毕！"信息提示对话框。单击【确定】按钮，返回采购管理系统。

【注意】

采购管理系统如果不执行期初记账，将无法开始日常业务处理，因此，如果没有期初数据，也要执行期初记账；采购管理系统如果不执行期初记账，库存管理系统和存货核算系统也就不能记账；采购管理系统如果要取消期初记账，执行"设置"→"期初记账"命令，单击其中的【取消记账】按钮即可。

2．销售系统期初数据录入

销售系统期初数据是指销售系统启用日期之前已经发货、出库但未开具销售发票的存货。

如果企业有委托代销业务,则已经发生但未完全结算的存货也需要在期初数据中录入。

(1)进入销售管理系统,执行"设置"→"期初录入"→"期初发货单"命令进入"期初发货单"窗口。

(2)单击【增加】按钮,输入发货日期"2010-07-28",选择销售类型"经销",客户"华兴公司",部门"销售部"。

(3)选择仓库"成品库",选择存货"计算机",输入数量"10",含税单价"6 500",单击【保存】按钮,如图 9.3 所示。单击【审核】按钮,审该发货单。

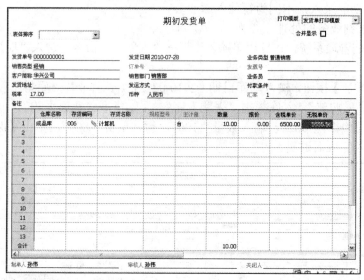

图 9.3　期初发货单

3．库存/存货期数据录入

各个仓库存货的期初余额既可以在库存管理系统中录入,也可以在存货核算系统中录入,因涉及总账对账,因此建议在存货核算系统中录入。

1)录入存货期初数据并记账

(1)启用存货核算系统,执行"初始设置"→"期初数据"→"期初余额"命令,进入"期初余额"窗口。

(2)选择仓库为"原料库",单击"增加",输入存货编码"001",数量"700"、单价"1 200"。同理,输入"40GB 硬盘"的期初数据,如图 9.4 所示。

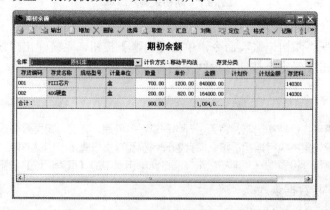

图 9.4　期初余额

（3）选择仓库"成品库"，单击【增加】按钮，输入存货编码"006"，数量"380"，单价"4 800"。

（4）选择仓库"配套用品库"，单击【增加】按钮，输入存货编码"007"，数量"400"，单价"1 800"。

（5）单击【记账】按钮，系统对所有仓库进行记账，系统提示"期初记账成功！"信息提示对话框。

2）录入库存期初数据

（1）启用库存管理系统，执行"初始设置"→"期初结存"命令，进入"期初结存"窗口。

（2）选择仓库为"原料库"，单击【修改】→【取数】按钮，结果如图9.5所示。然后单击【保存】按钮。录入完成后单击【审核】按钮，系统弹出"审核成功"信息提示对话框，最后，单击【确定】按钮。

图9.5 库存期初

（3）同理，通过取数方式输入其他仓库存货期初数据，录入完成后，单击【对账】按钮，核对库存管理系统和存货核算系统的期初数据是否一致；若一致，系统弹出"对账成功"信息提示对话框。

（4）单击【确定】按钮返回。

项目十

采购管理系统

CAIGOU GUANLI XITONG

【职业能力目标】

目标类型		能力要素	要素编号
知识目标	基础知识	了解采购管理系统的主要功能	1-1-1
		掌握用友管理软件中采购管理系统的相关内容	1-1-2
		掌握企业日常采购业务处理方法	1-1-3
		理解采购管理系统各项参数设置的意义	1-1-4
		理解采购管理系统与其他系统之间的数据传递关系	1-1-5
技能目标	基本技能	会普通采购业务处理	1-2-1
		会比价请购业务处理	1-2-2
		会采购退货业务处理	1-2-3
		会现结业务处理	1-2-4
		会采购运费处理	1-2-5
		会暂估业务处理	1-2-6
	拓展技能	能根据企业的采购情况设计采购流程	1-2-7
		能根据企业的实际进行采购综合业务处理	1-2-8

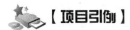【项目引例】

2010年8月份采购业务如下：

1. 普通采购业务

（1）8月1日，业务员白雪向隆昌公司询问键盘的价格（95元/只），评估后确认价格合理，随即向公司上级主管提出请购要求，请购数量为300只，业务员据此填制请购单。

（2）8月2日，上级主管同意向隆昌公司订购键盘300只，单价为95元，要求到货日期为8月3日。

（3）8月3日，收到所订购的键盘300只，填制到货单。

（4）8月3日，将所收到的货物验收入原料库，填制采购入库单。

（5）当天收到该笔货物的专用发票一张，发票号8001。

（6）业务部门将采购发票交给财务部门，财务部门确定此业务所涉及的应付款及采购成本，材料会计记材料明细账。

（7）财务部门开出转账支票一张，支票号C13456，付清采购货款。

2. 采购现结业务

8月5日，向隆昌公司购买鼠标300只，单价为50元/只，验收入原料库。同时收到专用发票一张，票号为85011，立即以转账支票（支票号Z011）形式支付货款。材料登记材料明细账，确定采购成本，进行付款处理。

3. 采购运费处理

8月6日，向隆昌公司购买40GB硬盘200盒，单价为800元/盒，验收入原料库。同时收到专用发票一张，票号为85012。另外，在采购的过程中，发生了一笔运输费200元，税率为7%，收到相应的运费发票一张，票号为5678。确定采购成本及应付账款，记材料明细账。

4. 请购比价业务

（1）8月8日，业务员白雪欲购买100只鼠标，提出请购要求，经同意填制并审核请购单。根据以往的资料得知提供鼠标的供应商有两家，分别是信达公司和隆昌公司，它们的价格分别为35元/只、40元/只。通过比价，决定向信达公司订购，要求到货日期为8月9日。

（2）8月9日，未收到上述所订购货物，向供应商发出催货函。

5. 暂估入库报销处理

8月9日，收到信达公司提供的上月已验收入库的80盒40GB硬盘的专用发票一张，票号为48210，发票单价为820元，进行暂估报销处理，确定采购成本及应付账款。

6. 暂估入库处理

8月9日，收到宝琳公司提供的1600K打印机100台，入配套用品库。由于到了月底仍未收到发票，故确定该批货物的暂估成本为1 500元，并进行暂估记账处理。

7. 采购结算前退货

（1）8月10日，收到隆昌公司提供的17英寸显示器，数量为202台，单价为1 150元。验收入原料库。

（2）8月11日，仓库反映有2台显示器有质量问题，要求退回给供应商。

（3）8月11日，收到隆昌公司开具的专用发票一张，其发票号为AS4408，进行采购结算。

8. 采购结算后退货

8月13日，从隆昌公司购入的键盘质量有问题，退回2只，单价为95元，同时收到票号为665218的红字专用发票一张。对采购入库单和红字专用采购发票进行结算处理。

【知识准备】

一、采购管理系统的基本功能

1. 采购系统初始设置

包括设置采购管理系统业务处理所需要的采购参数、基础信息及采购期初数据。

2. 采购业务处理

采购业务处理主要包括请购、订货、到货、入库、采购发票、采购结算等采购业务全过程的管理，可以处理普通采购业务、受托代销业务、直运业务等业务类型。企业可根据实际业务情况对采购业务流程进行可选配置。

3. 采购账簿及采购分析

提供各种采购明细表、增值税抵扣明细表、各种统计表及采购账簿供用户查询，同时提供采购成本分析、供应商价格对比分析、采购类型结构分析、采购资金比重分析、采购费用分析、采购货龄综合分析。

二、普通采购业务处理

1. 请购

采购请购是指企业内部各部门向采购部门提出采购申请，或采购部门汇总企业内部采购需求列出采购清单。请购是采购业务的起点，可以依据审核后的采购请购单生成采购订单。在采购业务流程中，请购环节是可省略的。

2. 订货

订货是指企业与供应商签订采购合同或采购协议，确定要货需求。供应商根据采购订单组织货源，企业依据采购订单进行验收。在采购业务流程中，订货环节也是可选的。

3. 到货处理

采购到货是采购订货和采购入库的中间环节，一般由采购业务员根据供方通知或送货单填写，确定对方所送货物、数量、价格等信息，以到货单的形式传递到仓库作为保管员收货的依据。在采购业务流程中，到货处理可选可不选。

4. 入库处理

采购入库是指将供应商提供的物料检验（也可以免检）确定合格后，放入指定仓库的业务。当采购管理系统与库存管理系统集成使用时，入库业务在库存管理系统中进行处理。当采购管理系统不与库存管理系统集成使用时，入库业务在采购管理系统中进行处理。在采购业务流程中，必须进行入库处理。

采购入库单是仓库管理员根据采购到货签收的实收数量填制的入库单据。采购入库单既可以直接填制，也可以参照采购订单或采购到货单生成。

5. 采购发票

采购发票是供应商开出的销售货物的凭证，系统根据采购发票确定采购成本，并据以登记应付账款。采购发票按业务性质分为蓝字发票和红字发票；按发票类型分为增值税专用发票、普通发票和运费发票。

采购发票既可以直接填制，也可以从"采购订单"、"采购入库单"或其他的"采购发票"参照生成。

6. 采购结算

采购结算也称采购报账，在手工业务中，采购业务员拿着经主管领导审批过的采购发票和仓库确定的入库单到财务部门，由财务人员确定采购成本。在本系统中采购结算是针对采购入库单，根据发票确定其采购成本的。采购结算的结果是生成采购结算单，它是记载采购入库单与采购发票对应关系的结算对照表。采购结算分为自动结算和手工结算两种方式。

自动结算是由系统自动将相同供货单位的存货相同且数量相等采购入库单和采购发票进行结算。系统按照三种结算模式进行自动结算：入库单和发票、红蓝入库单、红蓝发票。

使用"手工结算"功能可以进行正数入库单与负数入库单结算、正数发票与负数发票结算、正数入库单与正数发票结算，费用发票单独结算。手工结算时可以结算入库单中部分货物，未结算的货物可以在今后取得发票后再结算。可以同时对多张入库单和多张发票进行报账结算。手工结算还支持到下级单位采购并付款给其上级主管单位的结算，支持三角债结算，即支持甲单位的发票可以结算乙单位的货物。

如果费用发票在货物发票已经结算后才收到，为了将该笔费用计入对应存货的采购成本，需要采用费用发票单独结算的方式。

三、采购入库业务

按货物和发票到达的先后，将采购入库业务划分为单货同行、货到票未到（暂估入库）、票到货未到（在途存货）三种类型，不同的业务类型的相应处理方式有所不同。

1. 单货同行

当采购管理、库存管理、存货核算、应付款管理、总账集成使用时，单货同行的采购业务处理流程（省略请购、订货、到货等可选环节）如图10.1所示。

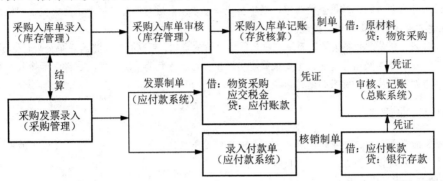

图 10.1　单货同行的采购业务处理流程

2. 暂估入库（货到票未到）采购业务

暂估是指本月货已经入库，但采购发票尚未收到，不能确定存货的入库成本，月底时为了正确核算企业的库存成本，需要将这部分存货暂估入账，形成暂估凭证。对暂估业务，系统提供了三种不同的处理方法，即月初回冲、单到回冲和单到补差。

1）月初回冲

本月月底，填写暂估单价，记存货明细账，生成暂估凭证。进入下月后，存货核算系统自动生成与暂估入库单完全相同的"红字回冲单"，同时登录相应的存货明细账，冲回存货明细账中上月的暂估入库。对"红字回冲单"制单，冲回上月的暂估凭证。

收到采购发票后，录入采购发票，对采购入库单和采购发票作采购结算。结算完毕后，进入存货核算系统，执行"暂估处理"命令，进行暂估处理后，系统根据发票自动生成一张"蓝字回冲单"，其上的金额为发票上的报销金额。同时登记存货明细账，使库存增加。对"蓝字回冲单"制单，生成采购入库凭证。

2）单到回冲

下月月初不作处理，采购发票收到后，在采购管理系统中录入并进行采购结算，再到存货核算中进行"暂估处理"，系统自动生在红字回冲单、蓝字回冲单，同时据以登记存货明细账。红字回冲单的入库金额为上月暂估金额，蓝字回冲单的入库金额为发票上的报销金额。以此为例，暂估业务处理流程如图10.2所示。

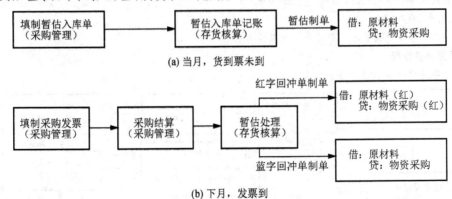

图 10.2　暂估业务处理流程

注意：对于暂估业务，在月末暂估入库单记账前，要对所有的没有结算的入库单填入暂估单价，然后才可以记账。

3）单到补差

下月初不作处理，采购发票收到后，在采购管理中录入并进行采购结算。再到存货核算中进行"暂估处理"，如果报销金额与暂估金额的差额不为零，则产生调整单，一张采购入库单生成一张调整单，用户确定后，自动记入存货明细账；如果差额为零，则不生成调整单。最后对调整单制单，生成凭证，传递到总账。

3. 在途业务（票到货未到）处理

如果先收到了供货单位的发票，而没有收到供货单位的货物，可以对发票进行压单处理，待货物到达后，再一并输入计算机作报账结算处理。但如果需要实时统计在途货物的情况，就必须将发票输入计算机，待货物到达后，再填制入库单并做采购结算。

四、采购退货业务

由于材料质量不合格、企业转产等原因，企业可能发生退货业务，针对退货业务及发生的不同原因，系统采用了不同的解决方法。

1. 货收到未作入库手续

货虽收到，但尚未录入采购入库单，此时只要把货退还给供应商即可，在系统中不需要作任何处理。

2. 记账入库单的处理

1）入库单未记账

即已录入"采购入库单"，但尚未记入存货明细账。此时又分为以下三种情况：

（1）未录入"采购发票"。如果是全部退货，可删除"采购入库单"；如果是部分退货，可直接修改"采购入库单"。

（2）已录入"采购入库单"，已录入"采购发票"但未结算。如果是全部退货，可删除"采购入库单"和"采购发票"；如果是部分退货，可直接修改"采购入库单"和"采购发票"。

（3）已录入"采购入库单"，已录入"采购发票"并执行了采购结算。若结算后的发票没有付款，此时可取消采购结算，再删除或修改"采购入库单"和"采购发票"，若结算后的发票已付款，则必须录入退货单。

2）入库单已记账

此时无论"采购发票"是否录入，"采购发票"是否结算，结算后的"采购发票"是否付款，都需要录入退货单。

3. 付款采购发票的处理

1）采购发票未付款

当入库尚未记账时，直接删除"采购入库单"和"采购发票"，已结算的"采购发票"需要先取消结算再删除。当入库单已经记账时，必须录入退货单。

2）采购发票已付款

此时无论入库单是否记账，都必须录入退货单。

4. 退货业务流程

退货业务流程如图10.3所示。

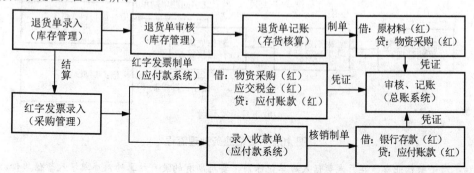

图10.3 退货业务流程

五、现付业务

现付业务是指当采购业务发生时,立即付款,由供货单位开具发票。现付业务处理流程如图 10.4 所示。

图 10.4 现付业务处理流程

六、综合查询

灵活运用采购管理系统提供的各种查询功能,可以有效提高信息利用和采购管理水平。

1. 单据查询

通过"入库单明细列表"、"发票明细列表"、"结算单明细列表"、"凭证列表查询"命令可以分别对入库单、发票、结算单、凭证进行查询。

2. 账表查询

通过对采购管理系统提供的采购明细表、采购统计表、余额表及采购分析表的对比分析,可以掌握采购环节业务情况,为事中控制、事后分析提供依据。

【操作提示】

引入"项目九"账套数据。

以账套主管的身份进入企业应用平台,设置采购专用发票、采购普通发票和采购运费发票的发票号为"完全手工编号"。

(1)在企业应用平台,执行"基础设置"→"单据设置"→"单据编号设置"命令,弹出"单据编号设置"对话框。

(2)单击单据类型下的"采购管理"方式,选择"采购专用发票"选项,单击【修改】按钮,选中"完全手工编号"复选框,如图 10.5 所示。单击【保存】按钮。

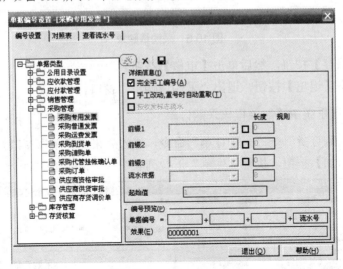

图 10.5 单据编号设置

(3)同理,设置采购普通发票和采购运费的发票号为"完全手工编号"。

任务一　普通采购业务

业务类型：普通采购业务（采购业务1）

1. 在采购管理系统中填制并审核请购单

（1）启用采购管理系统，执行"请购"→"请购单"命令，进入"采购请购单"窗口。

（2）单击【增加】按钮，输入日期"2010-08-01"，选择部门"采购部"，业务员"白雪"。

（3）选择存货编号"004"，存货名称"键盘"，输入数量"300"，本币单价"95"，需求日期"2010-08-03"，供应商"隆昌公司"，如图10.6所示。

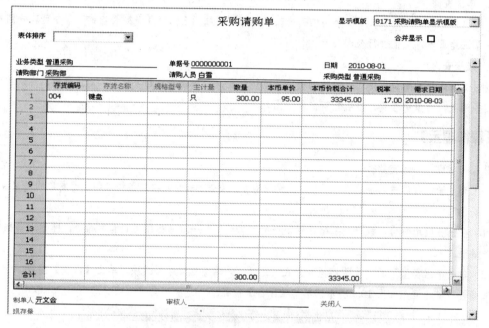

图10.6　采购请购单

（4）单击【保存】按钮，然后单击【审核】按钮。

（5）最后单击【退出】按钮，退出"采购请购单"窗口。

2. 在采购管理系统中填制并审核采购订单

（1）执行"采购订货"→"采购订单"命令，进入"采购订单"窗口。

（2）单击【增加】按钮，执行"生单"下拉列表中的"请购单"命令，如图10.7所示。

图10.7　选择请购单

（3）打开"过滤条件选择"窗口，如图 10.8 所示；单击【过滤】按钮，进入"拷贝并执行"窗口，如图 10.9 所示。

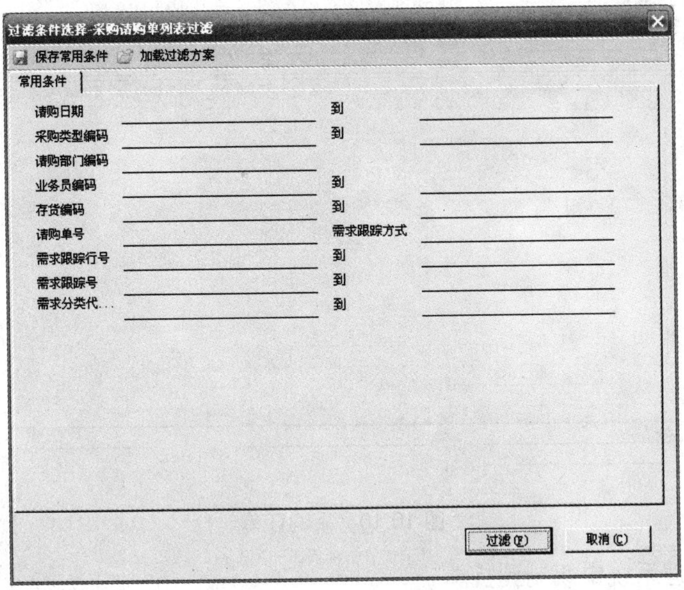

图 10.8 "过滤条件选择"窗口

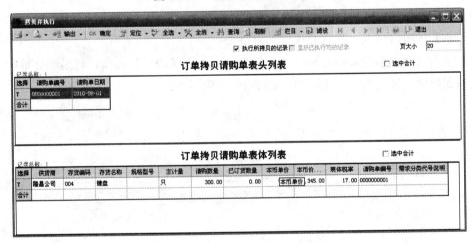

图 10.9 "拷贝并执行"窗口

（4）双击需要参照的采购请购单的"选择"栏，单击【OK 确定】按钮，将采购请购单相关的信息带入采购订单，如图 10.10 所示。

（5）单击【保存】按钮，再单击【审核】按钮，订单底部显示审核人姓名。

（6）单击【退出】按钮，退出"采购订单"窗口。

【注意】

在填制采购订单时，右击鼠标可以查看存货现存量；如果存货档案中设置了最高进价，那么当采购订单中货物的进价高于最高进价时，系统会自动报警；如果企业要按部门或业务员进行考核，必须输入相关的部门或业务员信息；采购订单审核后，可在"采购订单执行统计表"中查询。

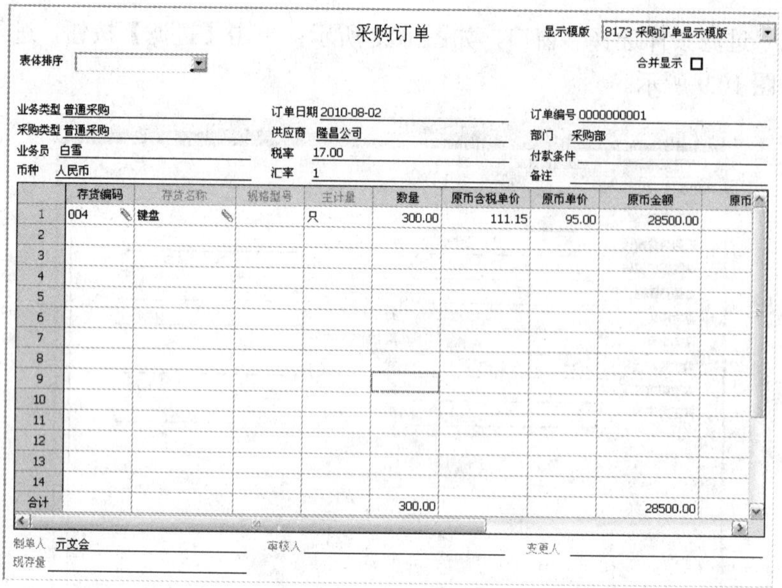

图 10.10 采购订单

3. 在采购管理系统中填制到货单

(1) 执行"采购到货"→"到货单"命令,进入"到货单"窗口。

(2) 执行"生单"下拉列表中的"采购订单"命令,打开"采购订购单列表过滤"窗口,单击【过滤】按钮,进入"拷贝并执行"窗口。

(3) 双击需要参照的采购订单的"选择"栏,单击【确定】按钮,将采购订单相关信息带入采购到货单,部门选择"采购部"如图 10.11 所示。

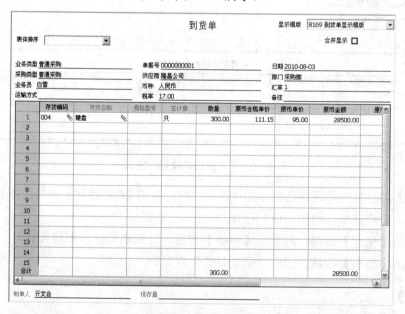

图 10.11 到货单

(4) 单击【保存】按钮并审核,再单击【退出】按钮退出"采购到货单"窗口。

4. 在库存管理系统中填制并审核采购入库单

（1）启用库存管理系统，执行"入库业务"→"采购入库单"命令，进入"采购入库单"窗口。

（2）执行"生单"下拉列表中的"采购到货单（蓝字）"命令，打开"采购订购单列表过滤"窗口，单击【过滤】按钮，进入"到货单生单列表"窗口。

（3）双击需要参照的采购订单的"选择"栏，单击【确定】按钮，将采购订单相关信息带入采购入库单，选择入库仓库为"原料库"，如图10.12所示。

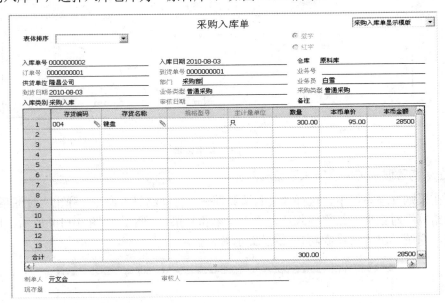

图 10.12　采购入库单

（4）单击【保存】按钮，再单击【审核】按钮，系统弹出"该单据审核成功！"信息提示对话框，再单击【确定】按钮返回。

【注意】

只有采购管理系统、库存管理系统集成使用时，库存管理系统才可通过"生单"功能生成采购入库单；生单时参照的单据是采购管理系统中已审核未关闭的采购订单和到货单；采购系统如果设置"必有订单业务模式"时，不可手工录入采购入库单；当入库数量与订单/到货单数量完全相同时，可不显示表体。

5. 在采购管理系统中填制并审核采购发票

（1）启用采购管理系统，执行"采购发票"→"专用采购发票"命令，进入"采购专用发票"窗口。

（2）单击【增加】按钮，再执行"生单"下拉列表中的"采购订单"命令，打开"采购订购单列表过滤"窗口，单击【过滤】按钮，进入"拷贝并执行"窗口。

（3）选择需要参照的采购入库单，单击【确定】按钮，将采购入库单相关信息带入采购专用发票，输入发票号"8001"，如图10.13所示。

（4）单击【保存】按钮，再单击【退出】按钮。

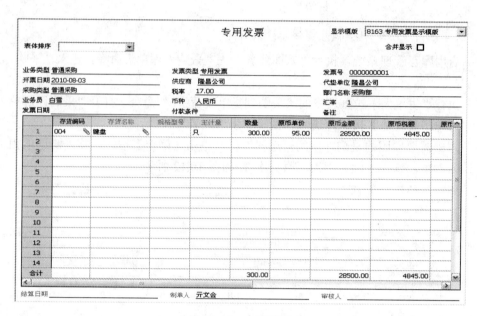

图 10.13　专用发票

6．在采购管理系统中执行采购结算

（1）在采购管理系统中，执行"采购结算"→"自动结算"命令，弹出"过滤条件选择-采购自动结算"对话框，结算模式选择"入库单和发票"类型，如图 10.14 所示。单击【过滤】按钮，系统弹出"结算成功！"信息提示对话框。

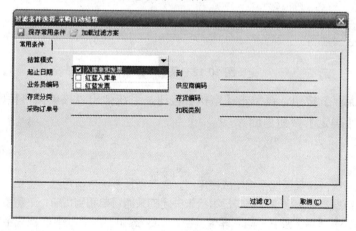

图 10.14　采购自动结算

（2）单击【确定】按钮退出。

【注意】

结算结果可以在"结算单列表"中查询；结算完成后，在"手工结算"窗口将看不到已结算的入库单和发票；由于某种原因需要修改或删除入库单、采购发票时，需先取消采购结算。

7．在应付管理系统中审核采购专用发票并生成应付凭证

（1）在应付管理系统中，执行"应付单据处理"→"应付单据审核"命令，弹出"应付单过滤条件"对话框，如图 10.15 所示。

(2)选择供应商"隆昌公司"。单击【确定】按钮,进入"单据处理"窗口。

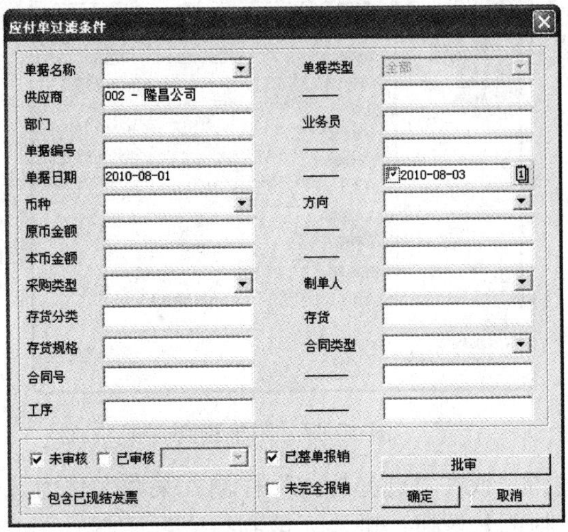

图 10.15 "应付单过滤条件"窗口

(3)选择需要审核的单据,单击【审核】按钮,系统弹出"审核成功!"信息提示对话框,如图 10.16 所示。单击【确定】按钮返回后退出。

图 10.16 审核成功对话框

(4)执行"制单处理"命令,弹出"制单查询"对话框,如图 10.17 所示,选择"发票制单"复选框,选择供应商"隆昌公司"。单击【确定】按钮,进入"采购发票制单"窗口。

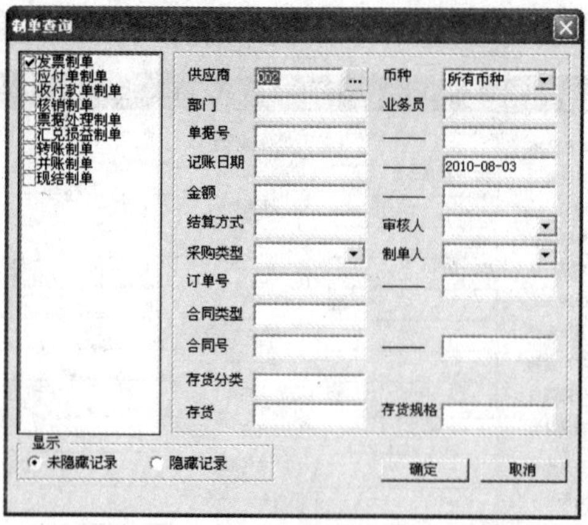

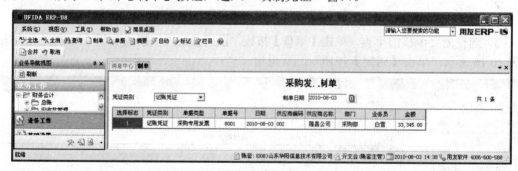

图 10.17 制单查询

（5）单击【全选】按钮，或在"选择标志"栏输入某数字作为选择标志，选择凭证类别，如图 10.18 所示。单击【制单】按钮，进入"填制凭证"窗口。

![图 10.18 采购发票制单]

图 10.18 采购发票制单

（6）单击【保存】按钮，凭证左上角出现"已生成"标志，表示该凭证已传递到总账，如图 10.19 所示。

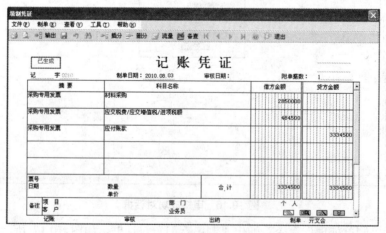

图 10.19 生成的凭证

8．在存货核算系统中记账并生成入库凭证

（1）在存货核算系统中，执行"业务核算"→"正常单据记账"命令，弹出"正常单据记账条件"对话框。

(2)选择查询条件,单击【过滤】按钮,进入"正常单据记账列表"窗口,如图10.20所示。

图 10.20　正常单据记账列表

(3)选择要记账的单据,单击【记账】按钮,退出"正常单据记账列表"窗口。
(4)执行"财务核算"→"生成凭证"命令,进入"生成凭证"窗口。
(5)单击工具栏上的【选择】按钮,弹出"查询条件"对话框,如图10.21所示。

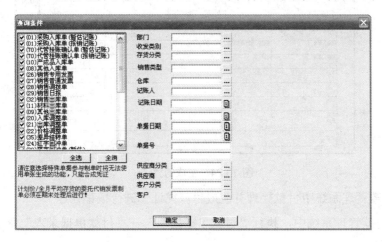

图 10.21　"查询条件"窗口

(6)选择"采购入库单(报销记账)"选项,单击【确定】按钮进入"选择单据"窗口,如图10.22所示。

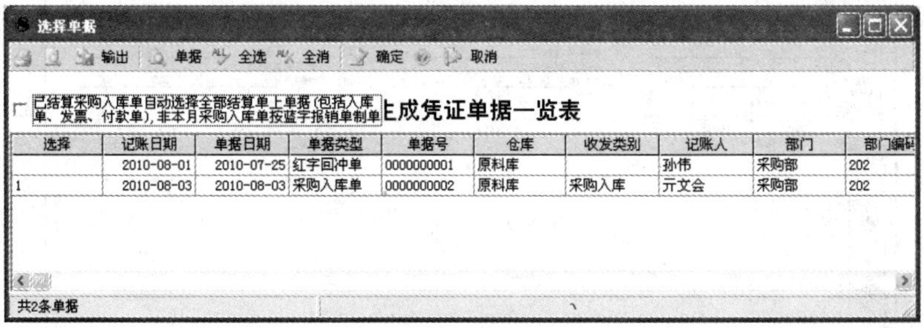

图 10.22　"选择单据"窗口

(7)选择要制单的记录行,单击【确定】按钮,进入"生成凭证"窗口。
(8)选择凭证类别,录入对方科目"1401",如图10.23所示。单击【生成】按钮,进入"填制凭证"窗口。

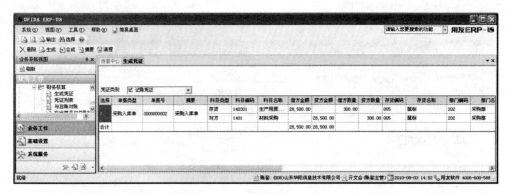

图 10.23 "生成凭证"窗口

(9)单击【保存】按钮,凭证左上角出现"已生成"标志,表示该凭证已传递到总账,如图 10.24 所示。

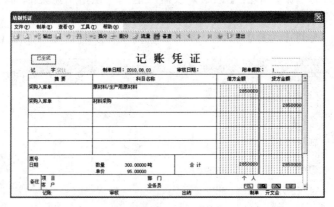

图 10.24 生成的凭证

9.在应付款管理系统中付款处理并生成付款凭证,进行核销处理

(1)在应付款管理系统中,执行"付款单据处理"→"付款单据录入"命令,进入"付款单"窗口。

(2)单击【增加】按钮,选择供应商"隆昌公司",结算方式为"转账支票",金额"33 345",如图 10.25 所示。单击【保存】按钮。

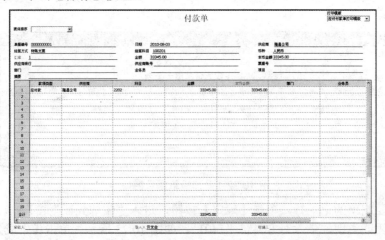

图 10.25 付款单

（3）单击【审核】按钮，系统弹出"是否立即制单？"信息提示对话框，单击【是】按钮，进入"填制凭证"窗口。

（4）选择凭证类别，单击【保存】按钮，凭证左上角出现"已生成"标志，表示凭证已传递到总账；如图 10.26 所示。

（5）执行"核销处理"→"自动核销"命令，系统打开"核销条件"窗口，如图 10.27 所示。选择"隆昌公司"，单击【确定】按钮，系统弹出"是否自动核销"对话框，单击【是】按钮，系统弹出"自动核销报告"对话框，如图 10.28 所示。单击【确定】按钮，核销完毕。

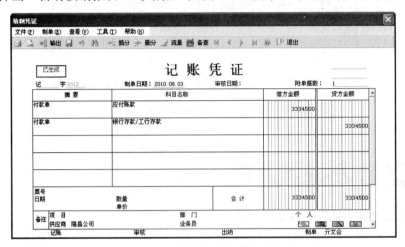

图 10.26　生成的凭证

10．相关查询

（1）在采购管理系统中查询"到货明细表"、"入库明细表"、"采购明细表"等报表。

（2）在库存管理系统中，查询"库存台账"。

（3）在存货核算系统中，查询"收发存汇总表"。

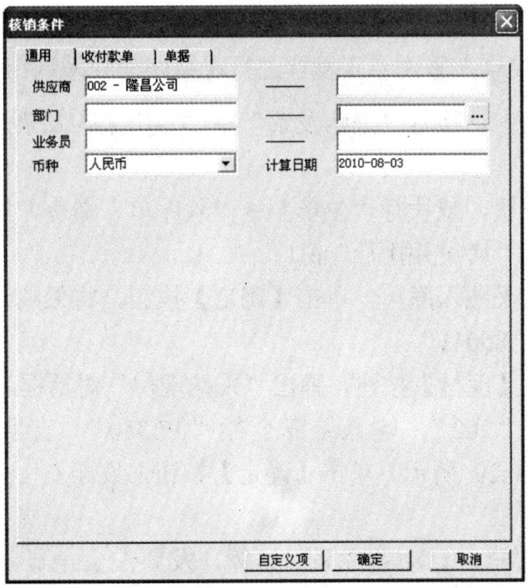

图 10.27　"核销条件"窗口

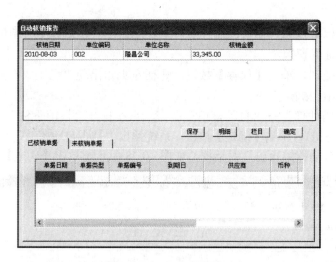

图 10.28 自动核销报告

任务二 现结业务

业务类型：现结业务（采购业务 2）

1. 在库存管理系统中直接填制采购入库单并审核

（1）在库存管理系统中，执行"入库业务"→"采购入库单"命令，进入"采购入库单"窗口。

（2）单击【增加】按钮，选择"原料库"，选择供应商"隆昌公司"，入库类别"采购入库"，存货编号"005 鼠标"，数量"300"，单价"50"。

（3）单击【保存】→【审核】按钮，系统弹出"该单据审核成功！"信息提示对话框。

（4）单击【确定】按钮返回后退出。

2. 在采购管理系统中录入采购专用发票进行现结处理和采购结算

（1）在采购管理系统中，执行"采购发票"→"专用采购发票"命令，进入"采购专用发票"窗口。

（2）单击【增加】按钮，或执行"生单"→"入库单"命令，打开"过滤条件"窗口。单击【过滤】按钮，进入"拷贝并执行"窗口。

（3）选择需要参照的采购入库单，单击【确定】按钮，将采购入库单信息带入"采购专用发票"，修改发票号为"85011"。

（4）单击【保存】→【现付】按钮，弹出"采购现付"对话框。

（5）选择结算方式"202"，输入结算金额"17 550"，支票号"Z011"，银行账号"831658796200"，如图 10.29 所示。单击【确定】按钮，发票左上角显示"已现付"字样，如图 10.30 所示。

（6）单击【结算】按钮，自动完成采购结算，发票左上角显示"已结算"字样，参见图 10.30。

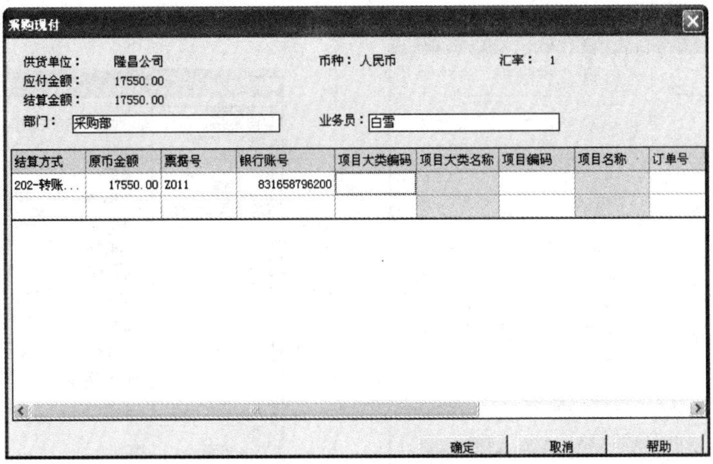

图 10.29 采购现付

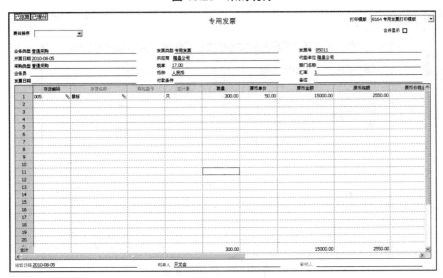

图 10.30 专用发票

3. 在应付款管理系统中审核发票进行现结制单

（1）在应付管理系统中，执行"应付单据处理"→"应付单据审核"命令，弹出"单据过滤条件"对话框。

（2）选择供应商"隆昌公司"，选择左下角"包含已现结发票"复选框，如图10.31所示。单击【确定】按钮，进入"单据处理"窗口。

（3）选择需要审核的单据，单击【审核】按钮，系统弹出"审核成功！"信息提示对话框，单击【确定】按钮返回后退出。

（4）执行"制单处理"命令，弹出"制单查询"对话框，选择"现结制单"复选框，选择供应商"隆昌公司"，如图10.32所示。单击【确定】按钮，进入"采购发票制单"窗口。

（5）选择要制单的记录行，选择凭证类别，单击【制单】按钮，进入"填制凭证"窗口。

（6）单击【保存】按钮，凭证左上角出现"已生成"标志，表示凭证已传递到总账，如图10.33所示。

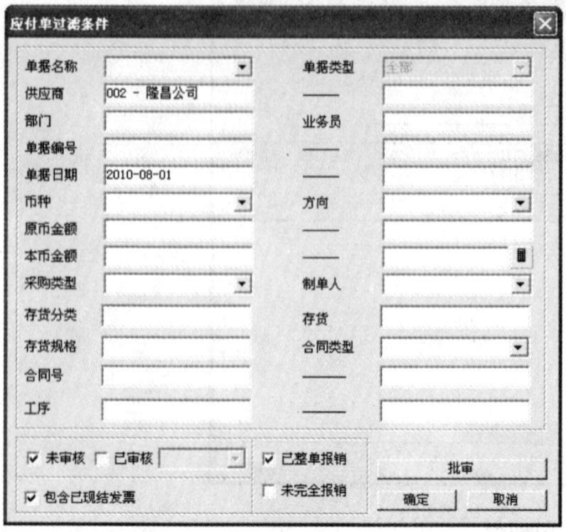

图 10.31 "应付单过滤条件"窗口

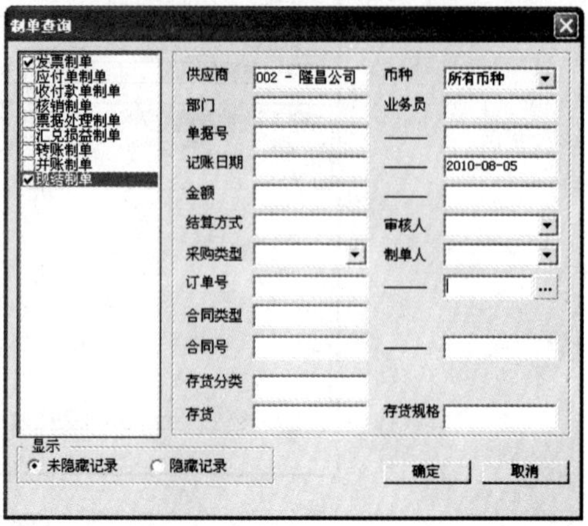

图 10.32 制单查询

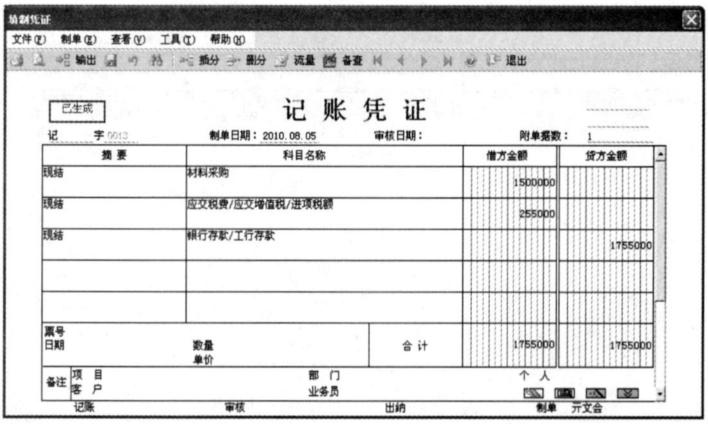

图 10.33 生成的凭证

4. 在存货核算系统中记账并生成入库凭证

操作步骤参见采购业务 1,最后生成的凭证如图 10.34 所示。

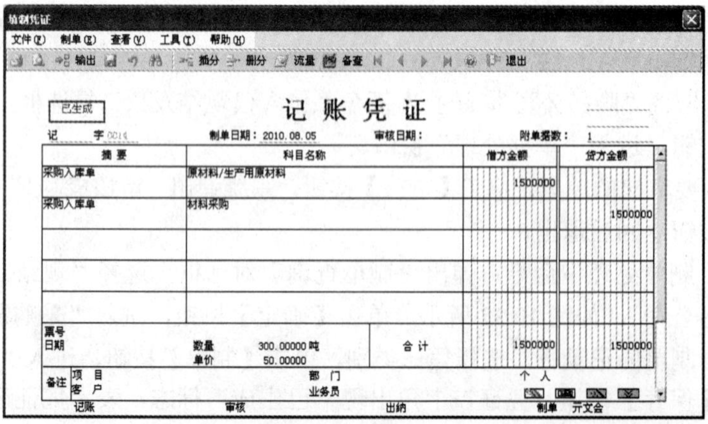

图 10.34 生成的凭证

任务三　采购运费业务处理

业务类型：采购运费处理（采购业务3）

1. 在库存管理系统中填制并审核采购入库单

操作步骤见采购业务2。

2. 在采购管理系统中参照采购入库单填制采购专用发票

操作步骤见采购业务2。

3. 在采购管理系统中填制运费发票并进行采购结算（手工结算）

（1）在采购管理系统中，执行"采购发票"→"运费发票"命令，进入"采购运费发票"窗口。

（2）单击【增加】按钮，输入发票号"5678"，供货单位为"隆昌公司"，存货为"运输费"（费用发票上的存货必须具有"应税劳务"属性），金额"200"，如图 10.35 所示。单击【保存】按钮，然后单击【退出】按钮。

（3）执行"采购结算"→"手工结算"命令，进入"手工结算"窗口。

（4）单击【选单】按钮，打开"结算选单"窗口，如图 10.36 所示。

（5）单击【过滤】按钮，弹出"条件过滤窗口"对话框，输入过滤条件。

（6）选择要结算的入库单和发票，单击【确定】按钮，返回"手工结算"窗口，如图 10.37 所示。

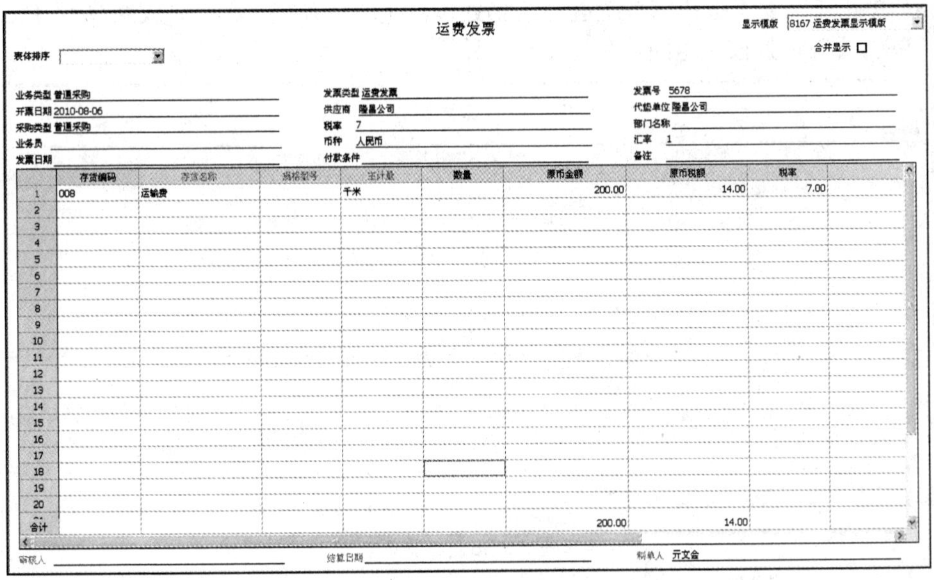

图 10.35　运费发票

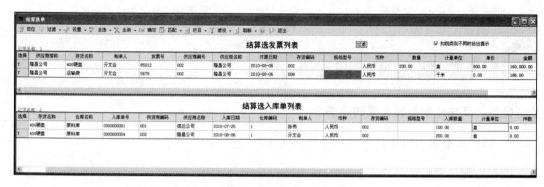

图 10.36 "结算选单"窗口

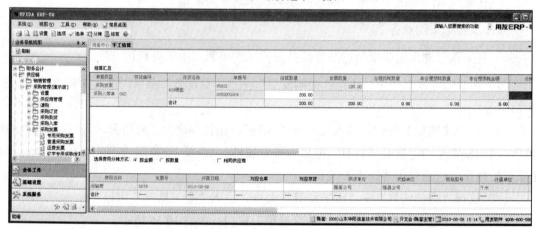

图 10.37 "手工结算"窗口

(7) 选择费用分摊方式为"按数量";单击【分摊】按钮,系统弹出关于分摊方式确认的信息提示对话框,单击【是】按钮确认。

(8) 单击【结算】按钮,系统进行结算处理,完成后系统弹出"完成结算!"信息提示对话框,单击【确定】按钮返回,如图 10.38 所示。

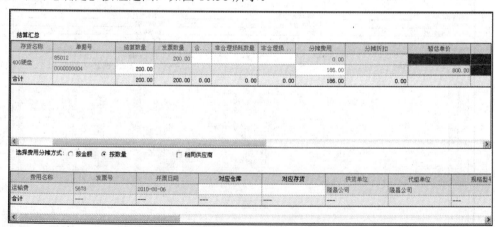

图 10.38 结算汇总

不管采购入库单上有无单价,采购结算后,其单价都被自动修改为发票上的存货单价。

4. 在应付款管理系统中审核发票并合并制单

（1）在应付款管理系统中，进行采购专用发票和运费发票的审核（操作步骤见采购业务1）。
（2）执行"制单处理"命令，弹出"制单查询"对话框。
（3）选择"发票制单"项目，单击【确定】按钮，进入"制单"窗口。
（4）选择凭证类别，单击【合并】→【制单】按钮，进入"填制凭证"窗口。
（5）单击【保存】按钮，生成凭证，如图10.39所示。

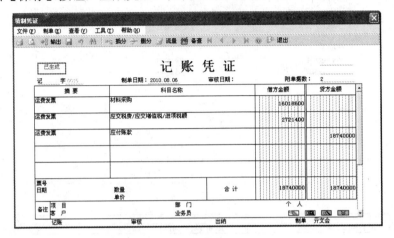

图 10.39　生成的凭证

5. 在存货核算系统中记账并生成入库凭证

操作步骤见采购业务1，生成的凭证如图10.40所示。

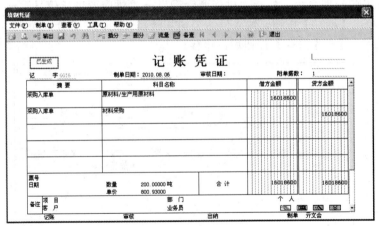

图 10.40　生成的凭证

 任务四　比价请购业务

业务类型：比价请购（采购业务4）

1. 在采购管理系统中定义供应商存货对照表

以账套主管的身份重新注册企业应用平台。

（1）进入采购管理系统，执行"供应商管理"→"供应商供货信息"→"供应商存货对照表"命令，进入"供应商存货对照表"窗口。

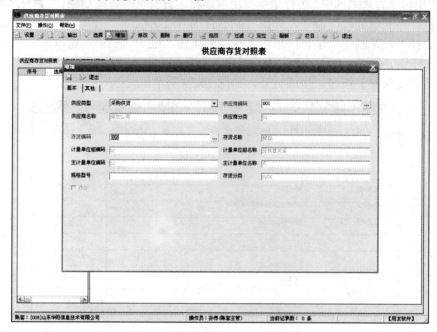

图 10.41　供应商存货对照表

（2）单击【增加】按钮，弹出"增加"窗口，选择供应商编码"001"，存货编码"005"等，如图 10.41 所示。同样，输入隆昌公司的供货信息。

（3）进入采购管理系统，执行"供应商管理"→"供应商供货信息"→"供应商存货调价单"命令，单击【增加】按钮，输入信达公司和隆昌公司，单价分别为 35 元/只、40 元/只，如图 10.42 所示。单击【保存】按钮后，审核退出。

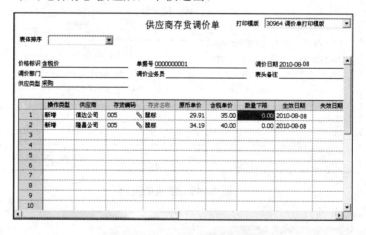

图 10.42　供应商存货调价单

（4）执行"供应商管理"→"供应商供货信息"→"供应商存货价格表"命令，可对价格进行修改和删除操作。

2．在采购管理系统中填制并审核请购单

操作步骤见采购业务 1。

【注意】

采购请购单无须填写单价、供应商等信息。

3．在采购管理系统中请购比价生成采购订单

（1）在采购管理系统中，执行"采购订货"→"请购比价生单"命令，弹出"过滤条件选择"窗口。单击【过滤】按钮，进入"请购比价生单列表"窗口，如图10.43所示。

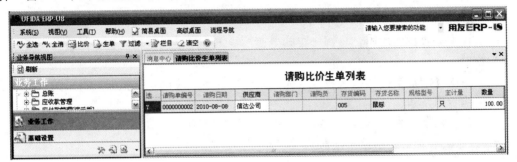

图 10.43　请购比价生单列表

（2）单击【全选】→【比价】按钮，系统将供应商存货对照表中该存货价格最低的供应商选到当前的单据中。

（3）单击【生单】按钮，系统提示"已成功生成采购订单！"信息。

（4）执行"采购订货"→"采购订单"命令，查看请购比价生成的采购订单，单击【修改】按钮，填写计划到货日期为"2010-08-09"。单击【保存】→【审核】按钮。

4．供应商催货及查询

（1）在采购管理系统中，执行"供应商管理"→"供应商催货函"命令，弹出"供应商催货函"对话框。

（2）输入到货日期"2010-08-09"，选择供应商"信达公司"，单击【过滤】按钮进入"供应商催货函"窗口，如图10.44所示。

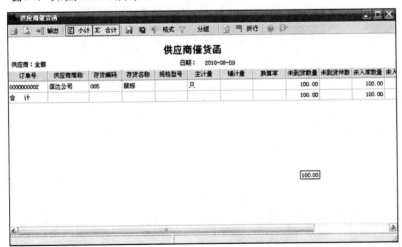

图 10.44　供应商催货函

（3）单击【保存】按钮退出。

任务五 暂估入库业务

业务类型：上月暂估业务，本月发票已到（采购业务5）

业务特征：发票数量、单价与入库单数量、单价均不同。

1. 在采购管理系统中填制采购发票

（1）在采购管理系统中，执行"采购发票"→"专用采购发票"命令，进入"采购专用发票"窗口。

（2）单击【增加】按钮，选择要参照的入库单，单击【确定】按钮，将采购入库单信息带入"采购专用发票"。

（3）修改发票号为"48210"，数量"80"，单价"820"，单击【保存】按钮。

2. 在采购管理系统中手工结算

（1）在采购管理系统中，执行"采购结算"→"手工结算"命令，进入"手工结算"窗口。

（2）单击【选单】按钮，进入"结算选单"窗口。

（3）单击【过滤】按钮，弹出"过滤条件窗口"对话框，修改过滤日期从"2010-07-01"到"2010-08-31"。单击【过滤】按钮，弹出"结算选单"对话框。

（4）选择要结算的入库单和发票，单击【确定】按钮，返回"手工结算"窗口。

（5）修改入库的结算数量为 80。单击【结算】按钮系统弹出"完成结算！"信息提示对话框，再单击【确定】按钮返回。

3. 在存货核算系统中执行结算成本处理并生成凭证

（1）在存货核算系统中，执行"业务核算"→"结算成本处理"命令，打开"暂估处理查询"对话框。选择"原料库"，选中"未全部结算的单据是否显示"复选框，如图 10.45 所示。单击【确定】按钮，进入"暂估结算表"窗口。

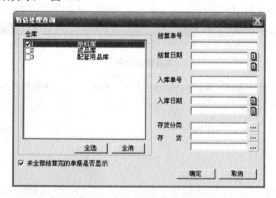

图 10.45 "暂估处理查询"窗口

（2）选择需要进行暂估结算的单据，如图 10.46 所示。单击【暂估】按钮完成结算，然后退出。

（3）执行"财务核算"→"生成凭证"命令，进入"生成凭证"窗口。

（4）单击【选择】按钮弹出"查询条件"对话框，选择"红字回冲单、蓝字回冲单（报销）"选项，单击【确定】按钮返回。

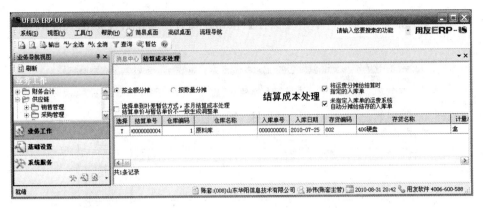

图 10.46 结算成本处理

(5) 单击【全选】按钮,如图 10.47 所示。再单击【确定】按钮,进入"生成凭证"窗口。

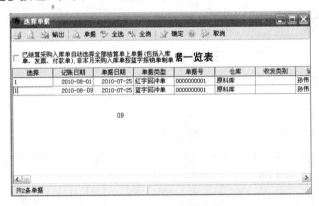

图 10.47 "选择单据"窗口

(6) 选择凭证类别,输入红字回冲应付暂估科目"材料采购(1401)",蓝字回冲对方科目"材料采购(1401)",单击【生成】按钮进入"填制凭证"窗口。

(7) 单击【保存】按钮,保存红字回冲单生成的凭证,如图 10.48 所示。

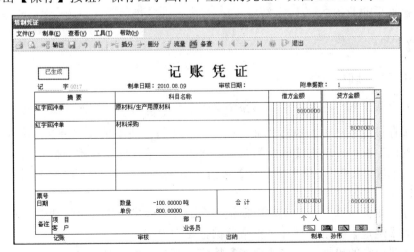

图 10.48 生成的凭证

(8)单击【下张】按钮,再单击【保存】按钮,保存蓝字回冲生成的凭证,如图 10.49 所示。

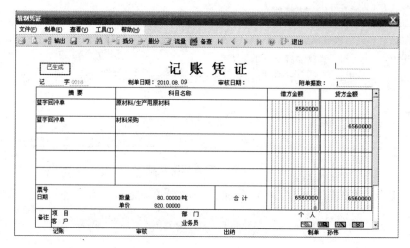

图 10.49 生成的凭证

4．在应付款管理系统中审核发票并制单处理

操作步骤参见采购业务 1。

5．在采购管理系统中查询暂估入库余额表

(1)在采购管理系统中,执行"报表"→"采购账簿"→"采购结算余额表"命令,弹出"暂估入库余额表"对话框。

(2)单击【过滤】按钮,进入"采购结算余额表"窗口,发现该单据上期结余数量为 100,本期结算数量为 80,本期结余数量为 20。

业务类型：暂估入库处理（采购业务 6）

1．在库存管理系统中填制并审核采购入库单

操作步骤见采购业务 2。

🔍 【注意】

采购入库单不必写单价。

2．（月末发票未到）在存货核算系统中录入暂估入库成本并记账生成凭证

(1)在库存核算系统中,执行"业务核算"→"暂估成本录入"命令,进入"采购入库单成批录入查询"窗口。单击【确定】按钮,进入"采购入库单成本成批录入"窗口。

(2)输入单价"1500",单击【保存】按钮,系统弹出"保存成功"信息提示对话框,单击【确定】按钮。

(3)执行"业务核算"→"正常单据记账"命令,弹出"正常单据记账"对话框。

(4)单击【确定】按钮,打开"正常单据记账"窗口。

(5)选择要记账的单据,单击【记账】按钮,完成记账后退出。

(6)执行"财务核算"→"生成凭证"命令,进入"生成凭证"窗口。

(7)单击【选择】按钮弹出"查询条件"对话框,选择"采购入库单(暂估记账)"选项,再单击【确定】按钮进入"选择单据"窗口。

(8)打开要记账的单据,单击【确定】按钮,进入"生成凭证"窗口。

(9)选择凭证类别,补充输入对方科目"材料采购(1401)",单击【生成】按钮,保存生成的凭证,如图10.50所示。

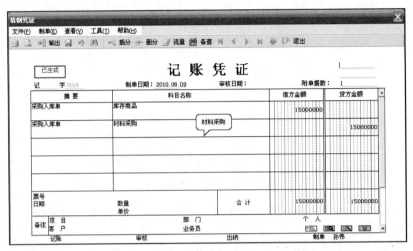

图10.50 生成的凭证

【注意】

本例采用的是月初回冲方式。月初,系统自动生成"红字回冲单",自动记入存货明细账,回冲上月的暂估业务。

任务六 退货业务

业务类型:结算前部分退货(采购业务7)

1. 在库存管理系统中填制并审核采购入库单

操作步骤见采购业务2。

2. 在库存管理系统中填制红字采购入库单

(1)在库存管理系统中,执行"入库业务"→"采购入库单"命令,进入"采购入库单"窗口。

(2)单击【增加】按钮,选择窗口右上角"红字"选项,输入相关信息,退货数量为"-2",单价为"1 150",如图10.51所示。单击【保存】→【审核】按钮后退出。

3. 在采购管理系统中根据采购入库单生成采购专用发票

(1)在采购管理系统中,执行"采购发票"→"专用采购发票"命令,进入"采购专用发票"窗口。单击【确定】按钮,返回"暂估成本录入"界面。

(2)单击【增加】按钮,执行"生单"下拉列表中的"入库单"命令,进入"生单选单列表"窗口。

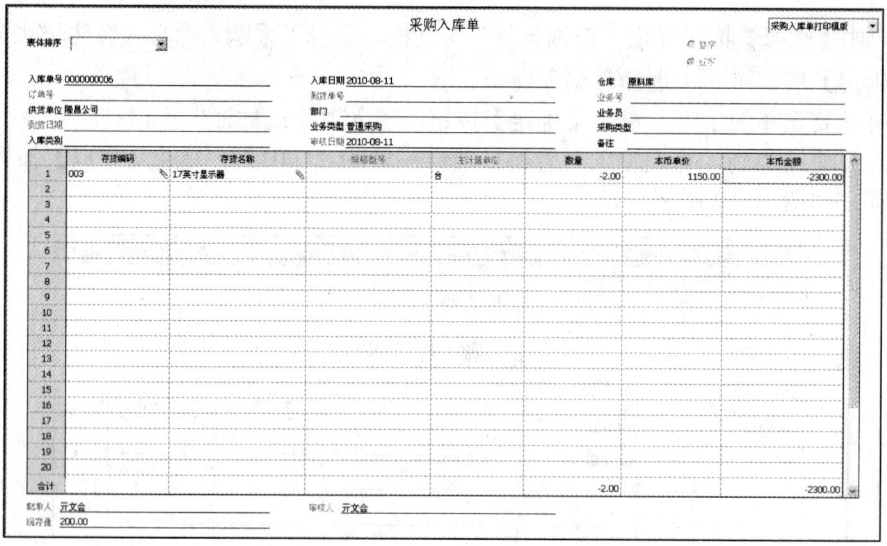

图 10.51 红字采购入库单

（3）选择该笔业务的"采购入库单"选项，单击【确定】按钮，将采购入库单相关信息带入"采购专用发票"。

（4）修改发票号为"AS4408"，数量为"200"，如图 10.52 所示。单击【保存】按钮。

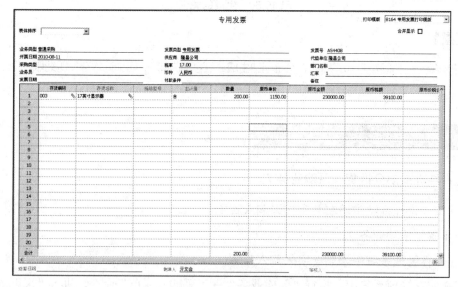

图 10.52 专用发票

4．在采购管理系统中处理采购结算

在采购管理系统中，对采购入库单、红字采购入库单、采购专用发票进行手工采购结算处理。

业务类型：采购结算后退货（采购业务 8）

1．在库存管理系统中填制红字采购入库单并审核

操作步骤见采购业务 7。

2. 在采购管理系统中填制红字采购专用发票并执行采购结算

（1）在采购管理系统中，执行"采购发票"→"红字专用采购发票"命令，进入"采购专用发票（红字）"窗口。

（2）单击【增加】按钮，执行"生单"下拉列表中的"入库单"命令，选择红字入库单，生成"红字采购专用发票"，输入发票号"665218"，保存后退出，如图10.53所示。

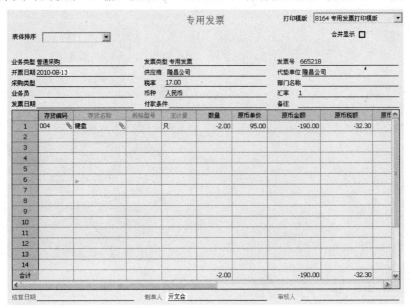

图 10.53　红字专用发票

（3）在采购管理系统中，进行自动结算或手工结算。

任务七　月末处理

1. 数据备份

在采购管理月末结账之前，进行账套数据备份。

2. 月末结账

1）结账处理

执行"月末结账"命令，弹出"月末结账"对话框，单击"选择标志"栏，出现"选中"标志。单击【结账】按钮，系统弹出"月末结账完毕"对话框。

2）取消结账

执行"月末结账"命令，弹出"月末结账"对话框，单击"选择标志"栏，出现"选中"标志。单击【取消结账】按钮，系统弹出"取消月末结账完毕"对话框。单击【确定】按钮，"是否结账"一栏显示"未结账"字样。

【注意】

如果应收款管理系统或库存管理系统或存货核算系统已结账，采购管理系统不能取消结账。

项目十一

销售管理系统

XIAOSHOU GUANLI XITONG

【职业能力目标】

目标类型		能力要素	要素编号
知识目标	基础知识	了解销售管理系统的主要功能	1-1-1
		掌握用友管理软件中销售管理系统的相关内容	1-1-2
		掌握企业日常销售业务处理方法	1-1-3
		理解销售管理系统各项参数设置的意义	1-1-4
		理解销售管理系统与其他系统之间的数据传递关系	1-1-5
技能目标	基本技能	会普通销售业务处理	1-2-1
		会商业折扣业务处理	1-2-2
		会委托代销业务处理	1-2-3
		会分期收款销售业务处理	1-2-4
		会直运销售业务处理	1-2-5
		会现收业务处理	1-2-6
		会销售退货处理	1-2-7
	拓展技能	能根据企业的销售情况设计销售流程	1-2-8
		能根据企业的实际进行销售综合业务处理	1-2-9

【项目引例】

2010年8月份销售日常业务如下：

1. 普通销售业务

（1）8月14日，华兴公司欲购进10台计算机，向销售部了解价格。销售部报价为6 500元/台，填制并审核报价单。

（2）该客户了解情况后，要求订购10台，要求发货日期为8月16日，填制并审核销售订单。

（3）8月16日，销售部从成品仓库向华兴公司发出其所订货物，并据此开具了专用销售发票一张。

（4）业务部门将销售发票交给财务部门，财务部门结转此业务的收入及成本。

（5）8月17日，财务部收到华兴公司转账支票一张，金额76 050元，支票号1 155，据此填制收款单并制单。

2. 商业折扣的处理

（1）8月17日，销售部向华兴公司出售1600K打印机5台，报价为2 300元/台，成交价为报价的90%，货物从配套用品库发出。

（2）8月17日，根据上述发货单开具专用发票一张。

3. 现结业务

（1）8月17日，销售部向华兴公司出售计算机10台，无税报价为6 400元/台，货物从成品库发出。

（2）8月17日，根据上述发货单开具专用发票一张，同时收到客户以转账支票所支付的全部货款，支票号ZZ001188。

（3）进行现结制单处理。

4. 代垫费用处理

8月17日，销售部向华兴公司销售商品过程中，发生了一笔代垫的安装费500元，客户尚未支付该笔款项。

5. 汇总开票业务

（1）8月17日，销售部向华兴公司出售计算机10台，报价为6 400元/台，货物从成品库发出。

（2）8月17日，销售部向华兴公司出售1600K打印机5台，报价为2 300元/台，货物从配套用品库发出。

（3）8月17日，根据上述两张发货单开具专用发票一张。

6. 分次开票业务

（1）8月18日，销售部向宏大公司出售1600K打印机20台，报价为2 300元/台，货物从配套用品库发出。

（2）8月19日，应客户要求，对上述所发出的商品开具两张专用销售发票，第一张发票中所列示的数量为15台，第二张发票上所列示的数量为5台。

7. 开票直接发货

8月19日，销售部向华兴公司出售1600K打印机10台，报价为2 300元/台，物品从配套用品库发出，并据此开具专用销售发票一张。

8. 一次销售分次出库

（1）8月20日，销售部向万达公司出售PIII芯片200盒，由原料库发货，报价为1 500元/盒，同时开具专用发票一张。

（2）8月20日，客户根据发货单从原料库领出PIII芯片150盒。

（3）8月21日，客户根据发货单再从原料库领出PIII芯片50盒。

9. 超发货单出库

8月20日，销售部向万达公司出售PIII芯片20盒，由原料库发货，报价为1 500元。开具发票时客户要求再多买2盒，根据客户要求开具了22盒PIII芯片的专用发票一张。8月22日客户从原料仓库领出PIII芯片22盒。

10. 分期收款发出商品

（1）8月20日，销售部向万达公司出售计算机200台，由成品库发货，报价为6 500元/台。由于金额较大，客户要求以分期付款形式购买该商品；经协商，客户分4次付款，并据此开具相应的销售发票，第一次开具的专用发票数量为50台，单价6 500元/台。

（2）业务部门将该业务所涉及的出库单及销售发票交给财务部门，财务部门据此结转收入及成本。

11. 委托代销业务

（1）8月20日，销售部委托鑫泉公司代为销售计算机50台，售价为6 500元/台，货物从成品库发出。

（2）8月25日，收到鑫泉公司的委托代销清单一张，结算计算机30台，售价为6 500元/台，立即开具销售专用发票给利氏公司。

（3）业务部门将该业务所涉及的出库单及销售发票交给财务部门，财务部门据此结转收入及成本。

12. 开票前退货业务

（1）8月25日，销售部出售给华兴公司计算机10台，单价为6 500元/台，从成品库发出。

（2）8月26日，销售出售给华兴公司的计算机因质量问题退回1台，单价为6 500元/台，收回成品库。

（3）8月26日，开具相应的专用发票一张，数量为9台。

13. 委托代销退货业务

8月27日，委托鑫泉公司销售的计算机退回2台，入成品库。由于该货物已结算，故开具红字专用发票一张。

14. 直运业务

（1）8月25日，销售部接收到业务信息，万达公司欲购买服务器一台。经协商以单价为100 000元/台成交，增值税为17%。随后，销售部填制相应的销售订单。

（2）8月26日，销售部经联系以90 000元/台的价格向宝琳公司发出采购订单，并要求对方直接将货物送到万达公司。

（3）8月27日，货物送至万达公司，宝琳公司送货签收单根据订单开具了一张专用发票给销售部。

（4）8月29日，销售部根据销售订单开具专用发票一张。

（5）销售部将此业务的采购、销售发票交给财务部，财务部结转此业务的收入及成本。

【知识准备】

一、销售管理系统基础知识

销售管理是供应链的重要组成部分，提供了报价、订货、发货、开票的完整销售流程，支持普通销售、委托代销、分期付款、直运、零售、销售调拨等多种类型的销售业务，并可以对销售价格和信用进行实时监控。用户可以根据实际情况对系统进行定制，构建自己的销售业务管理平台。它主要的功能包括以下几个方面。

1. 销售管理系统初始化设置

销售管理系统初始化设置包括销售管理系统业务处理所需要的各种业务选项、基础档案信息及销售期初数据。

2. 销售业务管理

销售业务管理主要处理销售报价、销售订货、销售发货、销售开票、销售调拨、销售退回、发货折扣、委托代销、零售业务等，并根据审核后的发票或根据发货单自动生成销售出库单，处理随同货物销售所发生的各种代垫费用，以及在货物销售过程中发生的各种销售支出。

在销售管理系统中，可以处理普通销售、委托代销、直运销售、分期收款销售、销售调拨及零售等业务类型。

3. 销售账簿及销售分析

销售管理系统可以提供各种销售明细账、销售明细表及各种统计表。

二、销售管理系统日常业务处理基础知识

1. 普通销售业务类型

普通销售支持正常的销售业务，适用于大多数企业的日常销售业务。普通销售业务根据"发货—开票"

的实际业务流程不同，可以分为两种业务模式：先发货后开票模式（即先录入发货单）和开票直接发货模式（即先录入发票）。系统处理两种业务模式的流程不同，但允许两种流程并存。系统判断两种流程的最本质区别是先录入发货单还是先录入发票。

1）销售报价

销售报价是企业向客户提供的货品、规格、价格、结算方式等信息，双方达成协议后，销售报价单可以转为有效力的销售合同或销售订单。企业可以针对不同客户、不同存货、不同批量提出不同的报价或扣率。在销售业务处理流程中，销售报价环节可以省略。

2）销售订货

销售订货处理是指企业与客户签订销售合同，在系统中体现为销售订单。销售订单可以直接录入，也可以参照报价单生成销售订单。在销售业务处理流程中，订货环节也是可选的。已审核未关闭的销售订单可以参照生成销售发货单或销售发票。

3）销售发货

销售发货是企业执行与客户签订的销售合同或销售订单，将货物发往客户的行为，是销售业务的执行阶段。除了根据销售订单发货外，销售管理系统也有直接发货的功能，无需事先录入销售订单即可随时将产品发给客户。在销售业务处理流程中，销售发货是必需的。

先发货后开票模式中发货单由销售部门根据销售订单填制或手工输入，客户通过发货单取得货物所有权。发货单审核后，可以生成销售发票或销售出库单。开票直接发货模式中发货单由销售发票自动生成，发货单只能浏览，不能进行修改、删除、弃审等操作，但可以关闭和打开；销售出库单根据自动生成的发货单生成。

对照订单发货时，一张订单可多次发货、多张订单一次发货。如果不作"超订量发货控制"，可以超销售订单数量发货。

4）销售开票

销售开票是在销售过程中企业给客户开具销售发票及其所附清单的过程，它是销售收入确定、销售成本计算、应交销售税金确认和应收款确认的依据，是销售业务的必要环节。

销售发票既可以直接填制，也可以对照销售订单或销售发货单生成。对照发货单开票时，多张销售货单可以汇总开票，一张发货单也可拆单生成多张销售发票。

5）销售出库

销售出库是销售业务处理的必要环节，在库存管理系统中用于存货出库数量核算，在存货核算系统中用于存货成本核算（如果存货核算销售成本的核算选择依据销售出库单）。

根据参数设置的不同，销售出库单可以在销售系统中生成，也可以在库存管理系统中生成。如果由销售管理系统生成出库单，只能一次销售全部出库；而由库存系统生成销售出库单，可实现一次销售分次出库。

6）出库成本确认

销售出库（开票）之后，要进行出库成本的确认。对于先进先出、后进先出、移动平均、个别计价这四种计价方式的存货，在存货核算系统中进行单据记账时要进行出库成本核算；而全月平均、计划价/销售法计价的存货，在期末处理时进行出库成本核算。

7）应收账款确认及收款处理

及时进行应收账款确认及收款处理是财务核算工作的基本要求，由应收款管理系统完成。

2. 普通销售业务处理流程

普通销售业务可以分为两种业务模式：先发货后开票模式（即先录入发货单）和开票直接发货模式（即先录入发票）。业务处理流程如下：

（1）先发货后开票业务模式的业务处理流程和单据流程如图11.1所示。

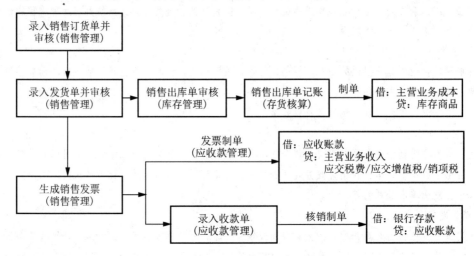

图 11.1　先发货后开票业务模式的业务处理流程和单据流程

（2）开票直接发货业务模式的业务流程和单据流程如图11.2所示。

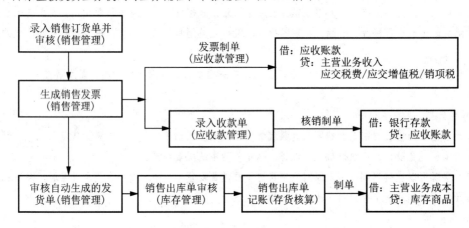

图 11.2　开票直接发货业务模式的业务流程和单据流程

3. 委托代销业务

委托代销业务指企业将商品委托他人进行销售，但商品所有权仍归本企业的销售方式。委托代销商品销售后，受托方与企业进行结算并开具正式的销售发票，形成销售收入，商品所有权转移。委托代销业务处理流程及单据处理流程如图11.3所示。

4. 直运业务

直运业务是指产品无需入库即可完成购销业务，由供应商直接将商品发给企业的客户的业务。结算时，由购销双方分别与企业结算。直运业务包括直运销售业务和直运采购业务，没有实物的出入库，货物流向是直接从供应商到客户，财务结算通过直运销售发票、直运采购发票解决。直运业务适用于如大型电器、汽车、设置等产品的销售。直运业务示意图如图11.4所示。

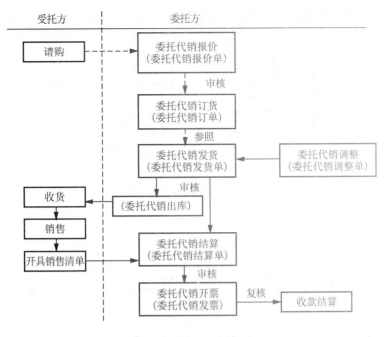

图 11.3　委托代销业务处理流程及单据处理流程

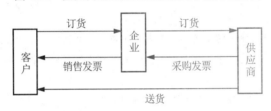

图 11.4　直运业务示意图

5. 分期收款业务

分期收款发出商品业务类似于委托代销业务，货物提前发给客户，分期收回货款，收入与成本按照收款情况分期确认。分期收款销售的特点是：一次发货，当时不确认收入，在确认收入的同时配比性地转移成本。分期收款销售业务处理流程及单据处理流程如图 11.5 所示。

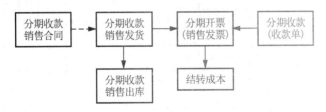

图 11.5　分期收款销售业务处理流程及单据处理流程

6. 代垫费用

代垫费用是指在销售业务中随货物销售所发生的，如运杂费、保险费等暂时代垫，将来需向对方单位收取的费用项目。代垫费用实际上形成了用户对客户的应收款，代垫费用的收款核销由应收款管理系统来处理，本系统仅对代垫费用的发生情况进行登记。代垫费用业务处理流程如图 11.6 所示。

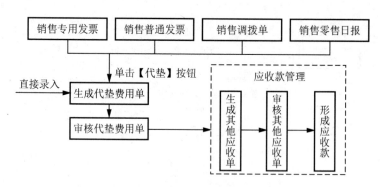

图 11.6 代垫费用业务处理流程

7. 现收业务

现收业务是指在销售货物的同时向客户收取货币资金的业务。在销售发票、销售调拨单和零售日报等销售结算单据中可以直接处理现收业务并结算。现收业务流程如图 11.7 所示。

图 11.7 现收业务流程

8. 销售退货业务

销售退货业务是指客户因货物质量、品种、数量等不符合要求而将已购货物退回本企业的业务。销售退货时需要录入退货单（红字发货单）和红字销售发票，其处理办法类似发货单和销售发票的录入，只不过数量和金额为红字（负数）。

销售退货分为先发货后开票业务模式下的退货和开票直接发货业务模式下的退货。

（1）先发货后开票业务模式下的退货流程如图 11.8 所示。

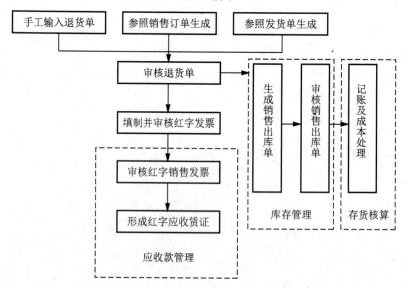

图 11.8 先发货后开票业务模式下的退货流程

（2）开票直接发货业务模式下的退货流程如图 11.9 所示。

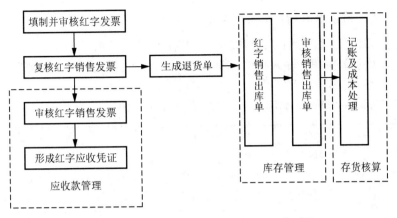

图 11.9　开票直接发货业务模式下的退货流程

9. 综合查询

灵活运用销售管理系统提供的各种查询功能，可以有效提高信息利用和管理水平。

（1）单据查询。通过"销售订单列表"、"发货单列表"、"委托代销发货单列表"、"发票列表"命令可以分别对销售订单、发货单、委托代销发货单、销售发票进行查询。

（2）账表查询。通过查询销售管理系统提供的销售明细表、销售统计表、余额表及销售分析表，实现对销售业务的事中控制、事后分析的管理。

【操作提示】

引入"项目九"账套数据。

任务一　普通销售业务

业务类型：普通销售业务（销售业务1）

启用销售管理系统，执行"设置"→"销售选项"命令，不选择"报价含税"复选框，如图 11.10 所示。

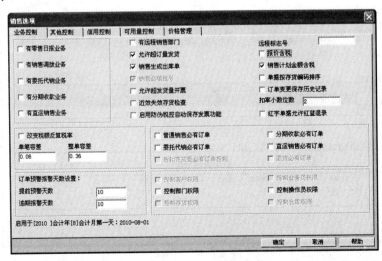

图 11.10　销售选项

1. 在销售管理系统中填制并审核报价单

(1) 启用销售管理系统,执行"销售报价"→"销售报价单"命令,进入"销售报价单"窗口。

(2) 单击【增加】按钮,输入报价日期"2010-08-14",销售类型"经销",客户"华兴公司",销售部门"销售部"。

(3) 选择存货编码"006",名称"计算机",输入数量"10"、报价"6500",如图11.11所示。

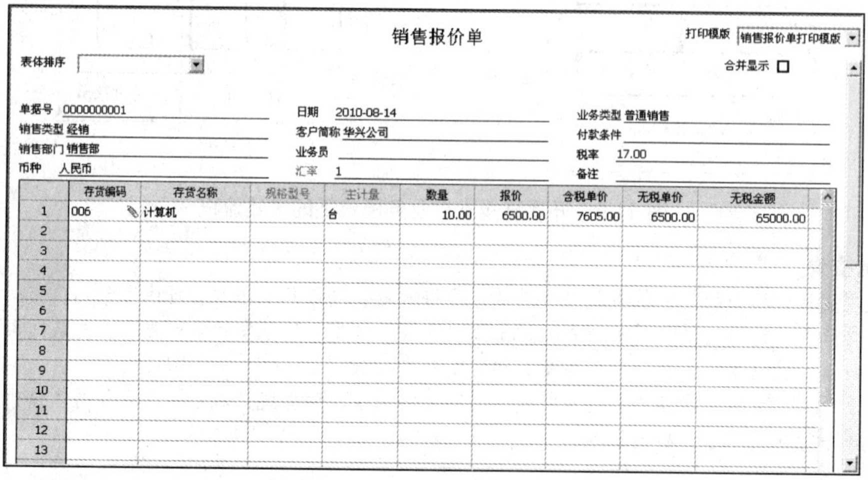

图 11.11 销售报价单

(4) 单击【保存】按钮,并单击【审核】按钮,保存并审核报价单后退出。

2. 在销售管理系统中填制并审核销售订单

(1) 执行"销售订货"→"销售订单"命令,进入"销售订单"窗口。

(2) 单击【增加】按钮,执行"生单"下拉列表中的"报价"命令,打开"订单参照报价单"窗口。

(3) 单击【过滤】按钮,从系统打开的"参照生单"上边窗口中选择上面已录入的报价单,从下边窗口选择要参照的记录行,如图11.12所示。单击【确定】按钮,将报价单信息带入"销售订单"。

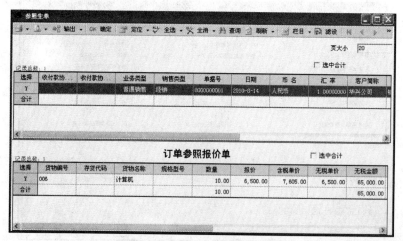

图 11.12 "参照生单"窗口

（4）修改销售订单表体中第一行的"预发货日期"为"2010-08-16"，单击【保存】→【审核】按钮，保存并审核销售订单后退出。

3．在销售管理系统中填制并审核销售发货单

（1）执行"销售发货"→"发货单"命令，进入"发货单"窗口。

（2）单击【增加】按钮弹出"参照订单"对话框（或单击【订单】按钮），单击【过滤】按钮，选择上面已生成的销售订单，单击【确定】按钮，将销售订单信息带入"发货单"。

（3）输入发货日期"2010-08-16"，选择仓库"成品库"，如图11.13所示。

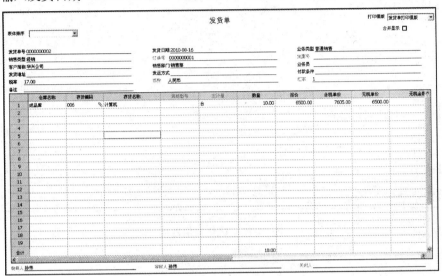

图 11.13　发货单

（4）单击【保存】→【审核】按钮，保存并审核发货单后退出。

4．在销售管理系统中根据发货单填制并复核销售发票

（1）执行"设置"→"销售选项"命令，弹出"选项"对话框。打开"其他控制"选项卡，选择"新增发票默认"为"参照发货"，如图11.14所示。单击【确定】按钮返回。

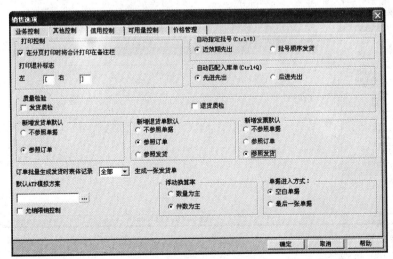

图 11.14　"销售选项"窗口

（2）执行"销售开票"→"销售专用发票"命令，进入"销售专用发票"窗口。

（3）单击【增加】按钮弹出"参照订单"对话框，单击【过滤】按钮，选择要参照的发货单，单击【确定】按钮，将发货单信息带入"专用发票"，如图11.15所示。

（4）单击【保存】→【复核】按钮，复核销售"专用发票"；单击【退出】按钮后退出。

图 11.15 销售专用发票

5. 在应收款系统中审核销售专用发票并生成销售收入凭证

（1）在应收款系统中，执行"应收单据处理"→"应收单据审核"命令，弹出"单据过滤条件"对话框，单击【确定】按钮，进入"应收单据列表"窗口，如图11.16所示。

（2）选择需要审核的单据，单击【审核】按钮，系统弹出"审核成功！"信息提示对话框；单击【确定】按钮返回，然后退出。

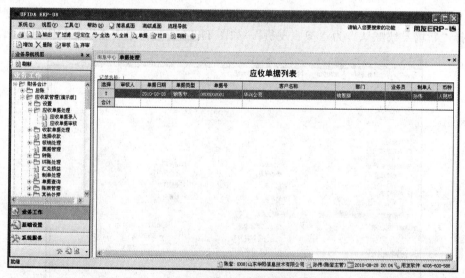

图 11.16 应收单据列表

（3）执行"制单处理"命令，弹出"制单查询"对话框，如图11.17所示。

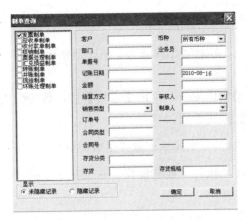

图 11.17 制单查询

（4）选择"发票制单"复选框，单击【确定】按钮，进入"销售发票制单"窗口，如图 11.18 所示。

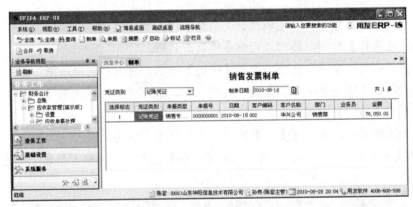

图 11.18 销售发票制单

（5）选择凭证类别，单击工具栏上的【全选】按钮，选择窗口中的所有单据，单击【制单】按钮，屏幕上出现根据发票生成的凭证。

（6）修改制单日期，输入附件数，单击【保存】按钮，凭证左上角出现"已生成"红字样，表示已将凭证传递到总账，如图 11.19 所示。

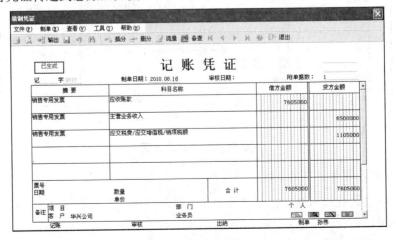

图 11.19 生成的凭证

6. 在库存管理系统中审核销售出库单

（1）启用库存管理系统，执行"出库业务"→"销售出库单"命令，进入"销售出库单"窗口。

（2）找到需要审核的销售出库单，单击【审核】按钮系统弹出"该单据审核成功"信息提示对话框，单击【确定】按钮返回。

7. 在存货核算系统中对销售出库单记账并生成凭证

（1）启用存货核算系统，执行"业务核算"→"正常单据记账"命令，弹出"正常单据记账"对话框。

（2）单击【确定】按钮，进入"正常单据记账"窗口。

（3）单击需要记账的单据前的"选择"栏（或单击【全选】按钮），然后单击【记账】按钮。

（4）系统开始进行单据记账，记账完成后，单据不在窗口中显示。

（5）执行"财务核算"→"生成凭证"命令，进入"生成凭证"窗口。

（6）单击【选择】按钮，弹出"查询条件"对话框。

（7）选择"销售出库单"选项，单击【确定】按钮，进入"选择单据"窗口。

（8）单击需要生成凭证的单据前的"选择"栏，或单击工具栏上的【全选】按钮，然后单击工具栏上的【确定】按钮，进入"生成凭证"窗口。

（9）选择凭证类别，单击【生成】按钮，系统显示生成的凭证。

（10）修改确定无误后，单击工具栏上的【保存】按钮，凭证左上角显示"已生成"红字样，表示已将凭证传递到总账，如图11.20所示。

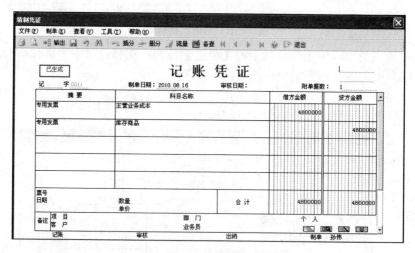

图 11.20 生成的凭证

8. 在应收款管理系统中输入收款单并制单

（1）启用应收款管理系统，执行"收款单据处理"→"收款单据录入"命令，进入"收款单据录入"窗口。

（2）输入收款单信息，如图 11.21 所示。

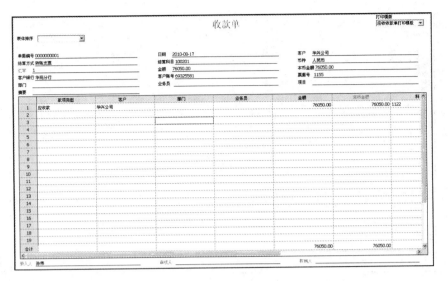

图 11.21　收款单

（3）单击【保存】→【审核】按钮，系统弹出"是否立即制单？"对话框，单击【是】按钮。
（4）在填制凭证窗口中，单击【保存】按钮，生成的凭证如图 11.22 所示。
（5）执行"核销处理"→"自动核销"命令，对单据进行核销处理。

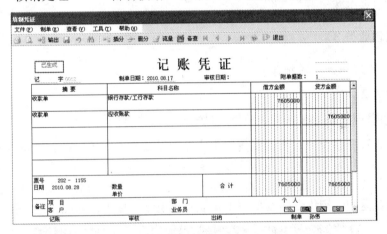

图 11.22　生成的凭证

 任务二　普通销售业务的特殊处理（一）

销售折扣的处理（销售业务 2）

1. 在销售管理系统中填制并审核发货单

（1）执行"销售发货"→"发货单"命令，进入"发货单"窗口。
（2）单击【增加】按钮，弹出"参照订单"对话框；单击【取消】按钮进入"发货单"窗口。
（3）输入发货日期"2010-08-17"，客户"华兴公司"，销售部门"销售部"。
（4）选择仓库"配套用品库"，存货"1600K 打印机"数量"5"，报价"2 300"，扣率"90%"，如图 11.23 所示。

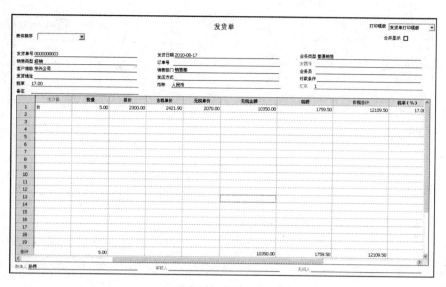

图 11.23 发货单

（5）单击【保存】→【审核】按钮，保存并审核发货单后退出。

2．在销售管理系统中根据发货单填制并复核销售发票

操作步骤见业务 1。

现结销售（销售业务 3）

1．在销售管理系统中填制并审核发货单

操作见业务 2。

2．在销售管理系统中根据发货单生成销售专用发票并执行现结

（1）在销售管理系统中，根据发货单生成专用发票，单击【保存】按钮。

（2）在销售专用发票界面，单击【现结】按钮弹出"现结"对话框，选择结算方式"转账支票"，金额"74 880"，支票号"ZZ001188"，银行账号"69325581"，如图 11.24 所示。单击【确定】按钮返回，销售专用发票左上角显示"现结"标志，如图 11.25 所示。

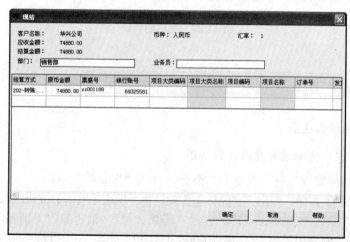

图 11.24 现结

图 11.25　现结发票

（3）单击【复核】按钮，对现结发票实行复核。

【注意】

应在销售发票复核前进行现结处理；销售发票复核后才能在应收款管理系统中进行"现结"制单。

3．在应收款管理系统中审核应收单据和现结制单

（1）在应收款系统中，执行"应收单据处理"→"应收单据审核"命令，弹出"应收单过滤条件"对话框，如图 11.26 所示。

图 11.26　"应收单过滤条件"窗口

（2）选中"包含已现结发票"复选框，单击【确定】按钮，进入"应收单据列表"窗口。

（3）审核上面的在销售管理系统中根据发货单生成的销售专用发票。

（4）执行"制单处理"命令，弹出"制单查询"对话框，如图 11.27 所示。选中"现结制单"复选框，单击【确定】按钮，进入"应收制单"窗口。

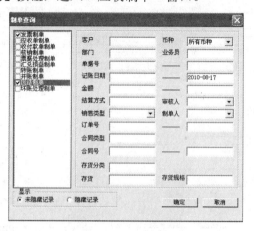

图 11.27　制单查询

（5）在需要制单的单据行的"选择标志"栏上单击，输入任一标志；选择凭证类别，输入制单日期，单击【制单】按钮，生成凭证。

（6）修改确认无误后单击【保存】按钮，凭证左上角出现"已生成"红字样，表示已将凭证传递到总账，如图 11.28 所示。

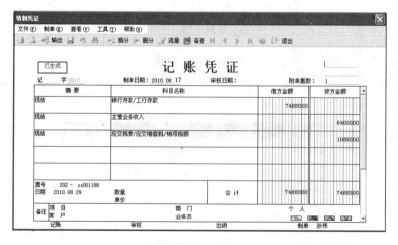

图 11.28　生成的凭证

代垫费用处理（销售业务 4）

1．在企业应用平台中设置费用项目

（1）在企业应用平台的"基础设置"选项卡中，执行"基础档案"→"业务"→"费用项目分类"命令，进入"费用项目分类"窗口。增加项目分类"1 代垫费用"。

（2）执行"基础档案"→"业务"→"费用项目"命令，进入"项目费用"窗口，增加"01 安装费"并保存。

2．在销售款管理系统中填制并审核代垫费用单

（1）在销售管理系统中，执行"代垫费用"→"代垫费用单"命令，进入"代垫费用单"窗口。

（2）单击【增加】按钮，输入代垫日期"2010-08-017"，客户"华兴公司"，销售部门"销售部"，费用项目"安装费"，代垫金额"500"，如图11.29所示，保存并审核。

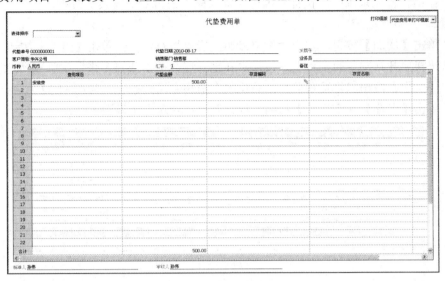

图 11.29 代垫费用单

3. 在应收款管理系统中对代垫费用单审核并确认应收

（1）在应收款管理系统中，执行"应收单据处理"→"应收单据审核"，对代垫费用单形成的其他应收单进行审核。

（2）执行"制单处理"命令，弹出"制单查询"对话框，选择"应收单制单"选项，单击【确定】按钮进入"应收制单"窗口。

（3）选择要制单的单据，再选择凭证类别，单击【制单】按钮，生成一张凭证，如图11.30所示，单击【保存】按钮。

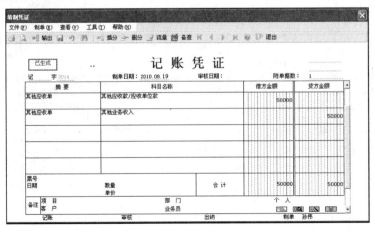

图 11.30 生成的凭证

多张发货单汇总开票（销售业务5）

1. 在销售管理系统中填制并审核两张发货单

操作步骤见销售业务2。

2. 在销售管理系统中参照上述两张发货单填制并复核销售发票

（1）在销售管理系统中，执行"销售开票"→"销售专用发票"命令，进入"销售专用发票"窗口。

（2）单击【增加】按钮，弹出"发票参照发货单"对话框，单击【过滤】按钮。

（3）选择要开具发票的发货单（按住 Ctrl 键并连续单击选择多张发货单），如图 11.31 所示，单击【确定】按钮，将发货信息汇总反映在销售专用发票上，如图 11.32 所示。

（4）单击【保存】→【复核】按钮，保存并复核销售专用发票。

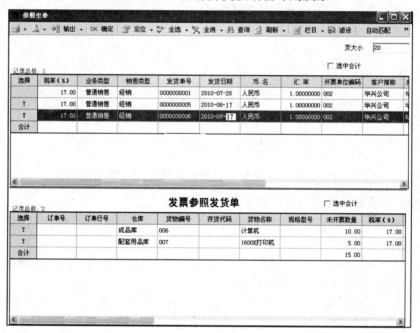

图 11.31　参照生单

图 11.32　销售专用发票

任务三　普通销售业务的特殊处理（二）

一张发货单分次开票（销售业务 6）

1. 在销售管理管理系统中填制并审核发货单

操作步骤见销售业务 2。

2. 在销售管理系统中根据上述发货单分次填制两张销售发票并复核

（1）在销售管理系统中，执行"销售开票"→"销售专用发票"命令，进入"销售专用发票"窗口。

（2）单击【增加】按钮，弹出"发票参照发货单"对话框，单击【过滤】按钮。

（3）选择要开具发票的发货单，单击【确定】按钮，将发货信息汇总反映在销售专用发票上。修改开票日期为"2010-08-19"，数量为"15"，如图 11.33 所示。保存并复核。

（4）单击【增加】按钮，弹出"发票参照发货单"对话框，单击【过滤】按钮。

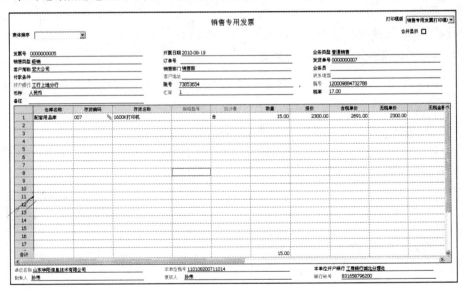

图 11.33　销售专用发票

（5）选择要开具发票的发货单，注意此时发货单上"未开票数量"一栏显示"5"。单击【确定】按钮，将发货信息汇总反映在销售专用发票上。修改开票日期为"2010-08-19"，如图 11.34 所示。保存并复核。

开票直接发货业务（销售业务 7）

1. 在销售管理系统中填制并复核销售专用发票

（1）在销售管理系统中，执行"销售开票"→"销售专用发票"命令，进入"销售专用发票"窗口。

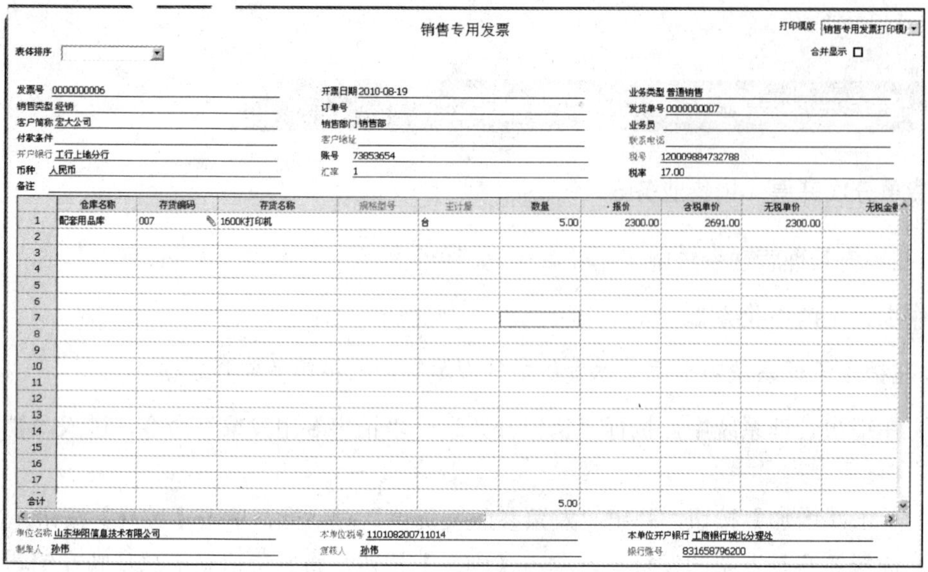

图 11.34 销售专用发票

（2）单击【增加】按钮，弹出"选择发货单"对话框。单击【取消】按钮，返回"销售专用发票"窗口。

（3）按实验的要求输入销售专用发票的内容并复核。

2．在销售管理系统中查询销售发货单

执行"销售发货"→"发货单"命令，进入"发货单"窗口，可以查看销售专用发票自动生成的发货单。

3．在库存管理系统中查询销售出库单

在库存管理系统中，执行"业务出库"→"销售出库单"命令，进入"销售出库单"窗口，可以查看销售发票自动生成的销售出库单，如图 11.35 所示。

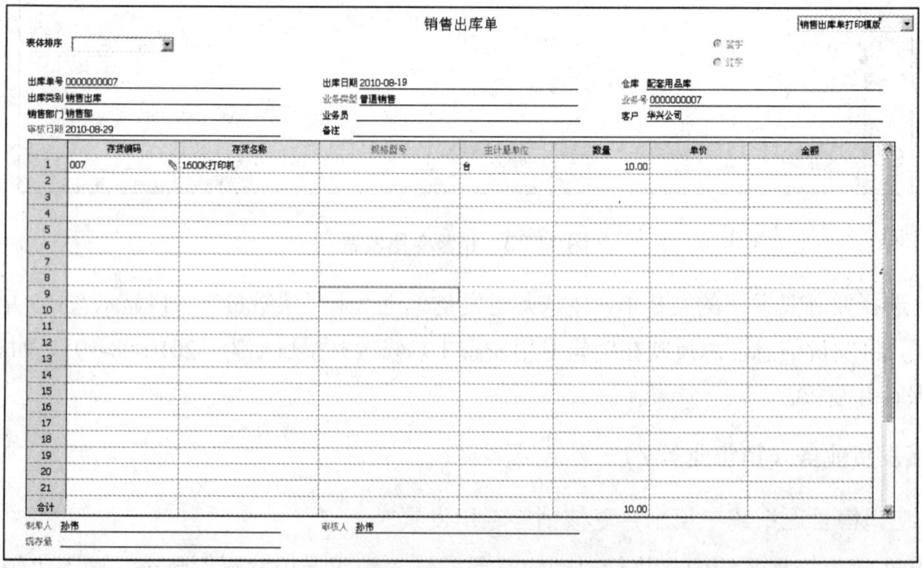

图 11.35 销售出库单

一次销售分次出库（销售业务8）

1. 在销售管理系统中设置相关选项

（1）在销售管理系统中，执行"设置"→"销售选项"命令，进入"选项"窗口。

（2）在"业务控制"选项卡中，取消"是否销售生成出库单"中的复选框中的"√"，单击【确定】按钮返回。

🔍【注意】

修改此选项的前提是原模式下的单据（发货单、发票）必须全部审核。

2. 在销售管理系统中填制并审核发货单

略。

3. 在销售管理系统中根据发货单开具销售专用发票并复核

操作步骤见销售业务2。

4. 在库存管理系统中根据发货单开具销售出库单

（1）在库存管理系统中，执行"出库业务"→"销售出库单"命令，进入"销售出库单"窗口。

（2）单击【生单】按钮，选择下拉列表中"销售生单（批量）"命令。

（3）单击【过滤】按钮，选择要参照的发货单，选中右上角的"显示表体"复选框，取消"根据累计出库数更新发货单"复选框。窗口下方显示发货单表体内容，移动水平滚动条，在记录行末修改"本次出库数量"为"150"，如图11.36所示。系统弹出"生单成功"提示对话框，单击【确定】按钮，系统自动生成销售出库单，如图11.37所示。

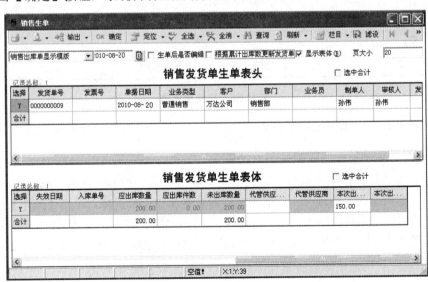

图 11.36 销售生单

（4）单击【审核】按钮，系统提示"该单据审核成功！"，单击【确定】按钮返回。

（5）同样，填制第二张销售出库单，数量为50，如图11.38所示。

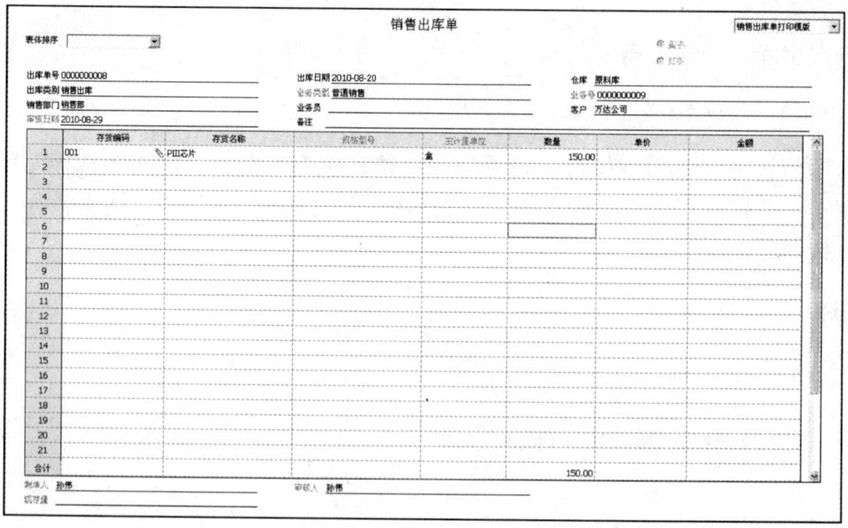

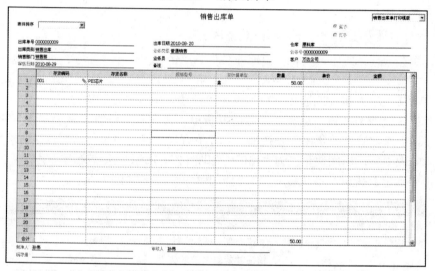

图 11.37 销售出库单

图 11.38 销售出库单

超发货单出库及开票（销售业务 9）

1. 在库存管理系统中修改相关选项设置

（1）在库存管理系统中，执行"初始设置"→"选项"命令，弹出"库存选项设置"对话框。打开"专用设置"选项卡，选中"允许超发货单出库"选项，单击【确定】按钮返回。

（2）在销售管理系统中，执行"初始设置"→"销售选项"命令，弹出"销售选项设置"对话框。打开"业务控制"选项卡，选中"允许超发货单开票"选项，单击【确定】按钮返回。

2. 在企业应用平台中修改存货档案并设置超额出库上限为 20%

（1）在企业应用平台中的"基础设置"选项卡中，执行"基础档案"→"存货"→"存货档案"命令，进入"存货档案"窗口。

（2）在"芯片"分类下，找到"001 PIII 芯片"记录行，单击【修改】按钮，执行"修改存货档案"命令，进入"存货档案"窗口。

(3)打开"控制"选项卡,在"出库超额上限"一栏内输入"0.2",单击【保存】按钮。

3.在销售管理系统中填制并审核发货单

略。

4.在销售管理系统中填制并复核销售专用发票

略。

【注意】

修改开票数量为"22"。

5.在库存管理系统中根据发货单生成销售出库单

(1)在库存管理系统中,执行"出库业务"→"销售出库单"命令,进入"销售出库单"窗口。

(2)执行"生单"下拉列表选择"销售生单(批量)"命令,弹出"过滤条件选择—销售发货单列表"对话框。

(3)单击【过滤】按钮,选择要参照的发货单,在对话框上面选中"显示表体"、"根据累计出库数更新发货单"。修改"本次出库量"为"22",如图11.39所示。单击【确定】按钮,审核销售出库单。

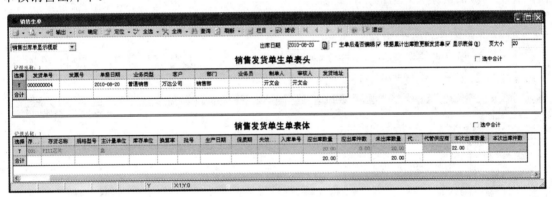

图 11.39 销售生单

(4)在销售管理系统中,查询该笔业务的发货单,发现"数量"一栏已根据销售出库单改写为"22"。

任务四 分期收款发出商品业务

业务类型:分期收款发出商品(销售业务 10)

1.在销售管理系统中修改相关选项设置

(1)在销售管理系统中,执行"设置"→"销售选项"命令,弹出"选项"对话框。

(2)打开"业务控制"选项卡,选中"有分期收款业务"及"销售生成出库单"复选框,单击【确定】按钮返回。

2. 在存货核算系统中设置分期收款业务相关科目

（1）在存货核算系统中，执行"初始设置"→"科目设置"→"存货科目"命令，进入"存货科目"窗口。

（2）设置所有仓库的"分期收款发出商品科目"为"发出商品（1406）"。

3. 在销售管理系统中填制并审核发货单

略。

🔍 【注意】

填制发货单时选择业务类型为"分期收款"。

4. 在存货核算系统中执行发出商品记账并生成出库凭证

（1）在存货核算系统中，执行"业务核算"→"发出商品记账"命令，弹出"过滤条件选择"窗口。

（2）选择业务类型为"分期收款"、单据类型"发货单"、仓库为"成品库"，单击【过滤】按钮，进入"未记账发出商品一览表"窗口。

（3）选择要记账的单据，单击【记账】按钮后退出。

（4）执行"财务核算"→"生成凭证"命令，进入"生成凭证"窗口。单击【选择】按钮，弹出"查询条件"对话框。

（5）在单据列表中，选择"分期收款发出商品发货单"选项，单击【确定】按钮，进入"未生成凭证单据一览表"窗口。

（6）选择要记账的发货单，单击【确定】按钮，进入"生成凭证"窗口，如图11.40所示。单击【生成】按钮，生成如图11.41所示的记账凭证。

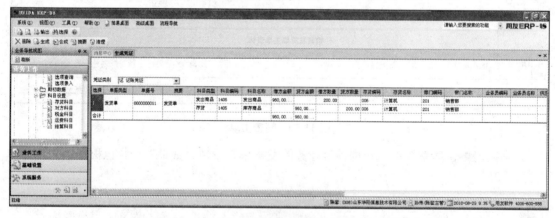

图11.40 "生成凭证"窗口

5. 在销售管理系统中根据发货单填制并复核销售发票

参照发货单时，过滤时选择业务类型为"分期收款"，修改开票数量为"50"。

6. 在应收款管理系统中审核销售发票及生成凭证（图11.42）

7. 在存货核算系统中对销售发票记账并生成结转销售成本凭证

（1）在存货核算系统中，执行"业务核算"→"发出商品记账"命令，弹出"过滤条件选择"窗口。

（2）选择业务类型为"分期收款"，单据类型为"销售发票"，仓库为"成品库"，单击【确定】按钮，进入"未记账发出商品一览表"窗口。

（3）选择要记账的单据，单击【记账】按钮后退出。

（4）执行"财务核算"→"生成凭证"命令，进入"生成凭证"窗口。单击【选择】按钮，弹出"查询条件"对话框。

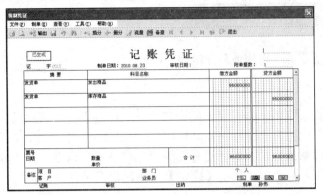

图 11.41　生成的凭证

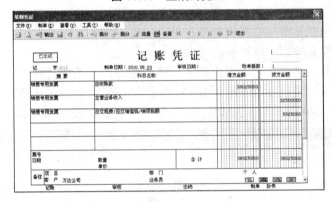

图 11.42　生成的凭证

（5）在单据列表中，选择"分期收款发出商品专用发票"选项，单击【确定】按钮，进入"未生成凭证单据一览表"窗口。

（6）选择要记账的发货单，单击【确定】按钮，进入"生成凭证"窗口。单击【生成】按钮，生成如图 11.43 所示的记账凭证。

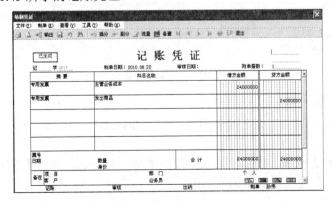

图 11.43　生成的凭证

8. 查询分期收款相关账表

(1) 在存货核算系统中,查询发出商品明细表。

(2) 在销售管理系统中,查询销售统计表。

任务五　委托代销业务

业务类型: 委托代销业务(销售业务 11)

1. 初始设置调整

(1) 在存货核算系统中,执行"初始设置"→"选项"→"选项录入"命令,将"委托代销成本核算方式"设置为"按发出商品核算";单击【确定】按钮,保存设置。

(2) 在销售管理系统中,执行"设置"→"销售选项"命令,在"业务控制"选项卡中选择"有委托代销业务"选项;单击【确定】按钮,保存设置。

2. 委托代销发货处理

(1) 在销售管理系统中,执行"委托代销"→"委托代销发货单"命令,进入"委托代销发货单"窗口,填制并审核委托代销发货单。

(2) 在库存管理系统中审核销售出库单。

(3) 在存货核算系统中执行"发出商品记账"命令,在系统打开的"过滤条件选择"窗口中选择单据类型为"发货单",业务类型为"委托代销",对委托代销发货单记账,生成以下出库凭证,如图 11.44 所示。在生成凭证前,输入委托代销发出商品的科目编码为"1406"。

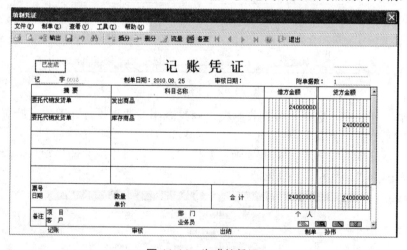

图 11.44　生成的凭证

3. 委托代销结算处理

(1) 在销售管理系统中,对照委托代销发货单生成委托代销结算单,修改委托代销结算数量为 30。

(2) 单击【审核】按钮,弹出"请选择发票类型"对话框。选择【专用发票】单选按钮,如图 11.45 所示。单击【确定】按钮后退出。

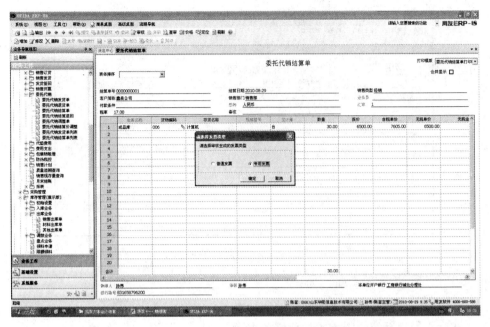

图 11.45 "请选择发票类型"对话框

（3）在销售管理系统中查看委托代销结算生成的销售专用发票并复核。

【注意】

①委托代销结算单审核后，由系统自动生成相应的销售发票。②系统可根据委托代销结算单生成"普通发票"或"专用发票"两种发票类型。③委托代销结算单审核后，由系统自动生成相应的销售出库单，并将其传递到库存管理系统。

（4）在应收款管理系统中，审核销售发票生成销售凭证，如图 11.46 所示。

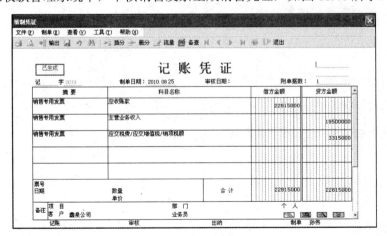

图 11.46 生成的凭证

（5）在存货核算系统中结转销售成本。在存货核算系统中，执行"发出商品记账"命令，过滤时选择单据类型为"销售发票"，对委托代销销售专用发票记账；然后在"生成凭证"中，对委托代销发出商品专用发票生成凭证。委托代销发出商品的科目编码为 1406 发出商品，如图 11.47 所示。

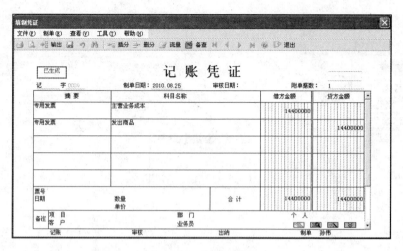

图 11.47 生成的凭证

4．委托代销相关账表查询

（1）在销售管理系统中查询委托代销统计表。

（2）在库存管理系统中查询委托代销备查簿。

任务六 退货业务

开票前退货处理（销售业务 12）

1．在销售管理系统中填制并审核发货单

略。

2．在销售管理系统中填制并审核退货单

略。

【注意】

填制退货单时可参照订单、发货单。

3．在销售管理系统中填制并复核销售发票。

略。

【注意】

参照发货单生成销售专用发票时，需要同时选中"蓝字记录"和"红字记录"复选框。如果生成退货单时已参照发货单，则"选择发货单"窗口中不再出现退货单，而参照的结果是发货单与退货单的数量差。

委托代销退货业务——结算后退货（销售业务 13）

1．在销售管理系统中参照委托代销发货单填制委托代销结算退回

略。

2．对委托代销结算退回审核并生成红字销售专用发票并复核

在销售管理系统中，执行"销售开票"→"红字专用销售发票"命令，打开"红字销售专用发票"窗口，找到委托代销结算退回生成的红字发票，单击【复核】按钮。

3．查看红字销售专用发票（销售管理系统—销售开票—销售发票列表）

略。

任务七　直运销售业务

业务类型：直运销售业务（销售业务14）

1．在企业应用平台设置直运销售业务相关选项

（1）在销售管理系统中，执行"设置"→"销售选项"命令，弹出"选项"对话框。

（2）选中"有直运销售业务"复选框，单击【确定】按钮。

2．在企业应用平台增加存货"009 服务器"

（1）在企业应用平台中执行"基础档案"→"存货"→"存货分类"命令，进入"存货分类"窗口，在"产成品"分类下增加"0202 服务器"分类。

（2）执行"基础档案"→"存货"→"存货档案"命令，进入"存货档案"窗口，在"服务器"分类下增加"009 服务器"。

【注意】

直运销售业务涉及的存货应具有"销售"、"外购"属性。

3．在销售管理系统中填制并审核直运销售订单

（1）执行"销售订货"→"销售订单"命令，进入"销售订单"窗口。

（2）单击【增加】按钮，选择业务类型"直运销售"，按要求填写其他内容，如图11.48所示，保存并审核。

图11.48　直运销售订单

4．在采购管理系统中填制并审核直运采购订单

（1）执行"采购订货"→"采购订单"命令，进入"采购订单"窗口。

（2）单击【增加】按钮，选择业务类型为"直运采购"，执行"生单"→"销售订单"命令，将销售订单相关信息带入"采购订单"。选择供货单位"宝琳公司"，输入单价"90000"元，如图 11.49 所示。单击【保存】按钮。

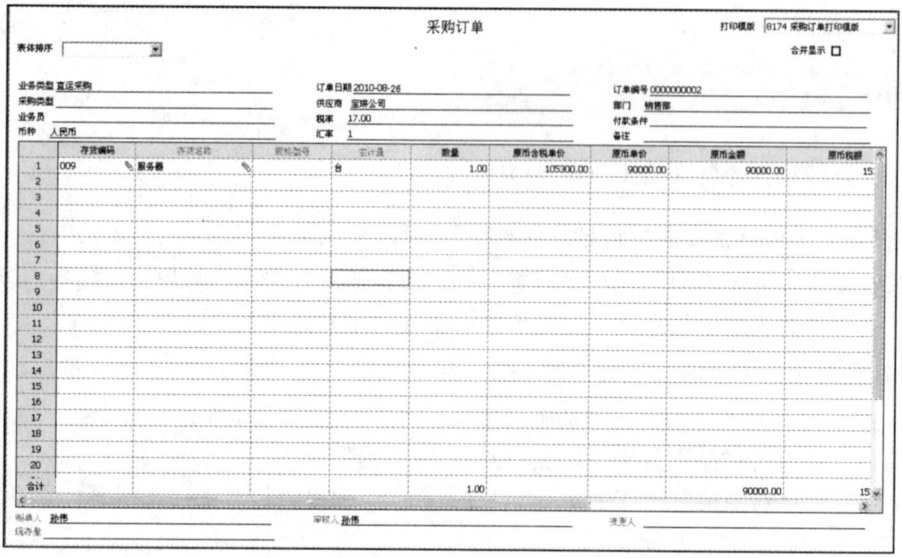

图 11.49　直运采购订单

（3）再单击【审核】按钮，审核采购订单。

5．在销售管理系统中填制并复核直运销售发票

略。

【注意】

发票上的仓库项不可录入。

6．在采购管理系统中生成直运采购发票（先选择业务类型：直运采购）

略。

【注意】

发票上的仓库项不可录入；如果选择了"直运销售必有订单"，则直运销售发票和直运采购发票都只能参照销售订单生成发票。

7．在应付款管理系统中审核直运采购发票

略。

【注意】

在"单据过滤条件"对话框中选中"未完全报销"复选框，才能找到直运采购发票。但不能在此制单，其制单操作在存货核算系统中进行。

8．在存货核算系统中执行直运销售记账

（1）在存货核算系统中，执行“业务核算”→“直运销售记账”命令，弹出“直运采购发票核算查询条件”对话框，选择“采购发票”、“销售发票”选项，如图 11.50 所示。单击【确定】按钮返回。

（2）选择要记账的单据，单击【记账】按钮。

9．结转直运业务的收入及成本

（1）在存货核算系统中，执行“财务核算”→“生成凭证”命令，进入“生成凭证”窗口，如图 11.51 所示。选择“直运销售发票”和“直运采购发票”，在两张发票的存货科目栏输入“1405”，生成凭证如图 11.52、图 11.53 所示。

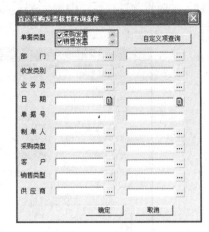

图 11.50　“直运采购发票核算查询条件”窗口

凭证类别　记 记账凭证

选择	单据类型	单据号	摘要	科目类型	科目编码	科目名称	借方金额	贷方金额	借方数量	贷方数量	存货编码	存货名称	部门编码	部门名称	业务员编码	业务员名称	供应
1	采购发票	0000000002	采购发票	存货	1405	库存商品	90,000.00		1.00		009	服务器	201	销售部			004
				税金	22210101	进项税额	15,300.00		1.00		009	服务器	201	销售部			004
				应付	2202	应付账款		105,30...		1.00	009	服务器	201	销售部			004
	专用发票	0000000014	专用发票	对方	6401	主营业务...	90,000.00		1.00		009	服务器	201	销售部			
				存货	1405	库存商品		90,000.00		1.00	009	服务器	201	销售部			
合计							195,30...	195,30...									

图 11.51　“生成凭证”窗口

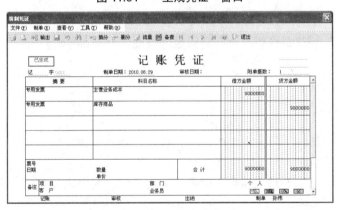

图 11.52　直运销售发票生成凭证

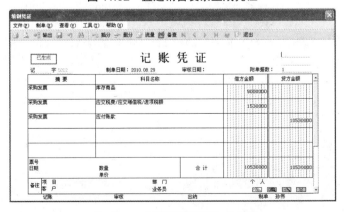

图 11.53　直运采购发票生成凭证

(2)在应收款管理系统中,对直运销售发票审核并制单。直运销售发票生成的凭证如图 11.54 所示。

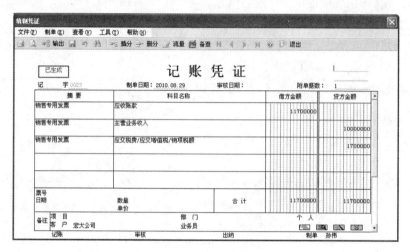

图 11.54　直运销售发票生成的凭证

任务八　月末处理

1．账簿查询

在销售日常业务处理完毕后,进行销售账表查询。

2．数据备份

略。

3．月末处理

(1)结账处理,执行"月末结账"命令,弹出"销售月末结账"对话框,单击【月末结账】按钮,系统开始结账。

(2)取消结账,执行"月末结账"命令,弹出"销售月末结账"对话框,单击【取消结账】按钮,系统取消结账。

【注意】

如果应收款管理系统或库存管理系统或存货核算系统已结账,销售管理系统不能取消结账。

项目十二

库存管理系统

KUCUN GUANLI XITONG

【职业能力目标】

目标类型		能力要素	要素编号
知识目标	基础知识	了解库存管理系统的基本功能	1-1-1
		掌握库存管理系统日常业务处理的内容	1-1-2
技能目标	基本技能	会入库业务处理	1-2-1
		会出库业务处理	1-2-2
		会其他业务处理	1-2-3
	拓展技能	会组装业务的处理	1-2-4

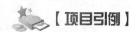

【项目引例】

2010 年 8 月份库存业务如下：

1. 产成品入库业务

（1）8 月 15 日，成品库收到当月一车间加工的 10 台计算机作为产成品入库。

（2）8 月 16 日，成品库收到当月一车间加工的 20 台计算机作为产成品入库。

（3）随后收到财务部门提供的完工产品成本，其中计算机的总成本为 144 000 元，立即作成本分配，记账生成凭证。

2. 材料领用

8 月 15 日，一车间向原料库领用 PIII 芯片 100 盒，40GB 硬盘 100 盒，用于生产。记材料明细账，生成领料凭证。

3. 出库跟踪入库

（1）有一存货"1GB 内存条"，在库存管理时，需要对每一笔入库的出库情况作详细的统计。

（2）8 月 10 日，采购部向隆昌公司购进 80 根 1GB 内存条，单价为 300 元/根。物品入原料库。

（3）8 月 12 日，采购部向隆昌公司购进 100 根 1GB 内存条，单价为 295 元/根。物品入原料库。

（4）8 月 12 日，收到上述两笔入库的专用发票一张。

（5）8 月 25 日，一车间向原料库领用 50 根 1GB 内存条，用于生产。

4. 调拨业务

8 月 20 日，将原料库中的 50 盒 PIII 芯片调拨到配套用品库。

5. 盘点预警

8 月 20 日，根据上级主管要求，PIII 芯片应在每周二进行盘点一次。如果周二进行盘点，需要进行提示。

6. 盘点业务

8 月 25 日，对原料库的"1GB 内存条"存货进行盘点，盘点后，发现 1GB 内存条多出 2 根。经确认，该内存条的成本为 300 元/根。

7. 假退料

8 月 30 日，根据生产部门的统计，有 8 盒 PIII 芯片当月尚未用完。先作假退货处理，下个月再继续使用。

8. 其他入库业务

8 月 29 日，销售部收到赠品 17 英寸显示器一台，单价 2 200 元。

9. 其他出库业务

8 月 30 日，销售部领取 10 台计算机样本，用于捐助教育。

10. 组装业务

8 月 30 日，应客户的急需，一车间当日组装了 30 台计算机。

 【知识准备】

一、库存管理系统的基本功能

1. 日常收发存业务处理

库存管理系统的主要功能是对采购管理系统、销售管理系统及库存管理系统填制的各种出入库单据进行审核，并对存货的出入库数量进行管理。除管理采购业务、销售业务形成的入库和出库业务外，还可以处理仓库间的调拨业务、盘点业务、组装拆卸业务、形态转换业务等。

2. 库存控制

库存管理系统支持批次跟踪、保质期管理、委托代销商品管理、不合格品管理、现存量（可用量管理）、安全库存管理，对超储、短缺、呆滞积压、超额领料等情况进行报警。

3. 库存账簿及统计分析

库存管理系统可以提供出入库流水账、库存台账、受托代销商品备查簿、委托代销商品备查簿、呆滞积压存货备查簿供用户查询，同时提供各种统计汇总表。

二、库存管理系统日常业务处理

1. 入库业务处理

库存管理系统主要是对各种入库业务进行单据的填制和审核。

1）入库单据

（1）采购入库。

（2）产成品入库。对于工业企业，企业对原材料及半成品进行一系列的加工后，形成可销售的商品，然后验收入库。只有工业企业才有产成品入库单，商业企业没有此单据。

产成品一般在入库时是无法确定产品的总成本和单位成本的，因此，在填制产成品入库单时，一般只有数量，没有单价和金额。

产成品入库的业务流程如图12.1所示。

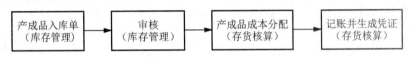

图12.1 产成品入库业务流程

（3）其他入库是指除了采购入库、产成品入库之外的其他入库业务，如调拨入库、盘盈入库、组装拆卸入库、形态转换入库等业务形成的入库单。

注意：调拨入库、盘盈入库、组装拆卸入库、形态转换入库等业务可以自动生成相应的其他入库单，除此之外的其他入库单由用户填制。

2）审核入库单据

库存管理系统中的审核具有多层含义，既可表示通常意义上的审核，也可用单据是否审核代表实物的出入库行为，即在入库单上的所有存货均办理了入库手续后，对入库单进行审核。

2. 出库业务处理

（1）销售出库。

（2）材料领用出库。工业企业生产过程需要领用材料，此时需要办理材料领用出库手续。

（3）其他出库是指除销售出库、材料出库之外的其他出库业务，如维修、办公耗用、调拨出库、盘亏出库、组装拆卸出库、形态转换出库等。

注意：调拨入库、盘盈入库、组装拆卸入库、形态转换入库等业务可以自动生成相应的其他出库单，除此之外的其他出库单由用户填制。

3. 其他业务

1）库存调拨

库存管理系统中提供了调拨单用于处理仓库之间存货的转库业务或部门之间的存货调拨业务。如果调拨单上的转出部门和转入部门不同，就表示是部门之间的调拨业务。如果转出部门和转入部门相同，但转出仓库和转入仓库不同，就表示是仓库之间的转库业务。

2）盘点

库存管理系统中提供了盘点单用来定期对仓库中的存货进行盘点。存货盘点报告表是证明企业存货盘盈、盘亏和毁损，据以调整存货实存数的书面凭证，经企业领导批准后，即可作为原始凭证入账。

系统提供两种盘点方法：按仓库盘点，按批次盘点，还可对各仓库或批次中的全部或部分存货进行盘点，盘盈、盘亏的结果可自动生成出入库单。

3）组装拆卸业务

组装指将多个散件组装成一个配套件的过程。组装单相当于两张单据，一个是散件出库单，一个是配套件入库单。配套件和散件之间是一对多的关系。配套件和散件之间的关系在产品结构中设置。用户在组装之前应先进行产品结构定义，否则无法进行组装。

拆卸指将一个配套件拆卸成多个散件的过程。拆卸单相当于两张单据，一个是配套件出库单，一个是散件入库单。配套件和散件之间是一对多的关系。配套件和散件之间的关系在产品结构中设置。用户在组装拆卸之前应先进行产品结构定义，否则无法进行拆卸。

4）形态转换

由于自然条件或其他因素的影响，某些存货会由一种形态转换成另一种形态，如煤块由于风吹、雨淋、天长日久变成了煤渣，活鱼由于缺氧变成了死鱼等，从而引起存货规格和成本的变化，因此库管员需根据存货的实际状况填制形态转换单，或称为规格调整单，报请主管部门批准后进行调账处理。

【操作提示】

引入"项目九"账套数据，在"生产成本"项目大类下增加"03 计算机"项目目录，所属分类码为1。

任务一　出入库业务

产成品入库（库存业务1）

1. 在库存管理系统中录入产成品入库单并审核

（1）执行"入库业务"→"产成品入库单"命令，进入"产成品入库单"窗口。

（2）单击【增加】按钮，输入入库日期"2010-08-15"，选择仓库"成品库"，入库类型"产成品入库"，部门"一车间"选择存货编码"006 计算机"，输入数量"10"；单击【保存】→【审核】按钮，完成对该单据的审核。

（3）同样，输入第二张产成品入库单。

【注意】

产成品入库单上无须填写单价，待产成品分配后会自动写入。

2. 在存货核算系统中录入生产成本并对产成品成本分配

（1）执行"业务核算"→"产成品成本分配"命令，进入"产成品成本分配表"窗口。

（2）单击【查询】按钮，弹出"产成品成本分配表查询"对话框，选择"成品库"选项，单击【确认】按钮，系统将符合条件的记录带入"产成品成本分配表"。

（3）在"006 计算机"记录行"金额"栏输入"144 000"，如图12.2所示。

（4）单击【分配】按钮，系统弹出"分配操作顺利完成！"信息提示对话框，单击【确定】按钮。

（5）执行"日常业务"→"产成品入库单"命令，进入"产成品入库单"窗口，查看入库存货单价。

3. 在存货核算系统中对产成品入库单记账并生成凭证

（1）执行"业务核算"→"正常单据记账"命令，对产成品入库单进行记账处理。

（2）执行"财务核算"→"生成凭证"命令，进入"产成品入库单"生成凭证。在生成凭证窗口中单击【合成】按钮，可以合并生成以下入库凭证，如图12.3所示。

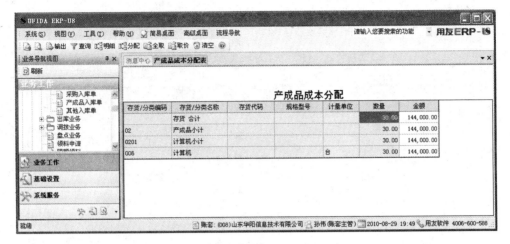

图 12.2 产成品成本分配

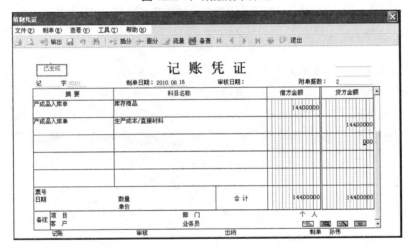

图 12.3 生成的入库凭证

【注意】

生产成本/直接材料为项目核算科目，本业务项目为"03 计算机"。

材料领用出库（库存业务 2）

1. 设置相关选项

（1）在库存管理系统中，执行"初始设置"→"选项"命令，进入"库存选项设置"对话框。

（2）打开"可用量控制"选项卡，选中"允许超可用量出库"复选框，单击【确定】按钮。

2. 在库存管理系统中填制材料出库单

（1）执行"出库业务"→"材料出库单"命令，进入"材料出库单"窗口。

（2）单击【增加】按钮，填写出库日期"2010-08-15"，选择仓库"原料库"、出库类别"领料出库"、部门"一车间"。

（3）选择"001 PIII 芯片"，输入数量"100"，选择"002 40GB 硬盘"，输入数量"100"，如图 12.4 所示。

（4）单击【保存】→【审核】按钮。

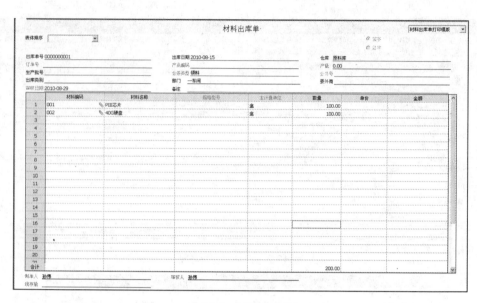

图 12.4 材料出库单

3．在存货核算系统中对材料出库单记账并生成凭证

（1）执行"业务核算"→"正常单据记账"命令，对材料出库单记账。

（2）执行"财务核算"→"生成凭证"命令，选择材料出库单生成以下凭证，如图 12.5 所示。

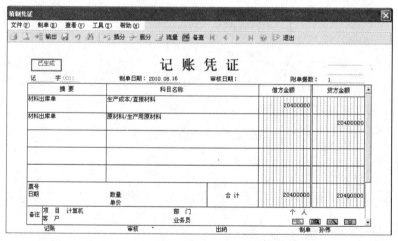

图 12.5 材料出库凭证

 【注意】

生产成本/直接材料为项目核算科目，本业务项目为"03 计算机"。

任务二　出库跟踪入库

业务类型：出库跟踪入库（库存业务 3）

1．在企业应用平台中增加存货分类及存货

（1）在企业应用平台的"基础设置"选项卡，执行"基础档案"→"存货"→"存货分类"命令，增加存货分类"010103 内存"。

（2）执行"基础档案"→"存货"→"计量单位"命令，增加计量单位"05 根"。

（3）执行"基础档案"→"存货"→"存货档案"命令，增加存货 "010 1GB 内存条"，具有"采购、销售、生产耗用"属性；在"控制"选项卡中选择"出库跟踪入库"选项。

2．在企业应用平台设计材料出库单单据

（1）在企业应用平台的"基础设置"选项卡中，选择"单据设置"→"单据格式设置"命令，进入"单据格式设置"窗口。

（2）执行"库存管理"→"材料出库单"→"显示"→"材料出库单"命令，进入"材料出库单"窗口。

（3）单击【表体项目】按钮，弹出"表体"对话框，如图 12.6 所示。选择"对应入库单号"选项，单击【确定】按钮。

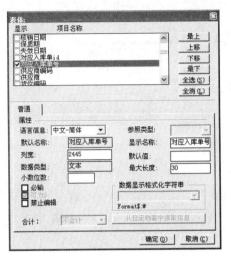

图 12.6 "表体项目"对话框

（4）退出"单据格式设置"窗口，系统弹出"模板已修改，是否保存？"信息提示对话框，单击【是】按钮，保存设计结果。

（5）同样，设计"组装单"中的"对应入库单号"单据。

3．在库存管理系统中分别填制并审核采购入库单

略。

4．在采购管理系统中参照采购入库单生成采购专用发票

略。

5．在存货核算系统中对采购入库单进行记账处理

略。

6．在库存管理系统中填制材料出库单并审核

略。

🔍【注意】

对于出库跟踪入库的存货，出库时需要输入相应的入库单号；设置自动出库跟踪入库时，系统分配入库单号的方式有两种："先进先出"和"后进先出"，可以在库存管理系统中执行"初始设置"→"选项"命令，在"库存选项设置"窗口中的"通用设置"选项卡中选择；对于出库跟踪入库的存货，不允许超可用量出库。

任务三 调拨业务

业务类型：库存调拨—仓库调拨（库存业务 4）

1．在库存管理系统中填制调拨单

（1）执行"调拨业务"→"调拨单"命令，进入"调拨单"窗口。

（2）单击【增加】按钮，输入调拨日期"2010-08-20"，选择转出仓库"原料库"，转入仓库"配套用品库"，出库类别"调拨出库"，入库类别"调拨入库"。

（3）选择存货编号"001 PIII芯片"，数量"50"，如图12.7所示。单击【保存】→【审核】按钮。

图12.7　调拨单

【注意】

（1）调拨单保存后，系统自动生成其他入库单和其他出库单，且由调拨单生成的其他入库单和其他出库单不得修改和删除。

（2）转出仓库的计价方式是移动平均、先进先出、后进先出时，调拨单的单价可以为空，系统根据计价方式计算填入。

2．在库存管理系统中对调拨单生成的其他出入库单审核

（1）执行"入库业务"→"其他入库单"命令，进入"其他入库单"窗口。

（2）单击【审核】按钮。

（3）同样，完成对其他出库单的审核。

3．在存货核算系统中对其他出入库单记账

（1）执行"业务核算"→"特殊单据记账"命令，弹出"特殊单据记账条件"对话框，如图12.8所示。

（2）选择单据类型为"调拨单"，单击【确定】按钮，进入"特殊单据记账"窗口。

（3）选择要记账的调拨单，单击【记账】按钮。

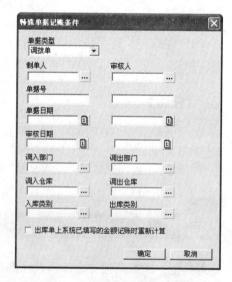

图12.8　"特殊单据记账条件"窗口

【注意】

在"库存商品"科目不分明细的情况下,库存调拨业务不会涉及账务处理,因此,对库存调拨业务生成的其他入库单暂不进行制单。

4．相关账表查询

(1) 在库存管理系统中,执行"报表"→"库存账"→"入库单跟踪表"命令,弹出"入库跟踪表"查询条件对话框。

(2) 选择"原料库"选项,单击【确定】按钮,进入"入库跟踪表"窗口,查看出库跟踪入库情况。

任务四 盘点预警

业务类型：盘点预警（库存业务5）

1．在库存管理系统中设置相关选项

(1) 执行"初始设置"→"选项"命令,弹出"库存选项设置"对话框。

(2) 在"专用设置"选项卡中,选中"按仓库控制盘点参数"复选框,单击【确定】按钮。

2．在企业应用平台的"基础设置"选项卡中修改存货档案

(1) 执行"基础档案"→"存货"→"存货档案"命令,进入"存货档案"窗口。

(2) 在"控制"选项卡中修改存货"PIII芯片"的盘点周期单位为"周";每周第三天为盘点日期,然后保存。

3．检验

以一周以后业务日期注册进入库存管理系统,如果周二未对该存货进行盘点,系统会弹出相应的提示。

任务五 盘点业务

业务类型：盘点业务（库存业务6）

1．在库存管理系统中增加盘点单

(1) 执行"盘点业务"命令,进入"盘点单"窗口。

(2) 单击【增加】按钮,输入日期"2010-08-25",选择盘点仓库"原料库"、出库类别"盘亏出库"、入库类别"盘盈入库"。

(3) 单击【盘库】按钮,系统弹出"盘库将删除未保存的所有记录,是否继续？"信息提示对话框,单击【是】按钮,弹出"盘点处理"对话框,如图12.9所示。选择盘点方式"按仓库盘点",单击【确认】按钮,系统将盘点结果带回盘点单。

图 12.9 "盘点处理"对话框

（4）输入存货"010 1GB 内存条"的"盘点数量"为 132，如图 12.10 所示。单击【保存】→【审核】按钮。

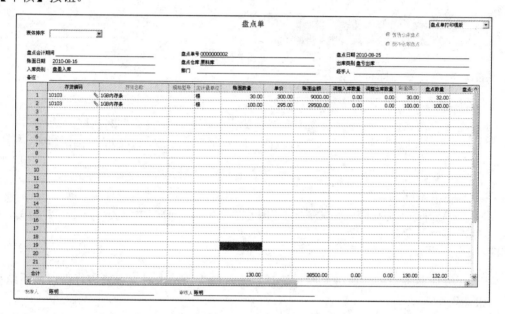

图 12.10 盘点单

【注意】

132 为合计数，第一条记录的盘点数改为 32 即可。

【提示】

（1）盘点单审核后，系统自动生成相应的其他入库单和其他出库单。
（2）单击【盘库】按钮，表示选择盘点仓库中所有的存货进行盘点；单击【选择】按钮，表示按存货分类批量选择存货进行盘点。
（3）盘点单中输入的盘点数量是实际库存盘点的结果。
（4）盘点单记账后，不能再取消记账。

2．在库存管理系统中对盘点单生成其他出入库单审核

略。

3. 在存货核算系统中对其他入库单记账并生成凭证（图12.11）

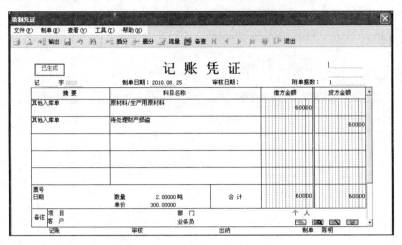

图 12.11 盘点生成的凭证

 任务六 假退料处理

业务类型：假退料处理（库存业务7）

1. 在存货核算系统中填制假退料单

（1）执行"日常业务"→"假退料单"命令，进入"假退料单"窗口。

（2）单击【增加】按钮，输入出库日期"2010-08-30"，选择仓库"原料库"，输入材料"001 PIII芯片"，数量"-8"，单击【保存】按钮。

2. 在存货核算系统中对假退料单单据记账

略。

3. 在存货核算系统中查询PIII芯片的明细账

（1）执行"账表"→"账簿"→"明细账"命令，弹出"明细账查询"对话框。

（2）选择查询存货"PIII芯片"，查看假退材料对材料明细账的影响。

🔍【注意】

月末结账后，再次查询该材料明细账，看有什么结果。

 任务七 其他出入库业务

1. 其他入库——赠品入库

1）在库存管理系统中录入其他入库单并审核

（1）执行"入库业务"→"其他入库业务"命令，进入"其他入库单"窗口。

（2）单击【增加】按钮，输入入库日期"2010-08-29"，选择仓库"原料库"，入库类别"其他入库"，部门"销售部"。

(3) 选择存货编码"003 17英寸显示器",数量输入"1",单价"2200"。单击【保存】→【审核】按钮,完成对该单据的审核。

2) 在存货核算系统中对其他入库单记账

略。

3) 在存货核算系统中生成赠品入库凭证(图12.12)

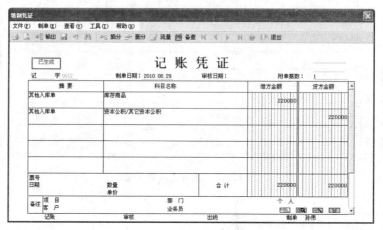

图 12.12　赠品入库凭证

2．其他出库—样品出库

1) 在库存管理系统中录入其他出库单并审核

(1) 执行"出库业务"→"其他出库单"命令,进入"其他出库单"窗口。

(2) 单击【增加】按钮,输入日期"2010-08-30",选择仓库"成品库"、出库类别"其他出库"、部门"销售部"。

(3) 选择存货编码"006 计算机",数量输入"10",单击【保存】→【审核】按钮,完成对该单据的审核。

2) 在存货核算系统中对其他出库单记账

略。

3) 在存货核算系统中生成凭证

在凭证中需要补充输入对方科目:销售费用(6601),再生成凭证,如图12.13所示。

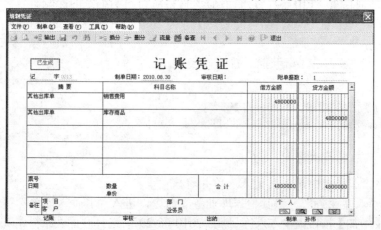

图 12.13　样品出库凭证

任务八　组装业务

业务类型：组装业务（库存业务 10）

1. 设置相关选项

（1）在库存管理系统中，执行"初始设置"→"选项"命令，打开"库存选项设置"窗口。在"通用设置"选项卡中，选中"有无组装拆卸业务"复选框，单击【确定】按钮返回。日常业务菜单下出现"组装拆卸"菜单项。

（2）在企业应用平台的"基础设置"选项卡中，选择"基础档案"→"业务"→"收发类别"命令，增加"14 组装入库"、"34 组装出库"项目。

（3）进行单据设计，在"组装单"上增加"对应入库单号"表体项目。

（4）在程序—设置—控制面板—（或性能与维护—）管理工具—计算机管理—服务和应用程序—服务中启用"Distributed Transaction Coordinator"服务，如图 12.14 所示。

图 12.14　启用"Distributed Transaction Coordinator"服务

2. 定义产品结构

（1）执行"基础档案"→"业务"→"产品结构"命令，进入"产品结构"窗口，定义散件与组装件之间的关系（版本代号：10；版本说明：1.0；版本日期：2010-10-01）。

（2）单击【增加】按钮，母件编码为"006"、名称为"计算机"。版本代号：10；版本说明：第二版；版本日期：2000-01-01。子件分别为"PⅢ芯片"、"40GB 硬盘"和"1GB 内存条"，定额数量均为"1"，存放仓库均为"原料库"，如图 12.15 所示。单击【保存】按钮。

3. 在库存管理系统中录入组装单

（1）执行"组装拆卸"→"组装单"命令，进入"组装单"窗口。

图 12.15 "产品结构资料维护"窗口

（2）单击【增加】按钮，输入日期"2010-08-30"，选择配套件"计算机"；单击【展开】按钮，系统弹出"是否展到末级"信息提示对话框；单击【是】按钮，系统将产品结构信息带入"组装单"。选择入库类别"组装入库"，出库类别"组装出库"，部门"一车间"。

（3）在单据体第一行选择仓库"成品库"，输入数量"30"，如图 12.16 所示。输入"1GB 内存条"的入库单号。

图 12.16 "组装单"窗口

（4）单击【保存】→【审核】按钮。

🔍【注意】

（1）组装单保存后，系统自动生成相应的其他入库单和其他出库单。

（2）组装单保存后生成的其他出库单和其他入库单无单价，一般需要在存货核算系统中通过修改单据功能输入单价。

4. 在库存管理系统中对组装单生成的其他入库单及出库单审核

略。

5. 在存货核算系统中修改其他入库单单价

修改其他入库单,"计算机"的单价为 6 000 元/台,如图 12.17 所示。

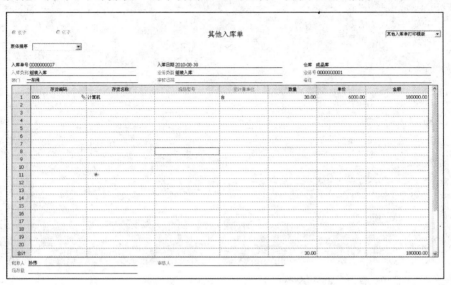

图 12.17 "其他入库单"窗口

6. 在存货核算系统中对其他入库单及其他出库单记账

略。

【注意】

组装拆卸业务一般不涉及账务处理,因此对组装拆卸业务生成的其他出入库单暂不进行制单。

任务九 月末处理

1. 数据备份

略。

2. 月末处理

1) 对账

(1) 执行"财务核算"→"与总账对账"命令,进入"与总账对账"窗口。
(2) 选择对账月份"8",查看对账结果。
2) 月末结账

略。

项目十三

存货核算系统

CUNHUO HESUAN XITONG

【职业能力目标】

目标类型		能力要素	要素编号
知识目标	基础知识	了解存货核算系统的基本功能	1-1-1
		掌握存货核算系统日常业务处理的内容	1-1-2
技能目标	基本技能	会出入库单据处理	1-2-1
		会暂估业务处理	1-2-2
		会存货账簿查询	1-2-3
	拓展技能	会存货跌价准备的处理	1-2-4

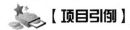【项目引例】

华阳公司2010年8月份存货业务如下：
（1）8月3日，向隆昌公司订购键盘300只，单价为95元，将收到的货物验收入原料库，填制采购入库单。
（2）8月17日，销售部向华兴公司出售计算机10台，报价为6 400元/台，货物从成品库发出。
（3）8月20日，将8月3日发生的采购键盘的入库单成本增加60元。
（4）8月30日，调整8月17日出售给华兴公司的计算机出库成本200元。

【知识准备】

一、存货核算系统的基本功能

存货核算系统主要针对企业存货的收发存业务进行核算，掌握存货的耗用情况，及时准确地把各类存货成本归集到各成本项目和成本对象上，为企业的成本核算提供基础数据。

存货核算系统的主要功能包括存货出入库成本的核算、暂估入库业务处理、出入库成本的调整、存货跌价准备的处理等。

二、存货核算系统日常业务处理

1. 入库业务处理

1）采购入库

采购入库单在库存管理系统中录入，在存货核算系统中可以修改采购入库单上的入库金额，采购入库单上"数量"的修改只能在该单据填制的系统中进行。

2）产成品入库

产成品入库单在填制时一般只填写数量，单价与金额既可以通过修改产成品入库单直接填入，也可以由存货核算系统的产成品成本分配功能自动计算填入。

3）其他入库

大部分其他入库单都是由相关业务直接生成的，如果与库存管理系统集成使用，可以通过修改其他入库单的操作对盘盈入库业务生成的其他入库单的单价进行输入或修改。

2. 出库业务处理

出库单包括销售出库、材料领用出库、其他出库，在存货核算系统可以修改出库单据上的单价或金额。

3. 单据记账

单据记账是将所输入的各种出入库单据记入存货明细账、差异明细表、受托代销商品明细账等。单据记账时应注意以下几点：

（1）无单价的入库单据不能记账，因此记账前应对暂估入库的成本、产成品入库单的成本进行确认或修改。

（2）各个仓库的单据应按照实际顺序记账。

（3）已记账单据不能修改和删除。如果发现已记账单据有误，在本月未结账状态下可以取消记账。如果已记账单据已生成凭证，就不能取消记账，除非先删除相关凭证。

4. 调整业务

出入库单据记账后，发现单据金额错误，如果是录入错误，通常采用修改方式进行调整。但如果遇到由于暂估入库后发生零出库业务等原因所造成的出库成本不准确或库存数量为零而仍有库存金额的情况，就需要利用调整单据的方法进行调整。

调整单据包括入库调整单和出库调整单。它们都只针对当月存货的出入库成本进行调整，并且只调整存货的金额，不调整存货的数量。

5. 暂估处理

存货核算系统中对采购暂估入库业务提供了月初回冲、单到回冲、单到补差三种方式，暂估处理方式一旦选择不可修改。无论采用哪种方式，都要遵循以下步骤：

（1）待采购发票到达后，在采购管理系统填制发票并进行采购结算。

（2）然后，在存货核算系统中完成入库业务成本处理。

6. 生成凭证

在存货核算系统中，可以将各种出入库单据中涉及存货增减和价值变动的单据生成凭证传递到总账。

对比较规范的业务，在存货核算系统的初始设置中可以事先设置好凭证上的存货科目和对方科目，系统将自动采用这些科目生成相应的出入库凭证，并传送到总账。

7. 月末处理

1）期末处理

当存货核算系统日常业务全部完成后，进行期末处理，系统自动计算全月平均单价及本会计月出库成本，自动计算差异率（差价率）以及本会计月的分摊差异/差价，并对已完成日常业务的仓库/部门作处理标志。

2）期末结账

存货核算系统期末处理完成后，就可以进行月末结账。如果是集成应用模式，必须采购管理、销售管理、库存管理全部结账后，存货核算系统才能结账。

3）与总账对账

为保证业务与财务数据的一致性，需要进行对账，即将存货核算系统记录的存货明细账数据与总账系统存货科目和差异科目的结存金额和数量进行核对。

【操作提示】

引入"项目九"账套数据。

任务一　出入库业务

1. 材料出库业务

在库存管理系统中，输入采购入库单并审核，在存货核算系统中记账并生成凭证，如图13.1所示[记账时选择"采购入库单（暂估记账）"，生成凭证的对方科目编码为1401]。

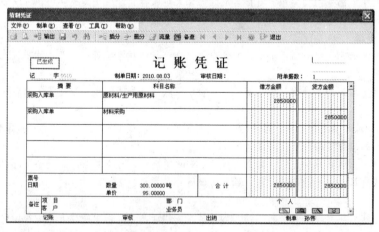

图13.1　材料入库凭证

【注意】

记账时选择"采购入库单（暂估记账）"，生成凭证的对方科目编码为1401。

2. 销售出库业务

（1）在存货核算系统中，执行"初始设置"→"选项"→"选项录入"命令，选择销售成本结算方式为"销售出库单"。

（2）在销售管理系统中设置销售选项，报价不含税。

（3）在销售管理系统中输入销售发货单并审核，在库存管理系统中审核销售出库单，在存货核算系统中记账并生成凭证，如图13.2所示。

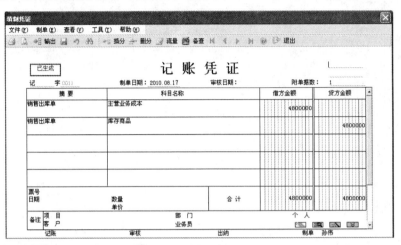

图 13.2　销售出库凭证

任务二　调整业务

1. 入库成本调整

1）在存货核算系统中录入调整单据

（1）执行"日常业务"→"入库调整单"命令，进入"入库调整单"窗口。

（2）单击【增加】按钮，选择仓库为"原料库"，输入日期"2010-08-20"，选择收发类别为"采购入库"、部门"采购部"、供应商"隆昌公司"。

（3）选择存货编码"004"，调整金额"60"元，如图13.3所示。单击【保存】→【记账】按钮。

【注意】

入库调整单是对存货的入库成本进行调整的单据。可针对单据进行调整，也可针对存货进行调整。

2）在存货核算系统中生成入库调整凭证

（1）执行"财务核算"→"生成凭证"命令，进入"生成凭证"列表窗口。单击【选择】按钮，弹出"查询条件"对话框。

（2）选择"入库调整单"选项，单击【确认】按钮，进入"生成凭证"窗口。

（3）单击单据行前的"选择"栏，出现选中标志1。单击【确定】按钮，出现凭证列表。

（4）选择凭证类别，单击【生成】按钮，确认制单日期，输入附件数。单击【保存】按钮，凭证左上角出红色的"已生成"字样，表示该凭证已传递到总账，如图13.4所示。

图 13.3 入库调整单

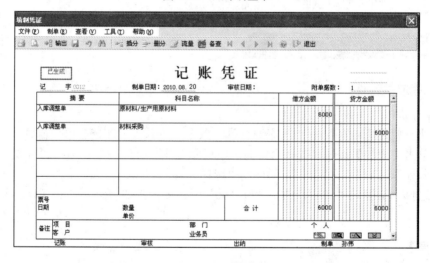

图 13.4 入库调整凭证

3)查询相关账簿

执行"账表"→"分析表"→"入库成本分析"命令,查看"键盘"的入库成本从"28 500"改为"28 560"。

2.出库成本调整

1)在存货核算系统中录入调整单据

(1)执行"日常业务"→"出库调整单"命令,进入"出库调整单"窗口。

(2)单击【增加】按钮,选择仓库为"成品库",输入日期"2010-08-30",选择收发类别为"销售出库"、部门"销售部"、客户"华兴公司"。

（3）选择存货编码"006"，调整金额"200"元，如图 13.5 所示。单击【保存】→【记账】按钮。

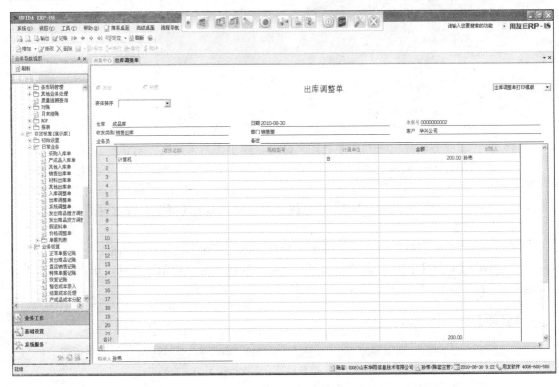

图 13.5　出库调整单

🔍【注意】

出库单调整是对存货的出库成本进行调整的单据，只能针对存货进行调整。

2）在存货核算系统中生成出库调整凭证

出库调整凭证如图 13.6 所示。

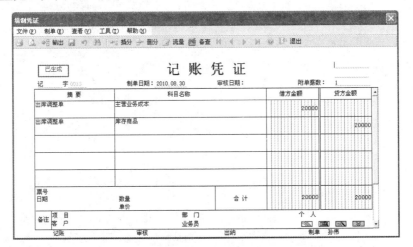

图 13.6　出库调整凭证

任务三 月末处理

1. 账簿查询

略。

2. 月末处理

1)期末处理

(1)执行"业务核算"→"期末处理"命令,弹出"月末结账"对话框。

(2)选择需要进行期末处理的仓库,单击【确认】按钮,系统弹出"您将对所选仓库进行期末处理,确认进行吗?"信息提示对话框。单击【确定】按钮,系统自动计算存货成本,完成后,系统弹出"期末处理完成!"信息提示对话框,单击【确定】按钮返回。

2)月末结账

(1)执行"业务核算"→"月末结账"命令,弹出"期末处理"对话框。

(2)单击【确认】按钮,系统弹出"月末结账完成"信息提示对话框,单击【确定】按钮返回。

【注意】

(1)如果存货成本按全月平均法或计划价/售价方式核算,当月业务全部完成后,用户要进行期末处理。

(2)存货核算期末处理需要在采购管理、销售管理、库存管理系统结账后进行。

(3)期末处理之前检查需要记账的单据是否全部记账。

3)与总账管理系统对账

(1)执行"财务核算"→"与总账系统对账"命令,进入"与总账结账表"窗口。

(2)单击【退出】按钮返回。

附录 全国大学生会计信息化大赛样题

一、要求

1. 会计科目采用（v8.72版）"2007新会计制度科目"。
2. 记账凭证摘要必须填写。
3. 经济业务中所有涉及的单价均为不含税单价。
4. 完成各模块期初数据的操作（操作员：002；操作时间：2012-01-01）。
5. 注册企业应用平台，根据经济业务在相应模块填制相关业务单据，生成会计凭证，并对凭证进行审核、记账（操作员：002；操作时间：2012-01-31；所有凭证制单日期为业务发生日期，附单据数不用填写）。
6. 编制指定格式报表保存到考生文件夹中。

二、企业概况

（一）企业基本情况

企业名称：华威有限公司（简称：华威公司）（位于北京市海淀区）；企业类型：工业企业；法定代表人：李明；联系电话和传真均为：010-88888888；纳税人识别号：05896666666。

（二）华威公司采用以下的会计政策和核算方法

1. 企业记账本位币为人民币。
2. 所有仓库采用实际成本法核算，采用先进先出法计价。
3. 固定资产折旧方法采用平均年限法（一），按月计提折旧。
4. 企业所得税税率25%（企业税得税税率实行查账计征，年终汇算清缴）；所有涉及的采购及销售业务均为无税单价）。
5. 损益结转采用账结法。

三、初始账套预置数据

（一）账套信息

账套号：872；账套名称：华威有限公司；启用日期：2012年1月1日。

基础信息：存货分类、客户不分类、供应商分类，无外币核算。

编码方案：科目编码：4222；部门：22；收发类别：121；其他采用系统默认。

数据精度：采用系统默认。

（二）设置操作员及权限

操作员编号	操作员姓名	工作职责	系统权限
002	李军		账套主管
003	王小明		账套主管

（三）系统启用

启用总账、应收、应付、固定资产、采购、销售、库存、存货启用日期统一为：2012年1月1日。

（四）基础档案

1. 部门档案

部门编码	部门名称
01	总裁办
02	财务部
03	采购部
04	生产部
05	销售部

2. 人员类别

本账套采用系统已有的人员类别，设定所有人员的类别均为"在职人员"。

3. 人员档案

人员编码	人员姓名	行政部门	人员类别	是否业务员
01001	总经理	总裁办	在职人员	是
02001	财务总监	财务部	在职人员	是
02002	会计	财务部	在职人员	是
02003	出纳员	财务部	在职人员	是
03001	采购总监	采购部	在职人员	是
03002	采购员	采购部	在职人员	是
04001	生产总监	生产部	在职人员	是
04002	生产工人	生产部	在职人员	是
05001	销售总监	销售部	在职人员	是
05002	销售员	销售部	在职人员	是

4. 供应商分类

分类编码	分类名称
01	原料供应商
02	产品供应商

5. 供应商档案

供应商编码	供应商名称	所属分类码	分管部门名称
0101	A企业	01	采购部
0102	B企业	01	采购部
0201	C企业	02	采购部
0202	D企业	02	采购部

6. 客户档案

客户编码	客户名称	属性	专营业务员名称	分管部门名称
01	本地客户	国内	销售员	销售部
02	区域客户	国内	销售员	销售部
03	国内客户	国内	销售员	销售部
04	亚洲客户	国外	销售员	销售部
05	国际客户	国外	销售员	销售部

7. 存货分类

分类编码	分类名称
01	原材料
02	产成品

8. 计量单位

计量单位编码	计量单位名称
01	个

9. 存货档案

存货编码	存货名称	存货属性
01001	R_1	外购、生产耗用、内销、外销
01002	R_2	外购、生产耗用、内销、外销
01003	R_3	外购、生产耗用、内销、外销
01004	R_4	外购、生产耗用、内销、外销
02001	P_1	外购、自制、内销、外销
02002	P_2	外购、自制、内销、外销
02003	P_3	外购、自制、内销、外销
02004	P_4	外购、自制、内销、外销
02005	P_5	外购、自制、内销、外销

10. 仓库档案

仓库编码	仓库名称	计价方式
1	原材料仓库	先进先出法
2	产成品仓库	先进先出法

11. 结算方式

编号	结算名称
1	现金

12. 凭证类型设置

类型	限制类型	限制科目
记账凭证	无限制	无

13. 收发类别

收发类别编码	收发类别名称	收发类别编码	收发类别名称
1	入库类别	2	出库类别
101	采购入库	201	销售出库
102	产成品入库	202	领用出库

14. 采购类型

采购类型编码	采购类型名称	入库类别
1	普通采购	采购入库

15. 销售类型

销售类型编码	销售类型名称	出库类别
1	普通销售	销售出库

16. 会计科目表

类型	级次	科目编码	科目名称	辅助账类型
资产	1	1001	库存现金	
资产	1	1122	应收账款	客户往来
成本	1	5001	生产成本	
成本	2	500101	基本生产成本	
成本	3	50010101	材料费	项目核算
成本	3	50010102	人工费	项目核算
损益	1	6001	主营业务收入	项目核算
损益	1	6401	主营业务成本	项目核算
损益	1	6601	销售费用	
损益	2	660101	广告费	项目核算
损益	2	660102	市场开拓费	
损益	3	66010201	本地市场	
损益	3	66010202	区域市场	
损益	3	66010203	国内市场	
损益	3	66010204	亚洲市场	
损益	3	66010205	国际市场	
损益	1	6602	管理费用	
损益	2	660201	行政费	
损益	2	660202	租金	
损益	2	660203	设备维护费	
损益	2	660204	折旧费	
损益	2	660205	产品研发费	项目核算
损益	2	660206	ISO 认证费	
损益	3	66020601	ISO 9000	
损益	3	66020602	ISO 14000	
损益	2	660207	生产线转产费	
损益	2	660208	罚款	
损益	2	660209	其他	
损益	1	6603	财务费用	
损益	2	660301	利息支出	
损益	3	66030101	长期贷款利息支出	
损益	3	66030102	短期贷款利息支出	
损益	3	66030103	贴现利息支出	

17. 项目档案

华威公司要求对所生产的 P 系列产品进行独立的产品盈亏核算，因此建立了"存货核算"项目大类，并按产品建立项目档案。

(五)各模块初始设置

采购管理、销售管理、库存管理、存货核算模块的各项设置均采用系统默认值。

应收款管理系统模块进行以下设置:应收款核销方式:按单据;基本科目设置:应收科目为1122、销售收入科目为6001;结算方式科目设置:现金对应1001。

固定资产系统的初始设置如下:

1. 初始化账套的要求

启用月份为2012年1月;主要折旧方法为平均年限法(一);折旧汇总分配周期为1个月;当(月初已计提月份=可使用月份-1)时,要求将剩余折旧全部提足;固定资产类别编码方式为2-1-1-2;固定资产编码方式:按"类别编码+序号"自动编码,其中"序号"长度为2;与账务系统进行对账,固定资产对账科目:"1601 固定资产";累计折旧对账科目"1602 累计折旧";对账不平衡的情况下允许月末结账。

2. 初始设置

(1)部门及对应折旧科目。

部门	对应折旧科目
生产部	(660204)管理费用-折旧费

(2)资产类别。

编码	类别名称	单位	计提属性	折旧方法	卡片式样
01	厂房	幢	总不提折旧	无	
02	生产线				
021	手工线	条	正常计提	平均年限法(一)	通用
022	自动线	条	正常计提	平均年限法(一)	通用
023	柔性线	条	正常计提	平均年限法(一)	通用

(3)增减方式。

增减方式名称		对应入账科目
增加方式	直接购入	1001,库存现金
	在建工程转入	1604,在建工程

四、内容

(一)初始设置(27分)

1. 系统启用前,已经发生的应收款见下表所示,要求:在应收款管理系统中录入该系统的初始数据并审核。

应收款系统期初余额表

单据类型	单据日期	客户名称	科目	部门	业务员	货物编号	货物名称	数量	单价
销售普通发票	2011-12-21	本地客户	1122	销售部	销售员	02001	P_1	5	53
销售普通发票	2011-12-25	区域客户	1122	销售部	销售员	02001	P_1	4	52
销售普通发票	2011-12-26	本地客户	1122	销售部	销售员	02002	P_2	4	71
销售普通发票	2011-12-28	区域客户	1122	销售部	销售员	02002	P_2	4	78

答题步骤:

(1) 应收款管理——设置——期初余额,单据名称选择"销售发票",单击【确定】按钮进入期初余额录入界面。

(2) 单击【增加】按钮,选择单据类型为"销售普通发票",方向为"正向",确定后进入"销售普通发票"界面,根据"应收款系统期初余额表"资料逐项录入。

评分点:每张发票的客户名称、货物编号、数量、单价录入正确得1分,4张发票共4分。本题共4分。

2. 科目期初余额见下表所示,要求:在总账系统中录入各科目的期初余额并进行试算平衡和对账[注意:应收账款(1122)科目的余额应从应收款管理中引入]。

科目余额表

科目名称	方向	期初余额	科目名称	方向	期初余额
库存现金(1001)	借	680	短期借款(2001)	贷	600
应收账款(1122)	借	1069	应交税费(2221)	贷	0
原材料(1403)	借	60	应交所得税(222101)	贷	6
库存商品(1405)	借	120	长期借款(2501)	贷	1000
固定资产(1601)	借	1050	实收资本(4001)	贷	600
累计折旧(1602)	贷	13	本年利润(4103)	贷	966
生产成本(5001)	借	0	利润分配(4104)	贷	0
基本生产成本(500101)	借	0	未分配利润(410101)	贷	-106
材料费(50010101)	借	60			
人工费(50010102)	借	40			

注:科目50010101的余额由产品P_1的20元和产品P_2的40元组成,科目50010102的余额由产品P_1的20元和产品P_2的20元组成。

答题步骤:

(1) 总账——设置——期初余额,进入期初余额录入界面。

(2) 逐项录入"科目余额表"中各项数据,其中应收账款(1122)科目的余额录入提示为:双击"期初余额"栏,进入"辅助期初余额",单击【往来明细】按钮,然后"引入",获得该科目的期初余额。

评分点:科目表中的每个数据得0.5分,合计6(12×0.5)分;试算平衡0.5分,对账0.5分。本题共7分。

3. 系统启用前,该公司已经拥有1个大厂房和4条生产线,具体信息见下表。要求根据表中数据录入固定资产卡片。

固定资产期初明细账

类别名称	固定资产编号	固定资产名称	使用部门	增加方式	使用状况	使用年限(月)	开始使用日期	已计提月份	原值	净残值率	累计折旧	对应折旧科目
厂房	0101	大厂房	生产部	直接购入	在用	120	2011.11.01	0	400		0	
自动线	02201	1号自动线	生产部	直接购入	在用	40	2011.11.01	1	150	20%	3	660204
自动线	02202	2号自动线	生产部	直接购入	在用	40	2011.11.01	1	150	20%	3	660204
自动线	02203	3号自动线	生产部	直接购入	在用	40	2011.11.01	1	150	20%	3	660204
柔性线	02301	1号柔性线	生产部	直接购入	在用	40	2011.11.01	1	200	20%	4	660204

答题步骤：
（1）固定资产——卡片——录入原始卡片，选择固定资产类型。
（2）进入固定资产卡片界面，单击【增加】按钮，逐项录入"固定资产期初明细账"中的各项数据。
评分点：每张卡片的固定资产类别、固定资产名称、使用部门、增加方式、使用状况、开始使用日期、原值、残值率、累计折旧录入完整正确得 1 分，共 5 分。本题共 5 分。

4. 系统启用前，该公司分别向供应商 A 企业和 B 企业订购了原材料，订货信息见下表所示。要求：（1）在"采购选项"中将"单据默认税率"设置为 0；（2）录入初始采购订单并审核；（3）在采购管理系统中完成"采购期初记账"。

期初订单信息

业务类型	订单编号	日期	供应商	部门	存货编号	存货名称	数量	原币单价	计划到货日期
普通采购	0000000001	2011-12-26	A 企业	采购部	01001	R1	2	10	2012-01-02
					01002	R2	2	10	2012-01-02
普通采购	0000000002	2011-12-26	B 企业	采购部	01004	R4	2	10	2012-01-06

答题步骤：
（1）采购管理——设置——采购选项，进入选项设置界面，在"公共及参数设置"项下，将"单据默认税率"设置为 0。
（2）采购管理——采购订货——采购订单，进入采购订单界面，单击【增加】按钮，按"期初订单信息"表要求录入各项信息，保存并审核。
（3）采购管理——设置——采购期初记账，进入记账界面，单击【记账】按钮。
评分点：税率设置得 0.5 分，订单信息中的业务类型、供应商、部门、存货编号、数量、原币单价、计划到货日期录入正确且完成订单审核得 1 分，2 张订单共 2 分，期初记账完成得 0.5 分。本题共 3 分。

5. 系统启用前，该公司原材料仓库和产成品仓库分别存放了原材料存货和产成品存货，具体信息见下表所示，要求：在库存管理系统录入表中各项期初数据并进行审核。

存货系统期初数据

仓库	存货名称	数量	单价	金额	入库类别
原材料仓库	R_1	2	10	20	采购入库
原材料仓库	R_2	2	10	20	采购入库
原材料仓库	R_4	2	10	20	采购入库
产成品仓库	P_1	3	20	60	产成品入库
产成品仓库	P_2	2	30	60	产成品入库

答题步骤：
（1）库存管理——初始设置——期初结存，进入库存期初录入界面。
（2）单击【修改】按钮，分别选择原材料仓库和产成品仓库，逐项录入"存货系统期初数据"表中各项数据并审核。
评分点：每条记录的仓库、存货编码、数量、单价录入正确并完成审核操作，得 1 分，共 5 分。本题共 5 分。

6. 存货核算系统同样具有与库存管理相同的初始数据，要求：（1）利用存货核算系统的"取数"功能从库存管理系统中获取期初数据；（2）与库存管理系统进行对账；（3）进行存货期初记账。

答题步骤：

（1）存货核算——初始设置——期初数据——期初余额，进入期初余额录入界面，选择仓库，单击【取数】按钮。

（2）在"取数"完成后，单击【对账】按钮，选择对账仓库，单击【确定】按钮，完成对账。

（3）在"对账"完成后，单击【记账】按钮。

评分点：原材料仓库完成取数和对账得1分，产成品仓库完成取数和对账得1分，完成存货期初记账得1分。本题共3分。

（二）日常业务（53分）

根据具体操作内容进行相关的业务处理，编制记账凭证并进行审核、记账。

7. 1月1日，投放广告支出现金80元（其中投放在产品P_1上的广告为33元，投放在产品P_2上的广告为25元，投放在产品P_3上的广告为22元）。要求编制该笔业务的记账凭证。

　　借：销售费用——广告费（660101）

　　　　贷：库存现金（1001）

答题步骤：

（1）总账——凭证——填制凭证。

（2）单击【增加】按钮，进行凭证填制。

评分点：借方科目选择正确得0.5分，贷方科目选择正确得0.5分，借方金额录入正确得0.5分，贷方金额录入正确得0.5分。本题共2分。

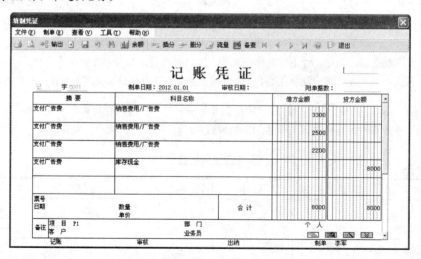

8. 1月1日，偿还长期借款利息100元。要求编制该笔业务的记账凭证。

　　借：财务费用——利息费用——长期贷款利息支出（66030101）

　　　　贷：库存现金（1001）

答题步骤：

（1）总账——凭证——填制凭证。

（2）单击【增加】按钮，进行凭证填制。

评分点：借方科目选择及金额录入正确得0.5分，贷方科目选择及金额录入正确得0.5分。本题共1分。

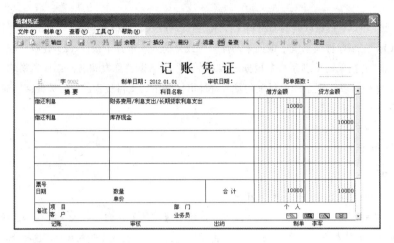

9. 1月1日，获得销售订单，订单信息如下表所示，订单日期设定为2012-01-01，销售类型为普通销售，业务员为销售员。要求在销售管理系统中录入销售订单并进行审核。

订单编号	客户简称	产品名称	数量	无税单价
73	区域客户	P_1	4	54元
26	本地客户	P_2	4	73元

答题步骤：

（1）销售管理——销售订货——销售订单。

（2）单击【增加】按钮，进行订单编制。

评分点：每张订单的订单编号、客户简称、存货编码、数量、无税单价等项目录入正确并完成订单审核得1分。本题共2分。

10. 1月2日，申请短期借款100元。要求编制该笔业务的记账凭证。

借：库存现金（1001）

　　贷：短期借款（2001）

答题步骤：

（1）总账——凭证——填制凭证。

（2）单击【增加】按钮，进行凭证填制。

评分点：借方科目选择正确得0.5分，贷方科目选择正确得0.5分，借方金额录入正确得0.5分，贷方金额录入正确得0.5分，共2分。本题共2分。

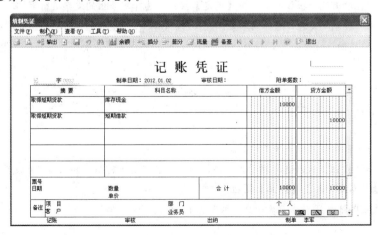

11. 1月2日，向A企业订购的原材料 R_1、R_2 到货，放入"原材料仓库"，同时支付该笔业务的货款40元。要求：（1）在库存管理系统中根据采购订单生成采购入库单并审核；（2）在存货核算系统中对该入库单进行记账；（3）在采购管理系统中根据采购入库单生成采购普通发票（注：该项采购业务的类型为普通采购）；（4）在应付款管理系统中对采购发票进行审核并生成支付货款的记账凭证；（5）在采购管理系统中对该笔业务进行采购结算。

　　借：原材料
　　　　贷：库存现金

（1）答题步骤：

① 库存管理——入库业务——采购入库单。

② 单击【生单】按钮，调用采购订单（蓝字），单击【过滤】按钮，进入采购订单选择界面。

③ 分别选择订单生单表头和订单生单表体，单击【确定】按钮，生成采购入库单，选择仓库，保存，审核。

评分点：每张采购入库单的入库日期、仓库、业务类型、入库类别等项目正确且是利用"生单"功能生成1张完整的采购入库单并审核，得1分，2张入库单共2分。

（2）答题步骤：

① 存货核算——业务核算——正常单据记账。

② 进入过滤条件选择界面，单据类型选择采购入库单，单击【过滤】按钮，进入单据记账界面，选择要记账单据，单击【记账】按钮。

评分点：完成记账操作得1分，共1分。

（3）答题步骤：

① 采购管理——采购发票——采购普通发票。

② 先单击【增加】按钮，再单击【生单】按钮，选择"入库单"，单击【过滤】按钮，进入采购入库单选择界面。

③ 分别选择发票拷贝入库单表头和发票拷贝入库单表体，单击【确定】按钮，生成采购发票，保存，单击【现付】按钮，选择结算方式为"现金"，原币金额40，单击【确定】按钮。

评分点：利用"生单"功能生成1张完整的采购普通发票，得1分，完成现付得1分，每张发票得2分，两张发票共4分。

（4）答题步骤：

① 应付款管理——应付单据处理——应付单据审核。

② 进入应付单过滤界面，录入应付单过滤条件："单据名称：采购发票"、"单据日期：2012-01-02"、"包含已现结发票"、"未完全报销"，单击【确定】按钮，选择需审核的发票进行审核。

③ 应付款管理——制单处理，选择制单条件："发票制单"、"现结制单"、"记账日期：2012-01-02"，确定，进入应付制单界面，修改制单日期为2012-01-02，选择制单发票，制单，分别输入借方科目和贷方科目，保存。

评分点：完成应付单据审核得1分，凭证借方科目选择正确得0.5分，贷方科目选择正确得0.5分，（金额是系统自动带出的，不做评分点），即1张完整凭证得1分，2张凭证2分，共3分。

（5）答题步骤：

① 采购管理——采购结算——手工结算。

② 单击"选单"按钮，进入选单界面，过滤，分别选择需要进行结算的入库单和发票，单击【确定】按钮，进入采购结算界面，单击【结算】按钮。

评分点：完成采购结算得1分，共1分。本题共11分。

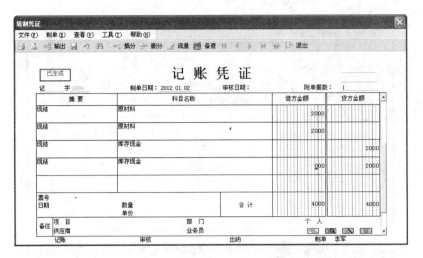

12. 1月3日,从原材料仓库领用 2R_1 用于生产产品 2P_1,领用 2R_2 和 2R_4,用于生产产品 2P_2,同时支付生产 P_1 的人工费 20 元,生产 P_2 的人工费 20 元。要求:(1)在库存管理系统中编制该笔业务的材料出库单;(2)在存货核算系统中对该材料出库单进行单据记账,然后编制该笔业务的记账凭证;(3)在总账系统中编制支付人工费的记账凭证。

出库分录:

借:生产成本——基本生产成本——材料费(50010101)

　　贷:原材料(1403)

支付生产人工费的分录:

借:生产成本——基本生产成本——人工费(50010102)

　　贷:库存现金(1001)

(1)答题步骤:

① 库存管理——出库业务——材料出库单。

② 单击【增加】按钮,输入出库日期,选择仓库和出库类别,填制表体信息,保存,审核。

评分点:材料出库单的仓库、出库类型、材料编码、数量、单价等信息输入正确得 2 分,审核 1 分,共 3 分。

(2)答题步骤:

① 存货核算——业务核算——正常单据记账,进入过滤条件选择界面,单据类型选择材料出库单,单击【过滤】按钮,进入单据记账界面,选择要记账单据,单击【记账】按钮。

② 存货核算——财务核算——生成凭证,单击【选择】按钮,进入单据选择界面,在查询条件中选择"材料出库单"并确定,进入未生成单据一览表,输入对方科目的科目编码(50010101)和存货科目的科目编码(1403),然后输入 50010101 的项目核算大类(存货核算)和项目名称 P_1 和 P_2,单击【生成】按钮,修改凭证日期为 2012-01-03,保存凭证。

评分点:完成材料出库单的单据记账得 1 分,借方科目选择正确得 1 分,每个借方科目的辅助核算项选择正确的 1 分,2 项得 2 分,贷方科目选择正确得 1 分(金额是系统自动带出的,不做评分点),共 5 分。

(3)答题步骤:

① 总账——凭证——填制凭证。

② 单击【增加】按钮,进行凭证填制。

评分点:借方科目及其辅助核算项科目选择正确得 0.5 分,贷方科目选择正确得 0.5 分,借方金额录入正确得 0.5 分,贷方金额录入正确得 0.5 分,共 2 分。本题共 10 分。

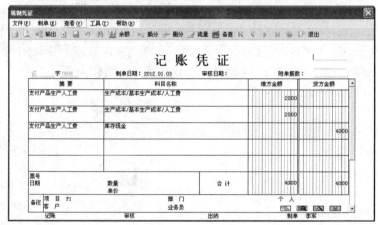

13. 1月8日，支付行政管理费10元。要求：在总账系统中编制该笔业务的记账凭证。

借：管理费用——行政费（660201）

　　贷：库存现金（1001）

答题步骤：

① 总账——凭证——填制凭证。

② 单击【增加】按钮，进行凭证填制。

评分点：借方科目选择及金额录入正确得0.5分，贷方科目选择及金额录入正确得0.5分。本题共1分。

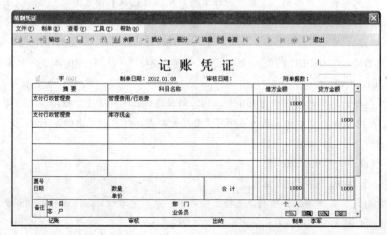

14. 1月8日，直接购入中厂房1幢，使用部门为单部门——生产部，使用年限120个月，不提折旧，买厂房花费300元。要求：（1）在固定资产系统中录入该项固定资产的卡片；（2）在固定资产系统中编制该项业务的记账凭证。

借：固定资产（1601）
　　贷：库存现金（1001）

（1）答题步骤：
① 固定资产——卡片——资产增加。
② 进入卡片录入界面，选择资产类别为"厂房"并确定，根据给定条件逐项录入固定资产卡片信息，保存。
评分点：卡片的固定资产名称、使用部门、增加方式、使用状况、使用年限（月）、开始使用日期、原值等各项数据录入正确得1分。

（2）答题步骤：
① 固定资产——处理——批量制单。
② 进入"批量制单"界面，双击"选择"，给出选择标志，单击【制单设置】按钮，进行科目设置，单击【制单】按钮，选择凭证类别，修改凭证日期，保存。
评分点：借方科目选择正确得1分，贷方科目选择正确得1分（金额是系统自动带出的，不做评分点），共2分。本题共3分。

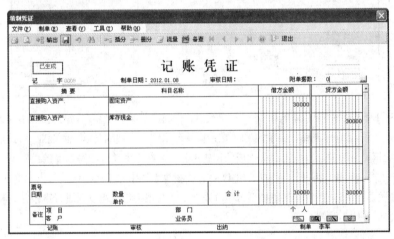

15. 1月12日，于1月3日生产的产品2个 P_1 和2个 P_2 完工，转入产成品仓库。要求：（1）在库存管理系统中编制该笔业务的产成品入库单并审核；（2）在存货核算系统中对该产成品入库单进行单据记账，然后编制该笔业务的记账凭证。

借：库存商品（1405）
　　贷：生产成本——基本生产成本——材料费（50010101）
　　　　生产成本——基本生产成本——材料费（50010102）

（1）答题步骤：
① 库存管理——入库业务——产成品入库单。
② 进入产成品入库单编制界面，单击【增加】按钮，按题目要求修改入库日期，选择仓库和入库类别，填写产品编码、数量和单价，保存，审核。
评分点：入库单编制正确得1分，审核1分，共2分。

(2)答题步骤：

① 存货核算——业务核算——正常单据记账，进入过滤条件选择界面，单据类型选择产成品入库单，单击【过滤】按钮，进入单据记账界面，选择要记账单据，单击【记账】按钮。

② 存货核算——财务核算——生成凭证，单击【选择】按钮，进入查询条件界面，选择"产成品入库单"并确定，进入未生成单据一览表，单击【确定】按钮，进入生成凭证界面。

③ 分别输入存货科目编码（1405）和对方科目编码（50010101）（注意：因为50010101是项目核算科目，因此要选择项目大类和项目编码），单击【生成】按钮，进入记账凭证界面，修改凭证日期，调整存货对方科目，分出材料费和人工费。

评分点：产成品入库单的单据记账1分，凭证借方科目选择正确得0.5分，贷方科目选择正确得0.5分，贷方科目的辅助核算项选择正确得0.5分，贷方金额拆分正确得0.5分（借方金额是系统自动带出，不做评分点），共3分。本题共5分。

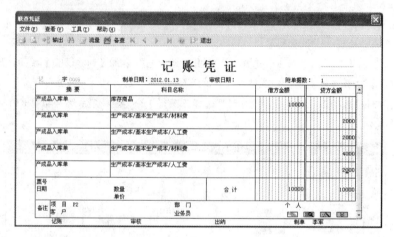

16. 1月13日，分别按73号订单和26号订单交货，即将产品销售给客户，两笔业务的销售类型均为普通销售，所售产品从产成品仓库出库。要求：（1）在销售管理系统中分别编制以上两笔业务的销售普通发票并复核；（2）在存货核算系统中调出系统自动生成的销售出库单，在出库单中填写产品的出库单价；（3）在库存管理系统中对以上两张销售出库单进行审核；（4）在存货核算系统中对上述两张销售出库单进行正常单据记账并编制出库记账凭证；（5）在应收款管理系统中分别对上述两张销售普通发票进行审核并编制销售记账凭证。（假设该两笔销售业务均为赊销）

（1）答题步骤：

① 销售管理——销售开票——销售普通发票，进入发票界面。

② 单击【增加】按钮，输入开票日期、销售类型，单击【生单】按钮，参照订单，进入过滤条件选择界面。

③ 单击【过滤】按钮，选择要参照的销售订单，单击【确定】按钮，生成销售普通发票，在发票表体仓库栏选择出货仓库，保存，复核。

评分点：每张发票的开票日期、销售类型、仓库名称等信息正确并完成发票的复核，得1分，2张发票共2分。

（2）答题步骤：

① 存货核算——日常业务——销售出库单，调出销售出库单。

② 单击【修改】按钮，输入P_1、P_2的单价，即直接成本，保存。

评分点：每张销售出库单的单价输入正确得1分，2张共2分。

（3）答题步骤：

① 库存管理——单据列表——销售出库单列表。

② 单击【过滤】按钮，选择要审核的销售出库单，单击【审核】按钮。

评分点：完成销售出库单的审核操作得1分。

（4）答题步骤：

① 存货核算——业务核算——正常单据记账，进入过滤条件选择界面。

② 单击【过滤】按钮，进入单据记账界面，选择要记账单据，单击【记账】按钮。

③ 存货核算——财务核算——生成凭证，单击【选择】按钮，进入单据选择界面，在查询条件中选择"销售普通发票"并确定，进入未生成单据一览表。

④ 输入对方科目的科目编码（6401）和存货科目的科目编码（1405），输入科目6401的项目核算大类（存货核算）和项目编码，单击【生成】按钮，修改凭证日期为2012-01-13，保存凭证。

评分点：销售出库单的记账得1分，每张凭证的借方科目选择正确0.5分，贷方科目选择正确得0.5分（借、贷方金额均由系统自动带出，不做评分点），2张凭证2分，共3分。

（5）答题步骤：

① 应收款管理——应收单据处理——应收单审核，选择单据名称为销售发票并确定，选择要审核的单据，单击【审核】按钮。

② 应收款管理——制单处理，进入销售发票制单界面，在选择标志处分别输入1和2，单击【制单】按钮，生成两张凭证，修改凭证日期，保存。

评分点：销售发票审核得1分，每张凭证的借方科目及辅助核算项选择正确0.5分，贷方科目及辅助核算项选择正确得0.5分（借、贷方金额均由系统自动带出，不做评分点），2张凭证2分，共3分。本题共11分。

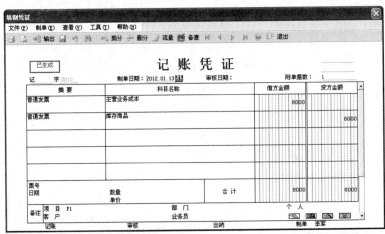

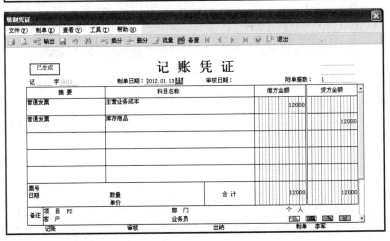

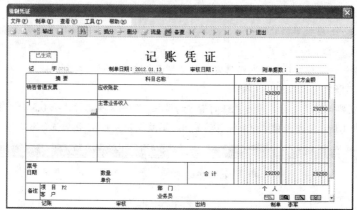

17. 1月22日，收到本地客户2011-12-21所欠应收款265元，结算方式为现金。要求：在应收款管理系统中编制该笔业务的收款单并审核，同时在应收款管理系统中编制该笔业务的记账凭证。

答题步骤：

（1）应收款管理——收款单据处理——收款单据录入。

（2）单击【增加】按钮，修改单据日期，录入客户、结算方式、金额及款项类型，保存，审核，立即制单。修改凭证日期，保存。

评分点：收款单据的收款日期、客户、结算方式、金额、款项类型等信息录入正确得2分，收款单据审核得1分，借方科目选择正确1分，贷方科目及辅助核算项选择正确1分（借、贷方金额均由系统自动带出，不做评分点），共5分。本题共5分。

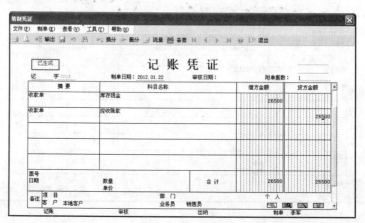

（三）期末业务（10分）

18. 1月31日，计提本月折旧。要求：（1）在固定资产管理系统中生成折旧清单；（2）编制计提折旧的记账凭证。

（1）答题步骤：
固定资产——处理——计提本月折旧，生成折旧清单，退出。

（2）答题步骤：
① 固定资产——处理——批量制单。
② 选择业务单据，制单设置，选择输入科目编码，单击【制单】按钮，选择凭证类别，保存，退出。

评分点：计提折旧并生成折旧清单得1分。借方科目选择正确1分，贷方科目选择正确得1分（借、贷方金额均由系统自动带出，不做评分点）。本题共3分。

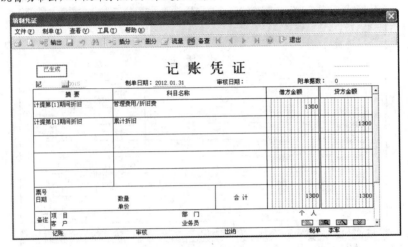

19. 1月31日，以003身份注册，在总账系统中对本月所有凭证进行审核、记账。

答题步骤：
（1）总账——凭证——审核凭证，进入凭证审核列表，单击【确定】按钮，进入凭证界面，单击审核——成批审核凭证，完成所有凭证的审核。
（2）总账——凭证——记账，进入记账界面，选择记账范围，单击【记账】按钮，即可完成所有凭证的记账。

评分点：凭证审核得1分，所有凭证记账得1分。本题共2分。

20. 1月31日，在总账系统中进行1月份期间损益的结转。要求：（1）设置期间损益结转的凭证模版；（2）利用模版生成结转凭证（要求：收入和支出分别结转）。

（1）答题步骤：
总账——期末——转账定义——期间损益，进入模版定义界面，输入本年利润科目，确定。

（2）答题步骤：
① 总账——期末——转账生成，进入转账生成界面。
② 选择期间损益结转，类型分别选择"收入"、"支出"，全选，确定，生成凭证，保存。

评分点：期间损益结转的凭证模版设置正确得1分。生成结转收入的凭证得1分，结转支出的凭证得1分。本题共3分。

21. 以 002 身份重新注册，对期间损益结转的凭证进行审核、记账。

答题步骤：同 19 题。

评分点：凭证审核得 1 分，凭证记账得 1 分。本题共 2 分。

（四）报表编制（10 分）

22. 1 月 31 日，编制本月资产负债表和利润表。

答题步骤：

（1）进入 UFO 报表，选择"文件"→"新建"，进入报表编辑界面。

（2）选择"格式"按钮→"报表模版"，"您所在行业"选择"2007年新会计制度科目"，财务报表选择"资产负债表"并确认，生成报表模版，修改报表模板中需要修改的项目年初数和期末数的计算公式。

（3）单击报表模版右下角的【格式】按钮，进入报表数据状态，录入数据关键字"2012年1月31日"，完成资产负债表的编制。

评分点：存货"年初数、期末数的公式修改各1分，"未分配利润"年初数、期末数的公式修改各1分，关键字录入得1分，报表编制2分，共7分。

同样方法完成利润表的编制。

评分点：关键字录入得1分，报表编制正确得2分，共3分。本题共10分。

资产负债表

会企01表

编制单位： 2012年 1月 31日 单位：元

资产	行次	年初数	期末数	负债和所有者权益（或股东权益）	行次	年初数	期末数
流动资产：				流动负债：			
货币资金	1	680.00	475.00	短期借款	34	600.00	700.00
交易性金融资产	2			交易性金融负债	35		
应收票据	3			应付票据	36		
应收股利	4			应付账款	37		
应收利息	5			预收账款	38		
应收账款	6	1,069.00	1,312.00	应付职工薪酬	39		
其它应收款	7			应交税费	40	6.00	6.00
预付账款	8			应付利息	41		
存货	9	280.00	160.00	应付股利	42		
一年内到期的非流动资产	10			其他应付款	43		
其它流动资产	11			一年内到期的非流动负债	44		
				其他流动负债	45		
流动资产合计	12	2,029.00	1,947.00	流动负债合计	46	606.00	706.00
非流动资产：				非流动负债：			
可供出售金融资产	13			长期借款	47	1000.00	1000.00
持有至到期投资	14			应付债券	48		
投资性房地产	15			长期应付款	49		
长期股权投资	16			专项应付款	50		
长期应收款	17			预计负债	51		
固定资产	18	1,050.00	1,350.00	递延所得税负债	52		
减：累计折旧	19	13.00	26.00	其他非流动负债	53		
固定资产净值	20	1,037.00	1,324.00	非流动负债合计	54	1000.00	1000.00
减：固定资产减值准备	21			负债合计	55	1606.00	1706.00
固定资产净额	22	1,037.00	1,324.00	所有者权益（或股东权益）：			
生产性生物资产	23						
工程物资	24			实收资本（或股本）	56	600.00	600.00
在建工程	25			资本公积	57		
固定资产清理	26			减：库存股	58		
无形资产	27			盈余公积	59		
商誉	28		清示数据	未分配利润	60	860.00	965.00
长期待摊费用	29			所有者权益（或股东权益）合计	61	1,460.00	1,565.00
递延所得税资产	30						
其他非流动资产	31						
非流动资产合计	32	1037.00	1324.00				
资产总计	33	3066.00	3271.00	负债和所有者权益（或股东权益）总计	62	3,066.00	3,271.00

利润表

会企02表
编制单位： 单位：元
2012年 1月

项目	行次	本月数	本年累计数
一、营业收入	1	508.00	508.00
减：营业成本	2	清示数据 200.00	200.00
营业税金及附加	3		
销售费用	4	80.00	80.00
管理费用	5	23.00	23.00
财务费用（收益以"-"号填列）	6	100.00	100.00
资产减值损失	7		
加：公允价值变动净收益（净损失以"-"号填列）	8		
投资收益（净损失以"-"号填列）	9		
其中对联营企业与合营企业的投资收益	10		
二、营业利润（亏损以"-"号填列）	11	105.00	105.00
营业外收入	12		
减：营业外支出	13		
其中：非流动资产处置净损失（净收益以"-"号填列）	14		
三、利润总额（亏损总额以"-"号填列）	15	105.00	105.00
减：所得税	16		
四、净利润（净亏损以"-"号填列）	17	105.00	105.00

参 考 文 献

[1] 常士剑. 会计电算化[M]. 大连：东北财经大学出版社，2002.
[2] 陈冰，等. 会计电算化应用教程[M]. 北京：人民邮电出版社，2010.
[3] 狄建红. 用友财务软件实务操作[M]. 北京：人民邮电出版社，2008.
[4] 王忠孝，等. 新编会计电算化（实训篇）[M]. 大连：大连理工大学出版社，2006.
[5] 刘东辉，等. 会计电算化实用教程[M]. 北京：北京大学出版社，2008.
[6] 潘上永. 会计电算化[M]. 北京：高等教育出版社，2002.
[7] 苑玉敏，等. 会计信息系统[M]. 北京：经济科学出版社，2005.
[8] 周彦，等. 会计电算化[M]. 北京：科学出版社，2007.
[9] 赵合喜，等. 会计电算化[M]. 北京：高等教育出版社，2005.
[10] 孙万军，等. 会计电算化[M]. 北京：中国财政经济出版社，2001.
[11] 王景新，等. 计算机在会计中的应用[M]. 北京：经济管理出版社，1998.
[12] 付得一. 会计信息系统[M]. 北京：中央广播电视大学出版社，2006.
[13] 李尊卿，等. 会计电算化实用教程[M]. 北京：高等教育出版社，2003.
[14] 徐永佳，等. 会计电算化[M]. 北京：电子工业出版社，2002.
[15] 张洪波，等. 会计电算化[M]. 济南：山东大学出版社，2008.

北京大学出版社第六事业部高职高专经管教材书目

本系列教材的特色：

1. 能力本位。以学生为主体，让学生看了就能会，学了就能用；以教师为主导，授人以渔；以项目为载体，将技能与知识充分结合。

2. 内容创新。内容选取机动、灵活，适当融入新技术、新规范、新理念；既体现自我教改成果，又吸收他人先进经验；保持一定前瞻性，又避免盲目超前。

3. 精编案例。案例短小精悍，能佐证知识内容；案例内容新颖，表达当前信息；案例以国内中小企业典型事实为主，适合高职学生阅读。

4. 巧设实训。实训环节真实可行，实训任务明确，实训目标清晰，实训内容详细，实训考核全面，切实提高能力。

5. 注重立体化。既强调教材内在的立体化，从方便学生学习的角度考虑，搭建易学易教的优质的纸质平台，又强调教材外在的立体化，以立体化精品教材为构建目标，网上提供完备的教学资源。

财务会计系列

序号	书　名	书　号	版次	定价	出版时间	主　编
1	财务活动管理	978-7-5655-0162-3	1-2	26	2013年1月	石兰东
2	财务管理	978-7-301-17843-0	1-2	35	2013年1月	林琳，蔡伟新
3	财务管理	978-7-5655-0328-3	1-2	29	2013年7月	翟其红
4	财务管理教程与实训	978-7-5038-4837-7	1-3	37	2009年11月	张红，景云霞
5	财务管理实务教程	978-7-301-21945-4	1-1	30	2013年2月	包忠明，何彦
6	中小企业财务管理教程	978-7-301-19936-7	1-1	28	2012年1月	周兵
7	财务会计(第2版)	978-7-81117-975-6	2-1	32	2010年3月	李哲
8	财务会计	978-7-5655-0117-3	1-1	40	2011年1月	张双兰，李桂梅
9	财务会计	978-7-301-20951-6	1-1	32	2012年7月	张严心，金敬辉
10	财务会计实务	978-7-301-22005-4	1-1	36	2013年1月	管玲芳
11	Excel财务管理应用	978-7-5655-0358-0	1-2	33	2013年5月	陈立稳
12	Excel在财务和管理中的应用	978-7-301-22264-5	1-1	33	2013年3月	陈跃安，张建成，袁淑清，刘啸尘
13	会计基本技能	978-7-5655-0067-1	1-3	26	2012年9月	高东升，王立新
14	会计基础实务	978-7-301-21145-8	1-1	27	2012年8月	刘素菊，潘素琼
15	会计基础实训	978-7-301-19964-0	1-2	28	2012年1月	刘春才
16	会计英语	978-7-5038-5012-7	1-2	28	2009年8月	杨洪
17	企业会计基础	978-7-301-20460-3	1-1	33	2012年4月	徐炳炎
18	基础会计	978-7-5655-0062-6	1-1	28	2010年8月	常美
19	基础会计教程	978-7-81117-753-4	1-1	30	2009年7月	侯颖
20	基础会计教程与实训(第2版)	978-7-301-16075-6	2-2	30	2013年1月	李洁，付强
21	基础会计教程与实训	978-7-5038-4845-2	1-5	28	2010年8月	李洁，王美玲
22	基础会计实训教程	978-7-5038-5017-2	1-3	20	2011年6月	王桂梅
23	基础会计原理与实务	978-7-5038-4849-0	1-3	28	2009年8月	侯旭华
24	成本费用核算	978-7-5655-0165-4	1-2	27	2012年9月	王磊
25	成本会计	978-7-5655-0130-2	1-1	25	2010年12月	陈东领
26	成本会计	978-7-301-21561-6	1-1	27	2012年11月	潘素琼

序号	书 名	标准书号	主编	定价	出版年月
48	会计电算化实用教程	978-7-5038-4853-7	张耀武	28	200802
49	会计电算化实用教程（第2版）	978-7-301-09400-6	刘东辉	20	200806
50	电算会计综合实习	978-7-301-21096-3	陈立稳等	38	201208
51	会计电算化项目教程	978-7-301-22104-4	亓文会	34	201303
52	会计英语	978-7-5038-5012-7	杨 洪	28	200908 第2次印刷
53	财经英语阅读	978-7-81117-952-1	朱 琳	29	201301 第3次印刷
54	行业特殊业务核算	978-7-301-18204-8	余 浩	30	201101
55	预算会计	978-7-301-20440-5	冯 萍	39	201205

经济贸易系列

序号	书 名	标准书号	主编	定价	出版年月
1	资产评估	978-7-81117-645-2	董亚红	40	201107 第2次印刷
2	国际结算	978-7-81117-842-5	黎国英	25	201207 第2次印刷
3	国际结算	978-7-5038-4844-5	徐新伟	32	200907 第2次印刷
4	国际贸易结算	978-7-301-20980-6	罗俊勤	31	201207
5	货币银行学	978-7-5038-4838-4	曹 艺	28	201206 第4次印刷
6	货币银行学	978-7-301-21181-6	王 菲等	37	201209
7	国际金融基础与实务	978-7-5038-4839-1	冷丽莲	33	200708
8	国际金融	978-7-301-21097-0	张艳清	26	201208
9	国际金融实务	978-7-301-21813-6	付玉丹	36	201301
10	国际贸易概论	978-7-81117-841-8	黎国英	28	201204 第4次印刷
11	国际贸易理论与实务	978-7-5038-4852-0	程敏然	40	200708
12	国际贸易实务	978-7-301-19393-8	李湘滇	34	201108
13	国际贸易实务操作	978-7-301-19962-6	王言炉	37	201201
14	国际贸易实务	978-7-301-20929-5	夏新燕	30	201208
15	国际贸易实务	978-7-301-20192-3	刘 慧等	25	201203
16	国际贸易实务	978-7-301-16838-7	尚 洁等	26	201208
17	国际商务谈判	978-7-81117-532-5	卞桂英	33	201001 第2次印刷
18	国际商务谈判（第2版）	978-7-301-19705-9	刘金波	35	201112
19	国际商法实用教程	978-7-5655-0060-2	聂红梅	35	201204 第2次印刷
20	进出口贸易实务	978-7-5038-4842-1	周学明	30	200805 第2次印刷
21	金融英语	978-7-81117-537-0	刘 娣	24	201009 第3次印刷
22	财政基础与实务	978-7-5038-4840-7	才凤玲	34	201001 第2次印刷
23	财政与金融	978-7-5038-4856-8	谢利人	37	200808 第2次印刷
24	外贸单证	978-7-301-17417-3	程文吉	28	201109
25	新编外贸单证实务	978-7-301-21048-2	柳国华	30	201208
26	国际商务单证	978-7-301-20974-5	刘 慧等	29	201207
27	商务英语学习情境教程	978-7-301-18626-8	孙晓娟	27	201109
28	国际投资	978-7-301-21041-3	高田歌	33	201208
29	商业银行会计实务	978-7-301-21132-8	王启姣	35	201208
30	商业银行经营管理	978-7-301-21294-3	胡良琼等	27	201209
31	保险实务	978-7-301-20952-3	朱丽莎	30	201208
32	国际市场营销项目教程	978-7-301-21724-5	李湘滇	38	201301
33	报关实务	978-7-301-21987-4	董章清等	35	201301
34	报关与报检实务		农晓丹	33（估）	201301
35	报检报关业务：认知与操作	978-7-301-21886-0	姜 维	38	201301
36	外贸英语函电	978-7-301-21847-1	倪 华	28	201301

营销管理系列

序号	书 名	标准书号	主编	定价	出版年月
1	电子商务实用教程	978-7-301-18513-1	卢忠敏	33	201211 第2次印刷

序号	书 名	标准书号	主编	定价	出版年月
2	网络营销理论与实务	978-7-5655-0039-8	宋沛军	32	201112 第2次印刷
3	电子商务项目式教程	978-7-301-20976-9	胡 雷	25	201208
4	电子商务英语	978-7-301-17603-0	陈晓鸣	22	201111 第2次印刷
5	市场营销学	978-7-5038-4859-9	李世宗	28	200807 第2次印刷
6	市场营销	978-7-81117-957-6	钟立群	33	201207 第2次印刷
7	市场调查与预测	978-7-5655-0252-1	徐 林	27	201105
8	市场调查与预测	978-7-301-19904-6	熊衍红	31	201112
9	市场营销理论与实训	978-7-5655-0316-0	路 娟	27	201107
10	市场营销项目驱动教程	978-7-301-20750-5	肖 飞	34	201206
11	市场调查与预测情景教程	978-7-301-21510-4	王生云	36	201301
12	市场调研案例教程	978-7-81117-570-7	周宏敏	25	201101 第2次印刷
13	营销策划技术	978-7-81117-541-7	方志坚	26	201012 第2次印刷
14	营销策划	978-7-301-20608-9	许建民	37	201205
15	现代推销技术	978-7-301-20088-9	尤凤翔等	32	201202
16	推销与洽谈	978-7-301-21278-3	岳贤平	25	201009
17	商务沟通实务	978-7-301-18312-0	郑兰先	31	201112 第2次印刷
18	商务礼仪	978-7-5655-0176-0	金丽娟	29	201207 第2次印刷
19	商务礼仪	978-7-81117-831-9	李 巍	33	201205 第3次印刷
20	现代商务礼仪	978-7-81117-855-5	覃常员	24	201206 第3次印刷
21	商务谈判	978-7-5038-4850-6	范银萍	32	200908 第2次印刷
22	商务谈判	978-7-301-20543-3	尤凤翔等	26	201205
23	职场沟通实务	978-7-301-16175-3	吕宏程	30	201208
24	管理学基础	978-7-81117-974-3	李蔚田	34	201204 第3次印刷
25	管理学原理	978-7-5038-4841-4	季 辉	26	201007 第3次印刷
26	管理学原理与应用	978-7-5655-0065-7	秦 虹	27	201207 第2次印刷
27	管理学实务教程	978-7-301-21324-7	杨清华	33	201301
28	企业管理	978-7-5038-4858-2	张 亚	34	201007 第3次印刷
29	现代企业管理	978-7-81117-806-7	于翠华	38	200908
30	现代企业管理	978-7-301-19687-8	刘 磊	32	201204 第2次印刷
31	通用管理实务	978-7-81117-829-6	叶 萍	39	201101 第2次印刷
32	中小企业管理	978-7-81117-529-5	吕宏程	35	201108 第4次印刷
33	中小企业管理(第2版)	978-7-301-21124-3	吕宏程	39	201208
34	企业管理实务	978-7-301-20657-7	关善勇	28	201205
35	连锁经营与管理	978-7-5655-0019-0	宋之苓	37	201208 第3次印刷
36	企业经营管理模拟训练(含记录手册)	978-7-301-21033-8	叶 萍等	29	201208
37	企业经营ERP沙盘实训教程	978-7-301-21723-8	葛颖波	29	201301
38	管理信息系统	978-7-81117-802-9	刘 宇	30	200907
39	现代公共关系原理与实务	978-7-5038-4835-3	张美清	25	201003 第2次印刷
40	公共关系实务	978-7-301-20096-4	李 东等	32	201202
41	人力资源管理	978-7-5038-4851-3	李蔚田	40	200802
42	人力资源管理实务	978-7-301-19096-8	赵国忻	30	201107
43	消费心理学	978-7-81117-661-2	臧良运	31	201205 第5次印刷
44	消费心理与行为分析	978-7-301-19887-2	王水清	30	201112
45	广告原理与实务	978-7-5038-4847-6	郑小兰	32	201007 第2次印刷
46	零售学	978-7-81117-759-6	陈文汉	33	201111 第2次印刷
47	商品学概论	978-7-5038-4855-1	方凤玲	20	201008 第3次印刷
48	秘书理论与实务	978-7-81117-590-5	赵志强	26	200812
49	广告实务	978-7-301-21207-3	夏美英	29	201209
50	营销渠道开发与管理	978-7-301-21214-1	王水清	34	201209
51	商务统计实务	978-7-301-21293-6	陈晔武	29	201209

序号	书　名	书　号	版次	定价	出版时间	主　编
27	成本会计	978-7-301-19409-6	1-2	24	2012年11月	徐亚明，吴雯雯
28	成本会计	978-7-81117-592-9	1-3	28	2012年7月	李桂梅
29	成本会计实务	978-7-301-19308-2	1-1	36	2011年8月	王书果，李凤英
30	成本会计实训教程	978-7-81117-542-4	1-4	23	2013年1月	贺英莲
31	会计电算化实用教程	978-7-5038-4853-7	1-1	28	2008年2月	张耀武，卢云峰
32	会计电算化实用教程（第2版）	978-7-301-09400-6	2-1	20	2008年6月	刘东辉
33	会计电算化项目教程	978-7-301-22104-4	1-2	34	2014年1月	亓文会，亓凤华
34	电算会计综合实习	978-7-301-21096-3	1-1	38	2012年8月	陈立稳，陈健
35	审计学原理与实务	978-7-5038-4843-8	1-2	32	2010年7月	马西牛，杨印山
36	审计业务操作	978-7-5655-0171-5	1-2	30	2013年1月	涂申清
37	审计业务操作全程实训教程	978-7-5655-0259-0	1-3	26	2012年4月	涂申清
38	实用统计基础与案例	978-7-301-20409-2	1-2	35	2013年7月	黄彬红
39	统计基础理论与实务	978-7-301-22862-3	1-1	34	2013年7月	康燕燕，刘红英
40	统计学基础	978-7-81117-756-5	1-2	30	2011年1月	阮红伟
41	统计学原理	978-7-301-21924-9	1-1	36	2013年1月	吴思莹，刑小博
42	统计学原理	978-7-81117-825-8	1-3	25	2011年11月	廖江平，刘登辉
43	统计学原理与实务	978-7-5038-4836-0	1-5	26	2010年7月	姜长文
44	管理会计	978-7-301-22822-7	1-1	34	2013年7月	王红珠，邵敬浩
45	预算会计	978-7-301-20440-5	1-1	39	2012年5月	冯萍
46	行业特殊业务核算	978-7-301-18204-8	1-1	30	2010年12月	余浩，肖秋莲

相关教学资源如电子课件、电子教材、习题答案等可以登录www.pup6.com下载或在线阅读。

扑六知识网(www.pup6.com)有海量的相关教学资源和电子教材供阅读及下载(包括北京大学出版社第六事业部的相关资源)，同时欢迎您将教学课件、视频、教案、素材、习题、试卷、辅导材料、课改成果、设计作品、论文等教学资源上传到pup6.com，与全国高校师生分享您的教学成就与经验，并可自由设定价格，知识也能创造财富。具体情况请登录网站查询。

如您需要免费纸质样书用于教学，欢迎登录第六事业部门户网(www.pup6.cn)填表申请，并欢迎在线登记选题以到北京大学出版社来出版您的大作，也可下载相关表格填写后发到我们的邮箱，我们将及时与您取得联系并做好全方位的服务。

扑六知识网将打造成全国最大的教育资源共享平台，欢迎您的加入——让知识有价值，让教学无界限，让学习更轻松。

联系方式：010-62750667，sywat716@126.com、36021738@qq.com 或 linzhangbo@126.com，欢迎来电来信咨询。